21世纪 · 高等院校
科研成果与精品课程大系

总主编 方立平
总顾问 陈圣来 强 荧 吴元浩
修海林 洛 秦 王啸中

国际中文教学
句型句式偏误分析

GUOJI ZHONGWEN JIAOXUE JUXING JUSHI PIANWU FENXI

刘钦荣 朴鹃 ■ 主编

上海三联书店

图书在版编目(CIP)数据

国际中文教学句型句式偏误分析 / 刘钦荣,杜鹃主编 .-- 上海 : 上海三联书店，2021.7
（21 世纪 · 高等院校科研成果与精品课程大系 / 方立平主编）
ISBN 978-7-5426-7431-9

Ⅰ. ① 国… Ⅱ. ① 刘… ②杜… Ⅲ. ① 汉语 – 对外汉语教学 – 句型 – 教学研究 – 高等学校 Ⅳ. ① H195.3

中国版本图书馆 CIP 数据核字(2021)第 091981 号

国际中文教学句型句式偏误分析

主　　编 / 刘钦荣 杜 鹃

大系总主编 / 方立平

责任编辑 / 方　舟
特约审读 / 周大成
装帧设计 / 方　舟
监　　制 / 姚　军
责任校对 / 张大伟 王凌霄
校　　对 / 莲　子

出版发行 / 上海三形书店
(200030) 中国上海市漕溪北路 331 号 A 座 6 楼
邮购电话 / 021-22895540
印　　刷 / 上海惠敦印务科技有限公司

版　　次 / 2021 年 7 月第 1 版
印　　次 / 2021 年 7 月第 1 次印刷
开　　本 / 787 × 1092　1/16
字　　数 / 290 千字
印　　张 / 14.75
书　　号 / ISBN 978-7-5426-7431-9/ H · 105
定　　价 / 68 .00 元

总 序
Preface

21世纪“新时代”的中国教育理所当然地要承担起新的更重大的历史使命。将要面对的日趋激烈的“全球化”竞争，“人口红利”“出口红利”好景不再。竞争呼唤着创新，创造呼唤着人才，而人才则呼唤着教育！教育哺人才。但教育不是抽象的，有着个实实在在的“教什么？怎么教?”的问题。时下中国教育界普遍地提出“打造精品课程”，其实也正是注意到了这个关节点。

提出“精品课程”是个好主意。“课程”是育人之本，本就该要“精”而上“品”。只有“精品”的课程才能育出“精品”的人才；只有“精品”的人才才有资格去参与竞争，才能在未来的“人才高地”上竖起标杆，才能让知识转化成“生产力”和“制胜力”。因此，能育出宝贵人才、建设“高原高峰”的课程才能称得上是“精品”。

但同样还有个问题：“精品课程”靠什么？靠拼拼凑凑、编编选选能成吗？否！要靠开拓，要靠创新，要靠科学的精神做一番求索。综观现时的高校，普遍的都已建有完备的实验室、研究所、研究院，每年都有诸多课题立项。这真是个好时机，说明对科研的重视已蔚然成风。无科研则教学不活，无科研则学科不兴。无科研还哪谈什么“精品课程”，哪谈什么建立“人才高地”。有了教学科研的兴盛，教学才能创新，才能出大思路、大智慧，才能在中国的教育界拓展出一片新天地，这样，讲“精品”就有望了。任何新学科的确立与拓展，都得靠科研精神为导向；任何能真正称得上“精品”的课程的打造，都离不开前期的项目研究和执著的探索；只有经过这样的努力建立起来的学科和课程，才具有真正意义上的核心竞争力。

“精品课程”是与教学目标同步、与科研成果并进发展的。这也正是我们这套“21世纪高等院校科研成果与精品课程大系”的新教材在编辑思路上的创新所在：将“科研成果”（不拘泥于各种文本形态）与讲台上的“精品课程”齐驱而立，以此共同弘扬我们新时代的教学的科研精神，并真正推动我们具有中国特色的教育事业。

由此，我们热切地期望每位活跃在高等院校的具有现代科学与创新精神的学者、教授、研究员和所有教学工作者能够奉献出各自的研究成果，和我们一起经过几年的努力，为中国的高等教育提供出更多的较完备的精品教材。

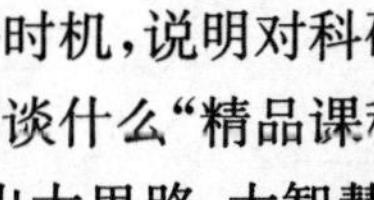

（作者为文化学者、国家编审，本大系总主编）

目　录
Contens

总序 …… 1

绪论 …… 1

第一章　名词谓语句偏误分析 …… 20

第二章　动词谓语句偏误分析 …… 24

第三章　形容词谓语句偏误分析 …… 30

第四章　感叹句偏误分析 …… 36

第五章　是非问句偏误分析 …… 51

第六章　特指问句偏误分析 …… 62

第七章　选择问句偏误分析 …… 71

第八章　正反问句偏误分析 …… 82

第九章　假设关系句偏误分析 …… 93

第十章　转折关系句偏误分析 …… 107

第十 章　因果关系句偏误分析 …… 121

第十二章　选择关系句偏误分析 …… 128

第十三章　“把”字句偏误分析 …… 136

第十四章　被动句偏误分析 …… 143

第十五章　比较句偏误分析 …… 151

第十六章　双宾句偏误分析 …… 159

第十七章　连谓句偏误分析 …… 166

第十八章　兼语句偏误分析 …… 174

第十九章　存现句偏误分析 …… 184

第二十章　“是……的”句偏误分析 …… 196

第二十一章　“连”字句偏误分析 …… 208

第二十二章　“有”字句偏误分析 …… 217

后记 …… 229

绪　论

一、本书编写背景、价值与基本内容

对外汉语教学，现在叫国际中文教学，走到了一个新节点。教育部、国家语言工作委员会已发布，自2021年7月1日起，正式实施《国际中文教育中文水平等级标准》(GF0025-2021)。

随着我国的国际化程度日益加深，中文的国际地位和国际需求不断提升。海外学习中文的人数总体上在持续增长，学习层次和目标需求多元化，学习群体呈现低龄化，并且有越来越多的国家将中文纳入中小学国民教育体系。与此同时，近十几年来，在中国政府的大力推进下，我国的中文教学多措并举，双管齐下，继续做好"引客上门"的传统做法，同时又让中文教学"走出国门"，流光溢彩，把中文教学真正拓展为国际中文的传播和推广，以孔子学院为代表的中文教学走出去的趋势仍在发展，可以说，国际中文教学开启了一个普及化的新时代。在这种背景下，国内语言学界特别是对外中文教学界有义务有责任思考：广大的中文教师如何适应这一局面？对外中文教材如何编写？教学活动如何设计和开展？我们拿什么去奉献给国际中文教学界？换言之，在中文教学国际化的新时代，中国能为海外的中文教学提供哪些可供借鉴的教学经验和做法、教学理念和理论、教学模式和方法以及教学标准和资源？①本书就是在这样的一个大的背景下提出思路并展开编写的。

走过70年的对外中文教学，在教学实践、理论研究和学科建设等方面取得了可喜的成就。20世纪50—70年代的中文教学和研究，为后来国际中文教学发展奠定了良好基础。80—90年代对外中文教学大发展，教材编写、水平测试、偏误分析、文化教学、语言习得、教学理论研究等取得了广泛的成就。21世纪以来，研究视野更加开阔、领域更加多元化，其中，专门用途中文教学、中文预科教育、教师发展、任务型教学法等受到较多关注。2005年世界汉语大会的召开，标志着国家中文教学发展战略和工作重心转向海外，孔子学院教学、中文教学本土化、国别化教材、中文国际教育专业硕士等成为热点研究领域；国内对外中文教学则更加处于缺乏目标和方向感的自发自为状态，有被边缘化倾向，是否到

---

① 李泉：《新时代对外汉语教学研究：取向与问题》，语言教学与研究，2020(1)。

了一个"生存和发展"的新节点?[①]

新时代和新节点上,无论是基于自身发展的需要,还是着眼于服务海外中文教学的需要,国际中文教学界都应比以往任何时候更加关注中文教学自身的问题,更加坚定走适合汉语特点的教学之路的道路自信,更加坚定建构既体现二语教学共性又体现汉语二语教学个性的教学法体系的理论自信,这不是一种主观意志,而是中文和中文作为二语教学的独特性所决定的。基于以上认识,我们对外中文教学界应该探讨国际中文教学与研究的内容取向问题及当前需特别关注的一些问题,这些问题涉及中文教学与研究的走向,影响教学的质量和效益。当然,本书更重要的意图在于抛砖引玉、活跃思想,以期形成更加关注中文教学理论与实践自身问题的共识,以新的面貌和成就迎接新的机遇和挑战。

国际中文语法教学和研究也走过了一个内容不断深化、认识逐步清晰的过程。人们对中文的研究已经有 2 000 多年的历史,对现代汉语的研究也积累了丰硕的成果。如果以 1898 年马建忠的《马氏文通》出版作为现代意义上的汉语语法学成立,汉语语法学科已有 120 多年的历史。汉语语法学论著可谓蔚为壮观,这是我们对外中文教学的一个重要理论基础和资源。但实践反复告诉我们,汉语语法本体研究的成果远远不能满足我们国际中文教学的实际需要,这主要是因为汉语本体研究的热点往往不是国际中文教学的重点和难点,国际中文教学还不能从现有的中文本体的研究成果中得到足够的理论支持和帮助,两者之间存在着相当的距离。具体表现为,外国人学习中文遇到的语法问题,是母语为中文的中国人不大可能出现的错误。长期以来,这些问题没有引起中文语言学家的足够关注和重视,自然也缺少这方面的研究。近 30 年来,越来越多的国际中文教学和研究者已深刻认识到这种形势需要改变,于是展开多渠道、多方位的科研活动,涌现许多优秀成果,使国际中文语法教学工作取得长足发展。赵金铭提出了对外中文语法教学的六大原则,即:是教学语法,而不是理论语法;是教外国人的语法,而不是教本族人的语法;是从意义到形式,而不是从形式到意义;不仅是分析的语法,更是组装的语法;不仅是描写的语法,更是讲条件的语法;不是孤立地讲汉语语法,而是在语际对比中讲中文语法。[②]邢福义也强调:"从本体属性的'汉语'要素方面说,我们应该在母语汉语的专题研究上狠下功夫。就大多数人而言,研究问题时,最好把问题封闭得小一点,把力量更多地放在具体现象及具体规律的描写和说明上面。这是一项深根固本的工作。不要以为,汉语本体研究成果已经很多,已经够用,只要'拿来'运用于对外汉语教学实践就行。这种想法不切实际。"[③]他认为:"至今还存在着大片大片的薄弱点和空白点,远远不能满足对外汉语教学的需求;……从事对外汉语教学工作的学者们只有自己做研究,才能提高自己的学术层次,才能提高整个学科的人才素质,而这一点恰恰是学科发展与成熟的根本保证。"[④]陆俭

---

① 李泉:《新时代对外汉语教学研究:取向与问题》,语言教学与研究,2020(1)。

② 赵金铭:《教外国人汉语语法的一些原则问题》,《语言教学与研究》,1994(2)。

③④ 邢福义:《关于对外汉语教学》,载张德鑫主编:《对外汉语教学:回顾与思考》,北京:外语教学与研究出版社,2000。

明在谈到中文教学的新变化带来的新问题时说:“现有的有关汉语和汉语教学的研究成果,远远不能满足汉语教学发展的需要。譬如说,以往的汉语研究,也就是一般所说的‘汉语本体研究’,很少考虑对外汉语教学的需要,突出的情况是不怎么研究词语或句法格式的用法,而这对外国学生来说是非常重要的。因此,汉语教学中出现或碰到的大量问题都没法找到现成的参考文献来帮助解决。”①他呼吁,要树立“汉语教学本体研究”的观念,“组织力量开展服务于汉语教学的汉语各要素的研究”是当今亟需开展的首要的研究工作。

近年来,国际中文教学的本体研究②越来越引起人们的高度重视,人们结合教学实践,逐步建立起了国际中文教学的语法体系,出版不少国际中文语法研究的专著,发表了大量国际中文语法研究的论文,在一定程度上解决了国际中文教师的继续,也提高了对外汉语教学的质量。20 世纪 80 年代就出现了专门的国际中文教学的语法著作,如:刘月华等《实用现代汉语语法》,佟惠君主编《外国人学汉语病句分析》王还的《门外偶得集》等;到了 90 年代,这方面的研究得到了一定程度的深入和扩展,如:房玉清的《实用汉语语法》,卢福波的《对外汉语教学实用语法》,吕文华的《对外汉语教学实用语法探索》《对外汉语教学语法体系研究》等;进入新世纪,国际中文语法研究的专著全面开花,如:齐沪扬主编的《对外汉语教学语法》《对外汉语教学语法疑难解析》,陆庆和的《实用对外汉语教学语法》,卢福波的《对外汉语教学语法研究》,杨玉玲、应晨锦的《现代汉语语法答问》,肖奚强的《现代汉语语法与对外汉语教学》,吕文华的《对外汉语教学语法讲义》,赵金铭主编的《新视角汉语语法研究》,孙德金的《对外汉语语法及语法教学研究》,杨德峰的《对外汉语教学核心语法》,曾常红的《现代汉语语法》等。另外,国际中文教师尤其重视对语法偏误的分析和研究,专门研究语法偏误的著作不断出现。如:彭小川等的《对外汉语教学语法释疑 201 例》,金立鑫主编的《对外汉语教学虚词辨析》,周小兵等的《外国人学汉语语法偏误研究》,叶盼云、吴中伟的《外国人学汉语难点释疑》,孟国主编的《对外汉语十个语法难点的偏误分析》等。还有一些对外汉语教师就某一个语法点、某一类问题进行了深入的研究,如:周之上对“离合词”的研究;杨德峰对“趋向补语”的研究;李珊、高顺全对“被字句”的研究;何杰、缑瑞隆、李计伟、宗守云对“量词”的研究等。《世界汉语教学》《语言教学与研究》《对外汉语研究》《汉语学习》《华文教学与研究》《云南师范大学学报》(对外汉语教学版)等专业刊物刊登了大量富有见地的国际中文语法研究和教学的论文。这些研究都取得了很有价值的成果,丰富完善了我们国际中文语言学的语法体系。

我们应该清醒地认识到,国际中文教学事业蓬勃发展,但教学类型复杂多样,科学完备的国际中文语法体系尚未建立,语法教学中存在的纷繁问题远远没有得到完全妥善合理地解决,国际中文语法研究和教学的书籍还是不够丰富多彩的。鉴于此,我们尝试编写

---

① 陆俭明:《汉语教学的新变化、新问题、新任务、新意识》,《暨南大学华文学院学报》,2008(3)。

② 刘珣称之为“对外汉语语言学”,即“作为第二语言教学和研究的汉语语言学”,见《对外汉语教育学引论》,北京:北京语言文化大学出版社,2000:14;潘文国称之为“对外汉语学”,即“以对比为基础、以教学为目的、以外国人为对象的汉语本体研究”,见《论‘对外汉语’的学科性》,2004(1)。

《国际中文教学句型句式偏误研究》一书。

本书的设想是：注重借鉴中文本体研究的成果，注重语法规则的细化研究，力争使规则的管辖面具体明确，着重说明语法现象出现的条件，加强对中文的组装规则和生成过程的研究；从国际中文教学的角度深入研究汉语语法理论，不满足传统语法理论的某些成果，而我们的某些研究成果将会在一定程度上对传统语法理论有所裨益；坚持以语言的句法结构为基础，深入探讨语言结构的语义特点和语用特点，注重语法规则与语义规则、语用规则相结合的研究，不仅从语法角度，还要努力从语义和语用角度来分析、解释相关的语法现象；注重中外语法规则的对比研究，通过多语种、多角度的对比，突显国际中文语法的特点。

在实践上，我们试图为广大国际中文教学工作者和二语为国际中文的学习者提供直接而有效的指导。我们对22个易混易错的语法点进行了比较全面、系统的梳理，搜集大量的留学生学习每个语法点所出现的错误，注重教学对策和教学建议的研究，为国际中文教师提供有实际意义的帮助和启发。本书编写人员都受到过专业系统的研究生教育，大都活跃在国际中文教学第一线，所以本书能够做到紧密结合国际中文教学的实际。本书的实用价值主要体现在以下几个方面：

第一，直接有助于国际中文课堂教学。目前的国际中文语法教材篇幅有限，不可能对所有的语法难点都进行详尽系统的讲解分析，本书可以在很大程度上弥补教材讲解的不充分。我们搜集到的各个语法点大量的语法偏误材料，将是国际中文教学中避免、纠正语法偏误的很有实际意义的参考资料。

第二，有助于提高国际中文教师水平。国际中文国际推广蓬勃发展，国际中文教师队伍逐渐壮大，每位教师的语法教学素养、经验差别明显，提高教师队伍语法教学水平是保证国际中文教学质量的前提和基础。本书对国际中文教师尤其是青年教师学习和进步大有裨益。

第三，为具有一定中文水平的国外中文语法自学者、爱好者提供参考。

句子是言语交际的基本单位，说话写文章都需要一句一句地排列组合，有序进行。不同语言语法系统的句型和句式往往富有鲜明特色。现代汉语的句型和句式是国际中文教学中一项基本内容。我们围绕现代汉语句型句式，选择22个问题进行偏误分析。主要内容包括单句句型中的名词谓语句、动词谓语句、形容词谓语句和非主谓句的感叹句，问句中的是非问、特指问、选择问和正反问，复句中的假设句、转折句、因果句、选择句，特定句式中的把字句、被动句、比较句、双宾句、连谓句、兼语句、存现句、是字句、连字句、有字句等。对每个语法点的讲解分为偏误类型举例、偏误原因分析、改正方法、教学策略或注意事项几个部分。

二、偏误分析的理论基础

第二语言的教学过程，也是第二语言学习者的习得过程。中介语理论提出，学习者自身存在着一个介于第一语言与目的语之间的动态的语言系统——中介语,并重视对这一语言系统的研究。研究时主要采用偏误分析(Error Analysis)的方法,即关注学习者在第二语言学习过程中所产生的错误,并进行系统的分析研究,以探求第二语言习得的过程和规律。因此,教学中一般的纠错并不等于偏误分析,进行偏误分析首先要区分"失误"(mistake)和"偏误"(error)。

科德曾把语言错误分为失误和偏误。失误是指在特殊情况下产生的语言错误,比如注意力不集中、疲劳、粗心或紧张等,具有偶然性,这种错误没有什么规律,不成系统,也不常出现。第二语言学习者和操母语的人都有可能发生这类错误,而且在错误发生之后有能力进行改正。所以,它属于语言运用范畴,不能反映说话人的语言能力。例如在一位学习者的同一篇作文中,先后出现了以下两句话:

(1) * 从 4 月份的第三(个)星期开始,我妈妈每天给我打电话,想让我回家。

(2) 从 5 月份的第四个星期开始,电视台停止播放那首歌。

前一句遗漏了量词"个",而句法环境相同的后一句却未遗漏,可见前面的错误是由于她的疏忽产生的,属于失误。

偏误是指第二语言学习者在使用语言时,由于没有正确掌握目的语的规则不自觉地对目的语的偏离,是以目的语为标准表现出来的错误或不完善之处。这种错误是成系统的、有规律的,并且会反复出现,反映了说话人的语言能力,属于语言能力范畴。例如:

(3) * 天上都是黑云,看起来(要)下雨了,我们快回家吧!

(4) * 快八点了,你(要)起床了。

以上两例均出自初级阶段学习者的作业,由于他们还没有熟练掌握助动词"要"的用法,所以在该使用的地方却没有使用,这是他们在特定阶段的语言能力的表现,具有普遍性,所以他们所犯的错误属于偏误。

在教学实践中,纠错应该以偏误为对象,进行有效的分析。这样,才能有助于教师了解偏误的成因,进而预测偏误的发生,积极有效地进行教学。例如:

(5) * 我每天吃晚饭在食堂。

此例是母语为英语的学习者的偏误。汉语中当时间状语和地点状语共同出现时,地点状语一定要放在动词或动词短语之前,时间状语之后。而英语是地点状语在动词或动词短语之后,时间状语在前或者在句尾。所以学习者会受英语语序的影响,造出有偏误的句子。因此在讲解动词谓语句的语序时,教师应针对学习者的特点,在说明基本规则之外,有目的地设计一些练习,比如列出以上带有偏误的句子,指导学习者改正,以便学习者早发现问题、早重视、早纠正。

偏误分析的理论基础是中介语理论。随着乔姆斯基的转换生成语言学和认知心理学的发展,塞林格在 1969 年首次提出"中介语"的概念,并于 1972 年发表了《中介语》一文。1971 年,科德和奈姆赛尔(Nemser)也相继提出与此相近的概念,科德称其为"特异方言"(idiosyncratic dialect)或是后来提出的"语言学习者的语言"(language-learner's language),

奈姆赛尔称其为“近似系统”(approximati system)。中介语(interlanguage)是指学习者在第二语言习得过程中所创造的,介于母语和目的语之间并向目的语靠拢的语言系统。中介语有两大特征:

1. 中介语是一个独立的语言系统。它有自己的一套独立的语音、词汇和语法的规则,既不同于本族语,也不同于目的语。学习者学会有意识地根据这套规则系统去生成语言,这套规则能够真实地反映出学习者的语言水平。

2. 中介语是一个不断变化的语言系统。随着新知识的输入,和对旧知识的复习、修正,中介语会不断发生变化,由简单到复杂,由低级到高级,逐渐离开母语而向目的语靠拢。在这个变化过程中,中介语不一定是呈直线式的向目的语发展,而是曲折地发展。有时甚至会出现“僵化”或“石化”(fossilization)现象,停滞不前。

中介语是如何产生的呢?塞林格认为有五个方面的原因:

1. 语言迁移:学习者把母语的规则迁移到目的语中。

2. 目的语规则的过度概括:学习者错误地使用了目的语规则。

3. 训练迁移:学习者在学习过程中习得了某些不准确的目的语规则。

4. 学习者的习得策略:指的是学习者积累语言规则的方法和为了运用自如而采取的一些手段。比如,学习者经常会绕开难掌握的“把”字句,而使用与其意思相同的其他句式。

5. 交际策略:指的是学习者在交际时为了方便而忽视了语法规则,从而产生了不合语法的句子。

最早将中介语理论和偏误分析理论介绍到中国的是鲁健骥。[①]20 世纪 90 年代以后,学界发表了大量有关成果,使得中介语理论和偏误分析理论成为对外汉语教学研究的主流之一。

我们这本关于句型和句式的偏误分析就是在吸纳有关中介语理论和偏误分析理论其研究成果的基础上着手编写的。

三、语法偏误的成因和特点

(一) 偏误成因

第二语言学习者的偏误是由多方面因素造成的,通常归纳为母语的负迁移、目的语知识的负迁移、文化因素负迁移、学习策略和交际策略的影响、学习环境的影响(主要指教师和教材)等五个主要方面。例如:

---

① 鲁健骥:《中介语理论与外国人学习汉语的语音偏误分析》,《语言教学与研究》,1984(3)。

（1）*什么你要买？

例(1)是母语为英语的学习者的偏误。在用汉语表达疑问时，学习者受母语的负迁移影响，将要表达的内容按照英语的语序讲出来，于是产生偏误。

（2）*那个天我们没有去公园。

例(2)误加了量词“个”。学习者因不了解“天”前不能加量词这一特殊规则，误将汉语中名词前要加量词的规则泛化。

（3）*……。那就是我想说的话。

例(3)误用了代词“那”。汉语中代词“这”表示近指，“那”表示远指，用于总结，即回指时，把刚刚提及的内容看作“近”的情况，用“这”指代。而英语中表示近指和远指的是“this”和“that”，在相同情况下，把前面提过的内容看作过去的“远”的情况，用“that”指代。所以，以英语为母语的学习者在用汉语表达时，常常受母语思维的影响，误用“那”替代“这”。

（4）*昨天晚上我喝了很多茶不能睡。

例(4)学习者回避使用动补短语，误用“不能睡”这一形式替代“睡不着”。

（5）*今天学校在进行运动会。

例(5)偏误在于混淆了“举行”和“进行”的用法。“进行”是谓宾动词，后面不能接名词。但是它的这一用法无论在教材，还是词典中都没有说明。教材中对“进行”的解释是“be in progress”，对“举行”的解释是“be in progress, to carry on, to conduct.”。而《现代汉语词典》对“进行”的解释是“从事(某种活动)”，对“举行”的解释是“进行(集会、比赛等)”。所以，学生在使用中容易出现误用偏误。

在实际中，偏误的产生是一个很复杂的问题，一方面，影响偏误的五个方面不是孤立的，而是相互联系的，有时还同时起作用；另一方面，这五个方面的划分也还不甚科学，分类标准不统一，概念有所交叉。因此分析偏误的成因，并不是要生搬硬套上述五个方面，而是要以这五个方面为参照，研究偏误产生的具体的思维心理过程，并在差异中求共性，探求第二语言习得的过程和规律。

(二)偏误的阶段性特点

中介语是一个动态的系统，随着学习者水平的提高不断发展，并呈现出一定的阶段性。不同阶段，表现出来的偏误也有不同的特点。

1. 对比性偏误和非对比性偏误。在第二语言学习的过程中，学习者因受母语的负迁移作用而产生的偏误可以通过对比分析来解释说明，我们称这类偏误为对比性偏误。但是很多情况下产生的偏误无法通过两种语言的对比来证实，这类偏误我们称之为非对比性偏误。对比性偏误多发生在学习者受母语干扰厉害的初级阶段，而非对比性偏误多发生在学习的中、高级阶段，此时学习者受母语的影响减弱，受目的语的影响增强。例如：

（1）*昨天看的电影没有好看。（不）

（2）*他气得没有话说。（说不出话来）

例(1)是母语为日语的学习者的偏误。当说明人或事物过去的性质或状态时，日语中必须使用表示过去的助动词。受母语的影响，学习者在该用否定词“不”的地方误用了“没有”。属于对比性偏误。例(2)是由于用简单形式替代了复杂形式而引起的偏误，属于非对比性偏误。

2. 单句偏误和超单句偏误。单句偏误是指发生在句子内部的偏误，主要表现为与词语的意义、用法有关的偏误，以及由词语充当句子成分的偏误。这类偏误主要发生在初级阶段。例如：

(1) *我们已经等了两个小时在火车站。

(2) *院子(里)有几棵树。

超单句偏误是指发生在句子之间的偏误，如句子之间的连接形式和照应代词的偏误，以及受语境、语用的限定而出现的偏误。这类偏误主要出现在中、高级阶段。例如：

(3) *她穿的那件衣服很好看，[于是]大家都很喜欢。

(4) *第一轮，他(田中)迎战韩国的学生，他(韩国学生)的技术好是好，但是不如田中的技术好。

偏误的产生具有阶段性，也具有反复性、顽固性。所以各个阶段所犯的错误不是截然分开的，如果学习者不能及时地改正错误并将正确形式巩固下来，就会堆积偏误，严重影响向目的语靠近的进程。

四、语法偏误分析的基本原则和方法

在进行偏误分析之前，首先要确立标准，口语具有多变性，因此应以普通话的标准书面语作为检验的标准，然后再依次进行选材、分类描述和分析解释。在辨别偏误时，需要注意“显性偏误”和“隐形偏误”的不同。显性偏误是指结构形式上的偏误，比如“我今天一点累”。隐性偏误是指单从结构上看没有毛病，但是放到一定的语境中就有问题了。比如“他九点就来了”这个句子，没有任何语法错误。但是如果说“我们八点半上课，他九点就来了”，后面的分句就有问题了，应该改为“他九点才来”。还应该注意“整体性偏误”(global)和“局部性偏误”(local error)的分别。前者是指影响对整个句子的理解的偏误，比如语序颠倒、关联词语错用等；后者是指只影响句中的某一成分，而不影响对整个句子的理解的偏误，比如量词或助词的用错等。

(一) 偏误用例的选取

我们可以选取同一学习阶段的用例，反映学习者某一阶段的语言能力。比如在学习了“怎么……呢?”这一反问句形式之后，我们从同一班级的不同学习者的作业中收集到以下句子：

(1) *我借了钱，怎么(不)还给人家呢？

(2) *你中午吃得那么多，现在怎么[不]会饿呢？

例(1)少用了否定词"不"，例(2)多用了否定词"不"。可见，学生对"否定句用肯定形式表示否定意义，用否定形式表示肯定意义"这一规则还没有熟练掌握，必须反复操练。

也可以选取不同学习阶段的用例，历史地动态地反映学习者学习的过程。比如一个学习者在不同阶段造的两个句子：

(3) *上课快迟到了，我(要)快点儿走。

(4) *又过了几天，我们班的一个韩国同学来我的房间，告诉我明天她也(要)回国了。

例(3)是她上初级班时写的，遗漏了助动词"要"，例(4)是她上中级班时写的，仍然遗漏了助动词"要"，由此可知，这一偏误在她的学习中已经具有"化石化"倾向，必须及时地有针对性地加强这方面的练习。

无论是纵向选材还是横向选材，在实际操作中，都要注意区分失误和偏误。例如：

(5) *闯红灯是一种违反交通规则而且具有危险性(的行为)。

例(5)是句式套用造成的宾语中心语的遗失，这是母语为汉语的人因疏忽也会出现的"成分残缺"现象，不具有普遍性，因此不应选为偏误分析的材料。

(二) 偏误用例的分类描述

学生在学习过程中产生的偏误是纷繁复杂的，对这些偏误进行整理归类是描述的重要环节。根据分析的需要，分类可以从不同的角度进行，比如从分析学习者认知过程的角度分为遗漏、误代、错序等。例如：

(1) *即使你们不同意，我(也)要买这本书。(遗漏)

(2) *尽管采用了最好的技术，我们仍然<u>不能修</u>(修不好)这台机器。(误代)

(3) *我<u>好几次遇到过</u>(遇到过好几次)令人吃惊的情况。(错序)

也可基于各级语法单位和句子成分，将偏误分为不同的语法项。例如：

(4) *明天早上八点我们<u>出发学校</u>(从学校出发)。(不带宾语的动词使用不当)

(5) *我不太<u>知道中国</u>(了解中国)。(带一个宾语的动词使用不当)

(6) *他<u>借给图书馆</u>(借图书馆)一本书。(双宾语动词使用不当)

(7) *他在朋友的帮助下<u>进行研究人口问题</u>(研究人口问题/进行人口问题的研究)。(带动宾的动词使用不当)

无论采取哪种标准，我们都应该注意分类的一致性，因为一方面，如果把不同类别的偏误放在一起，就不能清晰地反映偏误产生的本质原因；另一方面，如果不把同类的偏误放在一起，也不能看到问题的全貌。

(三) 偏误用例的分析

学习者的母语不同，或者学习阶段不同，或者使用语言的环境不同，将产生不同的偏误。偏误产生的原因是多样的，偏误的形式也是多样的，在进行偏误分析时，特别是解释偏误的原因时，应遵循三个基本原则"第一、解释必须合乎语言规律；第二、应尽量从最能说明问题的角度进行分析；第三、分析应力求深入浅出，尽可能少绕弯子"。①

语法偏误分析的目的是指出偏误，解释规律，因此分析必须符合语言规律。比如汉语中"一下子"常常用在动补短语前作状语，但是有时可以加"就"，有时不能加"就"。例子如下：

(1) *他的病很重，一下子就好不了。

(2) 里里外外都干净了，心情一下子就舒服起来。

(3) 房间很小，一下子就收拾好了。

从句法形式上看，例(1)和例(2)、例(3)的最大不同是：例(1)动词后是可能补语，例(2)动词后是趋向补语，例(3)动词后是结果补语。但是，我们不能因此就用"在用'一下子'作状语的句子中，可能式动补短语前不能加副词'就'"这一规则来解释例(1)的偏误。再比较：

(4) 他骑得很快，一下子就看不见了。

例(4)也是可能式动补短语作谓语的句子，动词前同样可以加"就"。可见前面选取的例子是不全面的，解释是不完善的。所以，要合理地、准确地解释偏误，我们必须进行全面的深入的考察。

语法偏误分析可以借助各种分析方法，选取合适的角度进行说明。例如：

(5) *常常刘老师纠正我们的声调。

(6) *因为他刚来中国不懂汉语，我朋友常常让我和他一起去买东西。

例(5)是语序的偏误，可以运用对比分析法来分析。偏误来源于母语为韩语的学习者。韩语中时间副词、处所副词的位置十分自由，可以出现在句首、句中和句末，而汉语绝大多数只能出现在名词的后面，动词、形容词的前面。所以本应放在主语"刘老师"后的"常常"会被放在句首。例(6)是代词的偏误，可以运用篇章分析法来分析。汉语中很少使用前指的形式，即先出现代词，后出现代词所指的名词，即使出现，后面也往往有"这就是……"或者"他叫……"这类话语来照应。所以在例(6)第一分句中的"他"应该和第二分句中的"我朋友"交换位置。

偏误分析的目的是使学习者认识正确的规律，并能造出正确的句子。因此在分析时应该抓住偏误，揭示规律，并给出正确的句子。例如：

(7) *老师告诉今天下午的课不上了。

(8) 老师说今天下午的课不上了。

(9) 老师告诉我们今天下午的课不上了。

例(7)的偏误在于双宾动词"告诉"后面遗漏了指人的宾语。所以，虽然例(7)可以改为例(8)，但是不如改为例(9)。因为后者才能体现出"告诉"的使用规则。

---

① 肖奚强：《略论偏误分析的基本原则》，《语言文字应用》，2001(1)：46—52。

另外还有一个容许度的问题。学生使用的句子存在着可能与不可能(即对与错)、好与不好之分,在进行偏误分析时应掌握好尺度。比如汉语中有名词谓语句和形容词谓语句,可以由名词或形容词充当谓语。可是,学习者在刚刚接触这两种句型时,常常添加动词"是"。例如:

(10) 今天是星期几?

(11) 她是很漂亮。

例(10)和例(11)都是合乎语法的句子,但是在一般情况下它们的可接受程度较低。例(10)是与日期、时间有关的问题,汉语用名词谓语句"今天星期几"来表达,没有必要加"是"。例(11)说话人的本意只是描述她的特点,此时应该用形容词谓语句"她很漂亮",如果加上"是"就增加了肯定的意味,常用于特定的语言环境中。例如:

(12) 甲:她很漂亮吧?

乙:她是很漂亮,不过比小王差远了。

答句中加上"是"表示对对方的话的肯定。所以在分析和纠正学生的偏误时,不能简单地停止于是否合乎语法这一层面,应该对偏误的性质进行剖析,采取不同的纠正方式。

五、常见语法错误分析

对外汉语教学的语法偏误通常分为两大类,一类是词法方面的,主要指各类词的使用偏误,尤其是副词、连词、助词等意义较虚的词的使用偏误,也涉及词和短语的构成偏误。另一类是句法方面的,包括各种短语、句型和句式的使用偏误。这两大类偏误产生的原因是多种多样的,不过在形式上大致都表现为遗漏、误加、误用和错位四类。为使大家对语法偏误有个大概的了解,我们把常见的语法偏误类型做一较为全面的介绍。又限于篇幅,我们这里主要讨论单句中的问题。

(一) 遗漏(缺失)

遗漏,也称缺失或缺省,是指在词语或句中缺少了某些该用的成分。

单句的遗漏偏误受母语负干扰的影响最大,主要表现为:(1)遗漏缺少母语照应的、意义比较虚的成分,比如意义比较虚的语素;意义比较虚的词,如介词、助词和副词等;短语中意义比较虚的成分;(2)缺少特殊句型或句式中的成分,比如动词谓语句,"被"字句,比较句,表示强调的句式中的成分等。具体表现如下:

1. 遗漏语素

(1) *我应该把这只箱(子)拿上来。

(2) *有人在外(边)等你。

例(1)遗漏的是名词的构词语素“子”。此例来源于母语为日语的学习者,在日语中表示同一意义的名词只有一个语素“箱”,因此学习者在使用汉语“箱子”一词时易遗漏后一语素“子”。例(2)遗漏了方位词的构词语素“边”。此例来源于母语为韩语的学习者,韩语中与汉语“外”对应的词可以单独使用,而汉语中“外”后要加语素“边”、“面”或“头”,才能自由使用。

2. 遗漏意义较虚的词

(1) *他(到)图书馆看书去了。

(2) *他天天(都)很高兴。

(3) *去火车站接朋友(的)人多极了。

(4) *上海的感冒可怕(得)好像我太太。

例(1)来源于母语是韩语的学习者。韩语中与汉语介词功能相当的是助词,但是韩语助词在句中的位置与汉语介词正好相反,汉语出现介词的位置,在韩语中缺少对应。所以学习者遗漏了介词“到”。例(2)受母语影响,遗漏了表示总括的副词“都”。例(3)和例(4)遗漏的是汉语特有的成分标志,例(3)动词性短语作定语,遗漏定语的标志助词“的”,例(4)遗漏了动补短语中补语的标志助词“得”。

3. 遗漏短语的构成成分

(1) *有一条蛇掉进缸(里)。

(2) *从明天(开始),我要努力学习汉语。

例(1)和例(2)均来源于母语为英语的学习者。例(1)遗漏的是方所短语中的方位词“里”,原因在于汉语中普通名词和方位词组合起来,才能表示处所,而该句对应的英语句子“A snake fell into the vat.”中,没有和“里”相对应的词语。例(2)遗漏的是与介词相照应的动词“开始”,因为在英语中介词“from”后没有类似于“开始”的词语。

4. 遗漏特殊句型或句式中的成分

(1) *我看(见)他了。

(2) *我被他们抬了(起来)。

(3) *排队的人很多,厅里面(很)热闹。

例(1)遗漏的是动词谓语句中的结果补语,比较相应的英语句子“I saw him.”可以看出“saw”这一个单词已经涵盖了汉语“看见”这一动补短语表达的语义。例(2)遗漏的是“被”字句中的补语。母语为韩语的学习者常会遗漏动词后面的补语成分,是因为韩语被动句中的动词性成分能够以简单形式出现。例(3)遗漏的是作状语的程度副词“很”。在汉语中性质形容词本身就带有比较的意味,单独充当谓语时受条件的限制,一般只能用于对举的情况,如“这边安静,那边热闹”,否则前面要加其他修饰成分,如表示程度的副词。而学习者受母语影响常常遗忘汉语性质形容词的这种特殊性,因此产生偏误。

除了受母语干扰以外,产生遗漏偏误的因素还有很多。有因目的语规则泛化造成的偏误,偏误常发生在一类语法项目的特殊规则上。例如:

(1) * 生了这种病以后,他的身体一(个)月比一(个)月差。

(2) * 我们一起聊天(聊)了很长时间。

例(1)遗漏了量词"个",因为在"天、星期(周)、月、年"这个表示时间的序列中,"天"、"星期(周)"和"年"都被认为具有量词性,可以直接和数词组合,如"一天"、"三星期(周)"和"五年",而"月"却是例外,它一定要加量词,才能和数词组合。学生常因不知道或遗忘这一特例,而遗漏量词。例(2)遗漏了动词"聊",汉语中动词后面可以带时量补语,表示动作或状态延续的时间,但是"聊天"属于离合词,必须重复出现动词"聊"才能带时量补语,而学生常常忘记这一规则,遗漏需重复的部分。

还有因简化而产生的遗漏。比如运用语气词是汉语特有的表达语气的方法,但是每个语气词所表达的各种语法意义在句法结构上并没有明确的形式依据,这就给学习造成了一定的难度。为了减少麻烦,学习者常常采取简化的策略。举例如下:

(3) * 我去年(是)趁暑假去中国旅游的。

(4) * 天气越来越热(了)。

例(3)是强调句型,遗漏了与"的"相对应的"是"。因为汉语中"的"也可以单独放在句末加强肯定语气,所以学习者常遗漏强调句式"是……的"中的"是"。例(4)遗漏了"了"。该句表示情况发生了变化,句末应该加"了",可"了"是汉语学习的难点之一,学习者害怕出错就采取了简化的策略,消极地省去了语气词"了",结果产生遗漏偏误。

(二) 误加

误加,也称多余,是指在不应该使用某一词语或某种句法成分时使用了该词语或成分。单句中的误加主要受目的语规则泛化的影响和母语的干扰,表现为误加有特殊意义的语素;误加意义比较虚的词;误加特殊句型、句式的标志性成分等。

1. 误加语素

(1) * 我们班有十五个学生[们]。

(2) * 高三时,我终于在市高中生外语比赛中得了[第]一等奖。

汉语中常把词尾"们"附加在名词后,表示复数,但是名词前面不能再加表示确指的量词。例(1)名词"学生"已经有了确定的数量词"十五",因此后面不应再加"们"。这是学习者因规则泛化而产生的误加。同样,例(2)误加"第"也是规则泛化造成的偏误。汉语可在数词或数量词组前加"第",表示次序,但是表示等级序列时,不能加"第"。

2. 误加意义比较虚的词

以"了"和"的"为例。"了"和"的"是汉语学习的两个难点,用与不用要受很多条件的制约。比如,"了"通常分为两个,一个是出现在动词或形容词后的时态助词"了"(一般统称为"$了_1$"),一个是出现在句末的语气词"了"(一般统称为"$了_2$")。学生在使用时会出现以下偏误:

(1) * 我昨天不在[了]家。

(2) * 时间过得很快[了],我到上海已经3个多月了。

(3) * 听说你要来了,我真的很高兴[了]。

(4) * 我们每次见面都吵架[了]。

例(1)中的动词“在”不是动作动词,不具有完成义,不能加“了”。例(2)的前一分句带有程度补语,用来说明事情发展的状态,并非强调完成,也不能加“了”。例(3)和例(4)中的“了”位于句末,同时也在形容词的后面,兼有“$了_1$”和“$了_2$”的性质。例(3)中的“高兴”不具有变化的意思,不能加“了”,例(4)中有表示经常性的状语“每天”、“每次”,说明是经常性的情况,也不能加“了”。之所以产生这些偏误,一方面是因为母语有时态变化的学习者常常将“了”和母语中表示过去、完成的语法范畴对应起来,另一方面是因为汉语有关“了”的规则很多,且不成体系,学习者难以完全掌握。

又如“的”。“的”的用法有:在定中短语中作定语的标志;构成“的”字结构;用于陈述句末加强肯定语气等。每种用法都体现了汉语的特性,而且规则很多,学生常常混淆。常见的错误有:

(5) * 在那儿我认识了几个中国[的]学生。

(6) * 我是美国人[的]。

(7) * 感谢你们的热情[的]帮助。

例(5)“中国”和“学生”之间不是领属性关系,不应用“的”。例(6)是把谓语动词“是”混作“是……的”强调结构中的“是”,应该去掉“的”。例(7)是多重定语中多加了“的”,多重定语中的“的”,哪些该加,哪些不该加,教材和工具书中缺少具体的规则,因此学习者常发生误加偏误。

3. 误加句型、句式标志性的成分

汉语中表示被动意义的句子分无标记和有标记两类。它们有不同的适用范围,比如当句中的施受关系明确,施事不必或不便出现时,常常使用无标记被动句。可学生由于将汉语中的被动句与母语中的被动句相对照,常常误加被动的标记“被”字。例如:

(1) * 字典[被]送给小王了。

例(1)中“字典”和“小王”显然都是动词“送”的受事,而施事没有出现,这时不应加“被”。

汉语中的充当谓语的动补短语有三种类型:不能用“得”的,必须用“得”的,用“得(不)”与不用“得(不)”构成平行格式的。数量补语、结果补语和趋向补语不用“得”;程度补语和可能补语的肯定形式都要加“得”;程度补语的否定形式也加“得”,可能补语的否定形式不加“得”。学生在没有完全掌握这些规则之前,常泛化“得”的使用范围。例如:

(2) * 那件事我做[得]不了。

(3) * 我能把那篇文章翻译[得]完。

例(2)混用了可能补语的否定形式和程度补语的否定形式,误加“得”,例(3)用介词“把”构成的句子表明怎样处置,或处置的结果,而“翻译得完”是表示可能性的,因此应该使用结果补语的基本式,去掉“得”。

4. 误加特定句法环境中不应出现的成分

(1) * 这辆车又[很]好又[很]便宜。

(2) * 他被派到北京[做]调查名胜古迹去了。

(3) * 他[从来]一次也没说过谎。

一般情况下,汉语的性质形容词充当谓语时前面要加程度副词。可是例(1)使用并列结构“又……又”,表示两种情况的并存,“又”连接的形容词前不能加程度副词。因此学习者常因泛化前面的规则而出现偏误。例(2)是一个被动态的连动句式。动词“做”的误加是因为学习者套用了“做调查”和“调查名胜古迹”这两个动词短语。例(3)表示强调的副词“从来”和“一(次)+也/都+没/不”格式同时出现,在语义上显得重复、混乱,应去掉其中一个。

(三) 误代

误代,也称误用,是指由于从两个或几个形式中选用了不适合于特定语言环境的一个而造成的偏误。这两个或几个形式在意义、用法或者形式上有所关联,容易使学习者产生混淆。

1. 词语的误代

词语误代的原因是对语素、词或短语的用法理解得不充分。主要分为以下几种情况:

1.1 构词语素部分相同,意义相同或相近,用法不同。例如:

(1) * 这两个作法同。

(2) * 我没有够的钱买车。

例(1)用“同”误代了“相同”。“同”是语素,不是词,不能单独使用,“相同”才是词,可以单独使用。例(2)用“够”误代了“足够”。“够”这个形容词只能作谓语,不能作定语,而“足够”可以。

1.2 构词语素部分相同,意义不同,用法不同。例如:

(1) * 为什么有人做怎么(这么)愚蠢的事情呢?

(2) * 佐藤明天回国,关于(至于)田中,我就不知道了。

例(1)用“怎么”误代了“这么”。“怎么”多用于疑问句,表示询问方式、原因等,“这么”才能放在形容词前,表示程度深。例(2)中用“关于”误代了“至于”。“关于”表示引进事物或行为的关系者,用于一个话题;对于引进事物或对象的关系者“至于”表示提起另外一个话题,用于两个相关联的话题之间。

1.3 构词语素不同,用法相同,意义相反。例如:

(1) * 他让我来(去)他那儿。

(2) * 电影已经开始五分钟了,他就(才)来。

例(1)用“来”误代了“去”。“来”表示从别处到说话人所在地,“去”表示从说话人所在地到别处去。此例中目的地“他那儿”是远离说话人的地方,应用动词“去”。例(2)用“就”误代了“才”。“就”和“才”都是副词，在句中出现的位置相同，“就”在动作动词前表示说话人认为动作发生得早，“才”在动作动词前表示说话人认为动作发生得晚。句子的意思是说他看电影来晚了，所以应该用“才”。

1.4 构词语素不同，位置相同，意义不同

比如句末语气词的误代。现代汉语中常用的语气词主要有六个：啊、吗、的、呢、了、吧，虽然数量少，但不易掌握。因为它们所表达的各种语法意义常由语境和语用因素决定，在句法结构上缺少形式依据。例如：

(1) *你什么时候开始学习汉语吗(呢/的)？

(2) *他要过几天才来了(呢)。

例(1)用“吗”误代了“呢”，因为在带有疑问代词的特指问句末，可以用表示深究的“呢”和加强语气的“的”，不能用表示疑问的“吗”，例(2)用“了”误代了“呢”，因为此句表示将来的情况，不能用“了”，而且句子中有副词“才”，往往要加“呢”表示对比强调。

2. 短语的误代

短语误代的原因主要是学习者不能充分掌握不同短语形式所表达的意义和使用规则。例如：

(1) *现在我交了十个以上(十几个)中国朋友。

(2) *在韩国好不容易(很不容易)吃到羊肉串。

例(1)用“十个以上”误代了“十几个”。“十个以上”用来表示数目的最低限度为十，而此句表达的意思是数目在十和十九之间不确定，所以应该用表示概数的数量短语“十几个”。例(2)用“好不容易”误代了“很不容易”。“好不容易”用于动词前表示完成某事非常不容易，应该用于表示已然的句子，此句说明的是未然的情况，因此不能用“好不容易”。

(3) *一件衣服(有件衣服)被他撕破了。

(4) *生活中，谁有干涉别人的资格呢？特别是恋爱，局外人别(不应该)干涉。

例(3)和例(4)是因忽视语用意义对形式的限制而引起的偏误。例(3)是“被”字句，主语应该是一定的，因此主语不能为数量短语，例(4)是对一般事理的推断，应该用助动词“应该”的否定形式“不应该”，却误用为副词“别”。

(5) *我们今天很高兴地玩。(玩得很高兴)

(6) *我吃完后一下子就睡得着(睡着了)。

(7) *尽管采用了最好的技术，我们仍然不能修这台机器。(修不好)

例(5)是“状语＋动词”的短语形式误代了“动词＋补语”的短语形式。英语中状语可前可后，放在动词后时与汉语的补语位置相对应，如与例(5)表达的意思相同的句子是“We played very happily”，因此学习者常将补语误用为状语。例(6)将结果补语误用为可能补语。“一下子”表示动作在很短的时间内完成或状态在很短的时间内发生变化，“就”表示动作或情况很快发生，因此在“一下子就”后面的应该为结果补语。例(7)是用助动词的否定形式误代了可能补语，这一偏误与学习者的回避策略有关。

3. 句式的误代

主要表现在以下情况：

3.1　回避难点，简化结构，用简单句式替代复杂句式。例如：

(1) *他生气，他走了。（他生气地走了。）

(2) *举办奥运会可以有很多工作，很多失业的人可以得到工作。（举办奥运会可以使很多失业的人得到工作。）

例(1)误用两个简短的句子代替了带有状语的动词谓语句。例(2)误用两个简短的句子代替了兼语句。

3.2　对句式的理解不充分造成偏误。例如：

(1) *雨越来越下得大了。（雨越下越大了。）

(2) *中国足球的实力比日本不强。（中国足球的实力没有日本强。）

(3) *他放书在床上。（他把书放在床上。）

(4) *我把博物馆去过好几次了。（我博物馆去过好几次了。）

(5) *那件事被我忘了。（那件事我忘了。）

例(1)用"越来越"句式误代了"越A越B"句式。例(2)用比较句的肯定形式误代了比较句的否定形式。例(3)和例(4)是"把"字句和一般主谓句之间的误代。例(5)用"被"字句误代了主谓谓语句。

(四) 错序

错序，又称错位，是指句中的词语或成分位置不当。语序是汉语重要的语法手段之一，也是汉语与其他语言有较大差异之处，因此学习者的错序偏误非常普遍。常常出现在以下情况：

1. 短语内部成分的错序。例如：

(1) *下楼(楼下)两个外国人住。

(2) *前头房子(房子前头)有一棵树。

例(1)来源于母语为韩语的学习者。汉语里表示楼房的上下层时，"上"和"下"用在"楼"的后面，如果用在楼的前面，就变成动词性短语"上楼"和"下楼"了。而韩语正好相反，表示"上"和"下"的词语要用在表示"楼"的词语后。例(2)是母语为英语的学生产生的偏误，短语是逐字从英文翻译过来的。

2. 并列成分的错序。首先是多重定语的错序。例如：

(1) *上海是一个中国最现代化的城市。（上海是中国的一个最现代化的城市。）

(2) *我那件前天买的长的红色的裙子丢了。（我前天买的那件红色长裙子丢了。）

(3) *每次坐火车，我都会跟不认识的很多人聊天。（我都会跟很多不认识的人聊天）

例(1)误将表示领属关系的名词"中国"放在了数量短语"一个"之后。例(2)名词"裙子"前的定语分为限定性定语和描写性定语两类，两类的语序非常混乱。正常的语序应该为限定性定语(主谓短语作定语)＋描写性定语(指示代词＋数量短语＋颜色＋式样)。例(3)误将“很多”放在动词短语“不认识”的后面。这一类偏物偏误跟母语的影响关系不大,而跟学习的过程有关。在学习中,学习者只了解几类定语出现的一般顺序,但是在使用时常因不能确定定语的性质而出错。

还有多重状语的错序。例如:

(1) * 在公园我昨天不小心摔了一跤。(我昨天在公园不小心摔了一跤。)

(2) * 请把你的证件快给我们看一下。(请快把你的证件给我们看一下。)

(3) * 他每个休息日和朋友一起都去吃韩国菜。(他每个休息日都和朋友一起去吃韩国菜。)

(4) * 我们都也不知道他在哪儿。(我们也都不知道他在哪儿。)

例(1)是时间状语而地点状语并用时的错位。例(2)是形容词与两个介词结构并用时的错位。例(3)是副词与介词结构并用时的错位。例(4)是两个副词并用时的错位。

多重状语的错序有时会引起意义上的差别,比较:

(5) 客人对这儿的饭菜十分不满意,纷纷要求老板退钱。

(6) 客人对这儿的饭菜不十分满意,向老板提了很多意见。

(7) 他每天都不上课,我今天一定碰不到他。

(8) 他不每天都上课,我今天可能碰不到他。

例(5)说明“客人”不满意的程度很高,例(6)说明“客人”满意的程度不高。例(7)说明“他”每天的情况都一样,都是不来上课。例(8)说明“他”有时来上课,有时不来上课。句中并用的副词都不能互换,否则将产生偏误。

句型和句式相关问题的理解和掌握是外国学生学习汉语的难点之一,因此对外汉语教学中句型和句式的教学一直成为学界关注的焦点。有关研究成果尽管丰富多样,但由于教学中出现的问题层出不穷,“花样翻新”,距离这些问题的真正解决尚有很多工作需要广大同仁持之以恒,付出不懈努力。本书是我们在对外汉语教学中对句型和句式教学的一点心得体会。

六、偏误分析的作用和局限

相比于对比分析,偏误分析在研究的方法和角度等方面有很大的进步。①其主要作用表现在:

1. 偏误分析强调要正确看待学生所犯的错误。以往的对比分析强调预测的重要性,

① 刘富华,刘立成,李曦:《汉语作为第二语言教学研究》,北京:北京语言大学出版社,2014:43—44。

认为要从一开始就预测出学生可能出现的所有错误，要通过对正确形式的强化练习来培养学生正确的语言习惯，避免错误的出现，对已经出现的错误要有错必纠。但是通过对中介语的研究，人们发现学生在第二语言学习过程中所出现的偏误是不可避免的，但是有规律可循，它反映了学习者真实的语言水平。因此我们应该容忍学生出现的一些偏误。另一方面，虽然偏误不可避免，但是也不能听之任之，不作任何纠正。应该根据偏误的严重程度采取不同的态度，对那些反复出现、在学生中普遍存在、影响交际的整体性偏误进行重点讲解，而对于偶尔个别人出现的、不影响交际的局部性偏误则可以稍加讲解，一带而过。

2. 偏误分析的结果有助于合理安排教学，指导教材和工具书的编写。根据对学生偏误的分析，可以确定教学的难点，针对不同的偏误类型及产生偏误的原因，进行有针对性的教学，合理安排教学顺序。在编写教材和工具书时，力求对语言做出更加准确、细致并符合学生需要的解释。

3. 偏误分析有利于推动语言的本体研究。对比分析通过语言的对比来预测学生的错误，可是很多错误是对比不出来的。而偏误分析着眼于学生已经出现的错误，并从各个角度探讨偏误的来源，扩大了对第二语言教学的研究范围，发现了很多以往在语言本体研究中不曾发现的问题，为语言本体研究提供了很多新的素材。反过来，这种基于偏误分析的语言本题研究的成果也会更有效地推动第二语言教学的发展。

我们应该看到，偏误分析也有一些局限：

1. 偏误的原因往往很复杂，不容易分辨和解释。在分析偏误的来源时，我们会发现，来源经常不止一个。在一个有偏误的句子中，往往既有来源自母语的干扰，也有来自目的语的干扰；既可能是学生自己采用不当的交际策略导致的偏误，也可能是教材、教师解释不当导致的偏误。比如“家庭成员用彩灯把圣诞树装饰”，此句偏误的原因一方面可能是因为母语中没有“把”字句而产生干扰，另一方面可能是学生将目的语规则泛化，认为“把”字句就是把宾语提前，然后前面加“把”。

2. 偏误分析长期以来集中在对语言结构偏误上的研究，对语用、篇章方面的偏误研究还比较薄弱。人们以前总是习惯于从语音、词汇、语法方面对偏误进行分析，可是后来却发现，有些句子的偏误是在语用或篇章层面的。比如留学生曾写过这样的句子：“今天天气不好。今天外面刮很大的风。”两个句子单独看都没什么问题，但是连在一起就不通顺了。后一句的“今天”因为跟前一句重复，所以应该略去。近些年，人们已经开始重视语用和篇章层面的偏误，这方面的成果也越来越多。

偏误分析的作用和局限在本书中无疑都会体现出来，句型和句式的教学研究我们也将会坚持下去，力争有新的收获。

第一章 名词谓语句偏误分析

名词谓语句是指由名词或名词性短语充当谓语的句子。它的基本格式可以描写为NP1＋NP2。名词谓语句的作用主要是对主语进行说明和判断。如："今天国庆节"。国家对外汉语教学领导小组办公室编(2020)《高等学校外国留学生汉语言专业教学大纲》(附件二)把句子分成动词谓语句、形容词谓语句、名词谓语句、主谓谓语句四种。①

一、名词谓语句偏误类型

名词谓语句偏误类型只有一类：误代类，即名词谓语句和"是"字句之间的替代偏误，可分为两小类：名词谓语句误代"是"字句的偏误、"是"字句误代名词谓语句的偏误。②

(一) 名词谓语句误代"是"字句。

1. 句式"名词$_1$/代词/名词性短语＋名词$_2$"的偏误。

(1) *坐火车去的时间晚上。(坐火车去的时间是晚上。)

(2) *时间已经早晨五点钟。(时间已经是早晨五点钟。)

例(1)、例(2)中NP2表时间义。上述句子之所以不成立，是因为时间名词作谓语常有顺序义。③构成名词谓语句。如，"今天星期一"是合法的句子，因为"昨天、今天、明天""星期一、星期二、星期三"等，是按照一定的顺序出现在一个系列当中的。故此上述句子中的错误应改为"是"字句。

(3) *我的国家蒙古国。(我的国家是蒙古国。)

(4) *城市的名字汉城。(城市的名字是汉城。)

例(3)、例(4)中NP2表处所义。但是处所名词一般以位词、方位短语或介宾短语出现在

---

① 国家对外汉语教学领导小组办公室编：《高等学校外国留学生汉语言专业教学大纲》(附件二)，北京：北京语言大学出版社，2002。

② 肖奚强，颜明，乔倓等：《外国留学生汉语偏误案例分析》，北京：世界图书出版公司北京公司，2015：306。

③ 马庆株：《顺序义对体词语法功能的影响》，《中国语言学报》，1991年第四期，北京：商务印书馆，1991。

NP1 的位置，NP2 表该处所存在的事物，并且应能根据 NP1 和 NP2 的空间包含关系补出“存在”的语义成分。如，“山下一片草地。”可以补充出“有”，说成“山下有一片草地”。故此，上面两句应改为“是”字句。

(5) *她的名字李丽。(她的名字是李丽。)

(6) *我现在在韩国已经大学生了。(我现在在韩国已经是大学生了。)

名词谓语句中 NP2 可以表姓名/名称/身份等义。在现代汉语中如果 NP2 表示人物的身份、职业和籍贯等，NP1 位置的可以是名词、代词或名词性短语。如“鲁迅浙江人。”上述两句不符合名词谓语句的意义搭配要求，因此不成立，应改为“是”字句。

2. 句式“代词 1/名词性短语＋代词 2”的偏误。

(1) *最近最大的烦恼也这个。(最近最大的烦恼也是这个。)

(2) *我想要的也这个。(我想要的也是这个。)

能进入 NP1 位置的代词一般只限于指示代词和人称代词，如果是名词性短语则一般为“的”字短语；而 NP2 主要是“谁、什么、哪里、哪儿”等一些疑问代词。①如“你谁呀?”故此上述句子应改为“是”字句。

3. 句式“名词/代词/名词性短语＋定中短语[除数量(名)短语]”的偏误。如：

(1) *我绝对对你公司有益的人。(我绝对是对你公司有益的人。)

(2) *我的父亲对我影响最大的一个人(我的父亲是对我影响最大的一个人)，我应该孝顺父亲。

上述两句话都应改为“是”字句，因为 NP2“如果是除数量短语之外的定中短语，NP2 就应该是 NP1 的一部分。如：“这孩子大眼睛。”“那幢房子红颜色。”

4. 句式“名词/人称代词/名词性短语＋数词/数量(名)短语”的偏误。如：

(1) *我也一个社会成员(我也是一个社会成员)，应该考虑这个问题。

(2) *但是，对吸烟者来说，吸烟也许一种享受(吸烟也许是一种享受)。

句式中 NP2 主要表示 NP1 的年龄、价钱和数量义。数量名短语充当名词谓语句的 NP2 要求表数量义，如：“教室里五十套桌椅。”故这两例应改为“是”字句。

5. 句式“名词/代词/名词性短语＋‘的’字短语”的偏误。如：

(1) *这对寻找工作的我来说，很有价值的。(这对寻找工作的我来说，是很有价值的。)

(2) *日本和中国的关系很密切的。(日本和中国的关系是很密切的。)

句式中 NP2 主要表示 NP1 所属的类别。而上面两例是表判断义，故不能使用名词谓语句，而应改为“是”字句。

(二)“是”字句误代名词谓语句的偏误

(1) *他是一十九岁了。(他一十九岁了。)

① 肖奚强，颜明，乔倓等：《外国留学生汉语偏误案例分析》，北京：世界图书出版公司北京公司，2015：304。

(2) * 我离开日本的时候她是快一岁了。(我离开日本的时候她快一岁了。)

这两例都是应该用名词谓语句而用了“是”字句。

二、名词谓语句偏误原因分析及教学建议

从前面的论述中可以看出,名词谓语句偏误主要为名词谓语句替代“是”字句的偏误。学界对名词谓语句本体研究得还不够充分,造成汉语教师和学生对规则认知不清,进而影响了教学。因此,名词谓语句的各种下位类型应该有统一的标准,句法成分选用的条件也应该详尽、清晰。

从学习者角度来说,把所学的、有限的、不充分的目的语规则“泛化”,不适当地套用在目的语新的语言现象上,也是学习名词谓语句出现偏误的主要原因。

在教学上,教师应该着重向学生教授名词谓语句下位句式的使用条件,必要时解释清楚“是”字句和名词谓语句的转换条件。针对名词谓语句的第二类偏误,教师在教学中应说明表达年龄义时一般不需在主谓之间添加“是”字以减少此类偏误。

三、思考与练习

(一) 模仿下面的例子写一段话。(注意画线的是名词谓语句)

例 1:(说明和描写人)

我朋友上海人,26 岁,身高 1.76 米,体重 75 公斤。

例 2:(说明和描写人)

彼得英国人,高鼻子,大眼睛,长得很帅。

例 3:(说明和描写某处的存在物)

我家并不大,一共七间屋子,一间厨房,一个客厅,南边两个卧室,北边两个卧室。

例 4:(说明描写商品的价格)

苹果一斤五块,香蕉三块五,桔子两块,西瓜八毛。

(二) 把下面的句子改成否定句和正反疑问句。

1. 下一站鼓楼。

2. 一瓶果汁 12 块。

3. 这张桌子三条腿。

4. 一节课 45 分钟。

(三) 把下面的 ABCD 四句话,按正确的次序连成一段话。

1. ______________________________

A. 一共 16 块钱

B. 我在超市买了鸡蛋和牛奶

C. 鸡蛋九块五

D. 牛奶六块五

2. ______________________________

A. 我想带孩子去公园

B. 今天星期天

C. 好好玩玩儿

D. 天气很好

第二章
动词谓语句偏误分析

动词性词语做谓语的句子叫动词谓语句，主要叙述人或事物的动作行为、心理活动、发展变化等。动词谓语句在汉语中占优势。①动词谓语句有很多特殊句式，本节仅涉及一般的动词谓语句。

一、动词谓语句偏误类型

动词是句子的结构中心，它支配着句子中的其他成分。动词谓语句偏误类型有：遗漏、误加、误代、错序。

(一)遗漏

1. 谓语动词的遗漏。例如：

(1) *下次考试你一定能(有)好成绩。

(2) *在公园里的人互相不认识，但我们都(能)感到对方的心情。

(3) *我们可能(成为)好朋友。

(4) *我喜欢打篮球，也(喜欢)游泳。

(5) *我希望跟他一直(做)朋友。

例(1)和例(2)中分别遗漏了谓语中动作动词和能愿动词。例(3)能愿动词后动宾短语中动词遗漏。例(4)并列谓语结构中遗漏第二个心理动词。例(5)谓语部分心理动词后的动词遗漏。

2. 谓语动词连带成分出现的遗漏。例如：

(1) *请放(下)你们的笔，不要做了。

(2) *那几个月我可以看(见)他。

(3) *这里一直住(着)我一个人。

---

① 刘月华等著：《实用现代汉语语法》，北京：商务印书馆，2001：657。

(4) *我想在这里学习后,可以说(得)更好。

(5) *事情发生了,我们不敢(跟)妈妈说。

例(1)和例(2)遗漏了补语。表示状态的持续时,动作动词后应加动态助词"着",因此例(3)"住"后应加"着",例(4)、例(5)的谓语动词后分别遗漏了补语前的结构助词、和状语中的介词。

(二) 误加

1. 谓语动词的误加。例如:

(1) *我初学汉语的时候,经常[有]闹笑话。

(2) *他在上海[做]工作。

(3) *我[能]考上了那所大学文学院。

(4) *我倾向于[喜欢]吃东西。

例(1)"有"和后面的动词语义重复,应去掉。例(2)"工作"是动作动词,已经表达完整的意思,不需要再加动词"做"。例(3)谓语动词后有动态助词"了"表示"考上"的动作已经实现,与"能"表示的可能性相矛盾。例(4)中"喜欢"一词本身就表示一种心理喜好的倾向性,与前面的"倾向于相矛盾",因此应去掉。

2. 谓语动词连带成分出现的误加。例如:

(1) *这些表明[着]那时候的人多么聪明。

(2) *我喜欢[了]北京,我又喜欢[了]上海。

(3) *那么我准备[对]汉语考试。

例(1)中"表明"的结构是"动宾",本身带有结果的意思,即事件的过程有相对的完整性,而"着"表示动作或状态的持续。这两个词在意思上互相矛盾,因此"表明"后不应加"着"。例(2)中"喜欢"是心理活动动词。这类动词与动态助词"了"连用时,往往会带上时量补语。①例(2)"喜欢"后没有时量补语,因此,应该把"了"去掉。例(3)中"准备"是及物动词,后面应该直接加宾语,不需要加介词。

(三) 误代

1. 形容词误代动词。例如:

(1) *我也想要<u>高</u>(提高)汉语能力。

(2) *黄昏时,太阳<u>灿烂了金黄色的大地</u>(使金黄色的大地变得灿烂)。

在汉语中,动词和形容词都可以作谓语,但形容词做谓语时不带宾语。当形容词与动词的意义相近或者相关时,学生会把形容词误用为动词。上面两例中"高"和"灿烂"被误当做了动词使用。

---

① 肖奚强等著:《外国留学生汉语偏误案例分析》,北京:世界图书出版公司北京公司,2015:169。

2. 不及物动词误代及物动词。例如：

(1) *我们要尝试写作(写)一本书。

(2) *明天我去机场送行(送)我的朋友，他要回国了。

(3) *我见面(见)了小李。

(4) *我们要尝试写作(写)一本书。

及物动词可以带宾语，不及物动词不能带宾语。学生往往辨别不清及物和不及物。上述四例都有宾语，因此谓语动词应改为意义相近的及物动词。

3. 近义动词的误代。例如：

(1) *火车四点到，我三点出去(离开)了家。

(2) *春节的气氛很好，但是得到(长大)一岁是很不好的事情。

例(1)和例(2)中的动作动词均使用不当，应用近义词“离开”和“长大”替换。

(3) *你们两个人一定可能(可以)找到工作。

(4) *我要(想)张老师快来了。

近义词之间的误代是最典型的误代类型。例(3)、例(4)是意思相近能愿动词的误代。“可以”多用于肯定句中，表示具备某种客观条件或能力。“可能”表示一种客观可能性。因此例(3)中“可能”应换为“可以”。例(4)中“要”表示较强的主观意愿，或表示对其他人的强烈要求。“想”表示想法、打算。而“要”表达的要求意义与“了”表达的陈述语气相矛盾，故应改为“想”。

(5) *因为我爱好(喜爱)中国。

(6) *我希望(期待)你的回信。

例(5)、例(6)是心理动词的误代。例5中“爱好”意思是具有浓厚兴趣并积极参加，因此和后面的宾语不搭配。“希望”是想让某事发生，而“期待”是带有希望的等待。“希望”的宾语多为动词性的，而“期待”的宾语既可以是动词性的，也可以是名词性的。因此，例6中的“希望”应改为“期待”。

(四) 错序

1. 谓语动词与宾语的错序。例如：

(1) *下次我再给你别的介绍(介绍别的)。

(2) *我们在郑州有名的烩面吃过了。(有名的烩面，我们在郑州吃过了。)

例(1)中并没有别的动词，“介绍”是谓语动词，“别的”是它的宾语，“别的”应放在“介绍”后面而不是前面。例(2)中的宾语前置表示强调，应该放在句首。

2. 谓语动词与状语的错序。例如：

(1) *他学习在北京师范大学。(他在北京师范大学学习。)

(2) *我最喜欢的花也是开花在春天(在春天开花)。

(3) *我觉得她的性格有意思，常常他的心思改变(他的心思常常改变)。

(4) *我参加了一共三次(我一共参加了三次),还没通过六级。

例(1)中,学生把该放在谓语动词之前的介词短语放到了谓语动词之后。例(2)是表示时间的介词短语与谓语动词的语序错误。例(3)是频率副词"常常"和谓语动词的语序错误。例(4)中"一共"的典型用法是在后面直接加上数量词,学生看到数量词时,忽视了"一共"与谓语动词之间的位置关系,而习惯性地把它加在数量词前面。

3. 谓语动词与补语的错序。例如:

(1) *现在能说话出来(说出话来),但也是没有那么准确发音。

(2) *所以觉得回去自己的国家(回自己的国家去)以前应该学习。

(3) *比如说,十七岁的时候,我一个晚上喝酒醉(喝醉酒)了。

(4) *一天你们来南京吧。(你们来南京一天吧。)

(5) *他说得英语很好。(他英语说得很好。)

例(1)和例(2)中,复合趋向动词被当做不可拆分的,与谓语动词一起放在了宾语前或宾语后。应该为"说出话来""回自己的国家去"。例(3)中学习者错误地优先选择动宾成分直接组合,把补语放在了宾语之后。例(4)中应该放在动宾结构之后的时量补语"一天"错放在了句首。例(5)中程度补语"很好"应紧跟在"说得"后面,此句应改为"他英语说得很好。"或"他说英语说得很好。"

二、动词谓语句偏误原因分析及改正策略

动词谓语句以动词为核心,而动词种类繁多,用法复杂。动词谓语句的偏误原因主要有两点:母语的负迁移和目的语知识的负迁移。

1. 母语的负迁移

学习者的母语对第二语言的学习有着重要的影响,这种影响既有正面的,即正迁移;也有负面的,即负迁移。负迁移是造成偏误的主要原因,学习者常把母语中词汇或语法规则套用到汉语上。以英语为例,英语中春天开花是"come into blossom in spring.",时间状语在动词之后。学习者习惯了这种介词短语做状语放在动词之后的句法,在学习汉语时就会习惯地也把汉语做状语的介词短语后置,引起偏误。如:

(1) *他学习在北京师范大学。(他在北京师范大学学习。)

(2) *我最喜欢的花也是开花在春天。(在春天开花。)

针对母语负迁移的干扰,教师应尽量了解学生母语的语法特点,充分地了解所要教的动词谓语句中所涉及的学生母语和汉语之间词汇和语法差异,另一方面通过对学生出现偏误的积累,预测可能出现的问题,及时强调,给予纠正,降低学生母语对汉语的负迁移。①

---

① 李春红:《初级阶段外国留学生的动词偏误》,《八桂侨刊》,2004(04)。

2. 目的语知识的负迁移

学习者在刚刚学完一个新的语法规则后，会有一个在具体情景中使用时，顾此失彼，错误地扩大语法规则的使用范围的过程。形成过度泛化就会造成偏误。例如：被误用的词语与正确的词语之间往往有共同的语素。学生在实际的运用中，会用一个有共同语素的不当词语来代替应该使用的。学了“我爱好游泳。”进而会说出“我爱好中国。”这样的偏误。针对这种情况，教师应该在讲解中遵循循序渐进原则。根据学生的对新知识的掌握情况加强对新知识的练习，另一方面也要鼓励学生试错，从错误中学习。

汉语动词本身具有意义和句法结构的复杂性，这也使部分留学生在一定阶段对汉语中某些特殊的语法知识、构词规则不能很好地掌握。

三、教 学 建 议

教师要以学生为中心，考虑到学生的年龄特点，文化水平。另外，教师自己要认真掌握每一个词的具体含义和用法。

在教学中教师应当准确地讲解每个动词的意义，要注意近义词辨析，但尽量避免近义词互释，否则学生很容易将两个近义动词的意义与用法相混淆。教师还应尽量使用汉语解释词意和语法规则，避免学生过度依赖母语。教师在教授每个动词时应当把及物与不及物的情况作为重点内容来讲。随着学习的深入教师可以逐渐加入一些句法成分相对复杂的语句，以促进学生对汉语句法系统的记忆和理解。

四、思 考 与 练 习

（一）从下列四组词语中各选择一个词或短语，组成一句语序正确的动词谓语句。

1. 爷爷、格蕾丝、李丽、张华

   大卫、爸爸、孩子们、姐姐

   安迪、他朋友、她、我

2. 散步、游泳、洗澡、上课

   留学、睡觉、锻炼、坐、玩

   看电视、住、考试、站、看书

3. 2019 年、昨天下午

   每天早上、每个星期六上午

现在、刚才、前天晚上九点

90 年代、一个小时前

4. 在草地上、学校门口

在中国、在房间里

在公园里、在教室

在天津、在超市

在游泳池里、在浴室

在图书馆、在操场上

(二) 将下面句后(　　)中的词语放在唯一合适的地方。

1. 王老师每星期　A 去　B 游泳池　C 游　D 泳。(两三次)
2. A 马丽中午　B 很少　C 吃饭　D 她常常带饭。(在学校食堂)
3. 我不舒服,想回　A 家　B 睡　C 觉　D。(一会儿)
4. 比尔喜欢运动,A 爬　B 一次　C 山　D。(一个月)
5. A 爷爷每周　B 打　C 一个小时乒乓球　D。(在体育馆)

(三) 组词成句。

1. 汉语　我们　上　下午　304 教室　在　课
2. 两　他们　个　考试　一次　月
3. 一次　在　赵老师　跟　咖啡馆　都　见面　朋友　每周
4. 一会儿　去　咱们　操场　明天　早上　跑步　吧

第三章
形容词谓语句偏误分析

由形容词或形容词性短语充当谓语的句子叫形容词谓语句或形容词谓语句。形容词在现代汉语中可以直接作谓语，而不需要在其前面加判断动词“是”。形容词作谓语常由副词、介词短语等作状语，或后面带补语成分。单个形容词，做谓语一般带有比较或对照的意思，很少单纯表示一种性质或状态。①

一、形容词谓语句偏误类型

形容词谓语句偏误类型有：遗漏、误加、误代、错序。

(一) 遗漏

1. 形容词后“的”和“了”的遗漏。例如：

(1) * 房间里静悄悄(的)。

(2) * 他的个子高高(的)，眼睛很大。

(3) * 到中国以后，我胖一点(了)。

(4) * 这个想法太好(了)，我觉得很正确。

形容词重叠式作谓语一般要加“的”字。因此例(1)和例(2)中的谓语形容词后面都应该加“的”。例(3)表示新情况的出现，例(4)“太”加形容词作谓语后面加“了”和不加“了”意思不同，加“了”表示好的程度，是积极正面的，不加“了”则有过犹不及的负面含义。根据此句的含义，应该把“了”去掉。

2. 程度副词的遗漏。例如：

(1) * 我的朋友(很)可爱，我们是好朋友。

(2) * 春天的景色(很)美丽。

单个形容词除非是表示比较或对照的意思，不能直接做谓语，应该在前面加上状语或者补

① 房玉清：《实用汉语语法》，北京：北京语言大学出版社，2008：111。

语成分。因此上述两例作谓语的形容词前应该加上程度副词，也可以在后面补出表程度的补语。

(二) 误加

误加是形容词谓语句出现偏误最多的类型，主要有以下几种情况。

1. 判断动词“是”的误加

汉语中“是”可以为判断动词，也可以作副词。作副词时经常用在谓语动词或形容词前，表示肯定、强调。但许多学生在不是表示强调的时候也使用了“是”，造成了冗余。例如：

(1) *姐姐个子[是]高，妹妹个子[是]矮。

(2) *这几个地方的风景都[是]很美丽。

(3) *他[是]又漂亮又可爱，还[是]聪明。

(4) *姐姐比我漂亮，还比我[是]高一些。

(5) *这个公园离得很远，所以去玩的机会[是]不多。

(6) *这个地方跟英国有点像，只是它的规模[是]大得多。

例(1)中，“高”和“矮”形成鲜明对比，以说明姐姐和妹妹各自的特点，是单个形容词作谓语的情况。例(2)是形容词前加程度副词作谓语。例(3)是形容词前加副词“又”作谓语，表示几种性质或情况同时存在。例(4)中形容词前加表比较的介词短语作谓语。例(5)中形容词前有否定副词。例(6)中形容词后面有程度补语。不管是单个形容词做谓语，还是带状语或补语后做谓语，汉语中形容词做谓语都不需要前加判断动词“是”。

2. “的”字的误加。例如：

(1) *那位建筑师设计的房子很好看[的]。

(2) *老师的身高不太高[的]。

形容词作谓语有副词修饰时，后面不加“的”，因此上面两个例句应该把“的”去掉。

3. 程度副词的误加

程度副词能够用来修饰性质形容词，但状态形容词因为本身带有程度的意义，不能再受程度副词的修饰。例如：

(1) *雪花不停地飞舞，地上[全]白茫茫一片。

(2) *学习了一天，我[非常]累得很。

例(1)中“白茫茫”的叠音后缀已经表示了白的范围很广，就不需要再用“全”做状语修饰了。例(2)中“很”在“累”后面作程度补语，表示程度的加深，因此在形容词“累”前再加程度副词“非常”就是冗余的。

(三) 误代

1. 形容词重叠形式的误代

双音节性质形容词的重叠形式是 AABB，表示性状程度的加深。而其 ABAB 式则表示一定的动态性和致使义。①例如：

(1) *旅游回来一路上我们开心开心(开开心心的)。

(2) *她的皮肤雪雪白白(雪白雪白)的。

根据句意，例(2)表示开心的程度的加深，没有致使义，不用其ABAB重叠式，应使用性质形容词"开心"的重叠形式"开开心心"。双音节性质形容词的重叠式是AABB。但是例(1)中"雪白"是状态形容词，其重叠形式是"雪白雪白"，没有"雪雪白白"这种变化形式。并且用形容词的重叠形式时，后面一般要用"的"。②

2. 近义形容词的误代

意思相近的形容词容易被混淆而误用。例如：

(1) *教室里没有人说话，很平静(安静)。

(2) *这里的物价很便宜(低)。

"平静"常用来形容人的心情或者水面，例(1)是要表达的是没有声音的意思，应该使用"安静"。例(2)的主语"物价"，应该搭配"低"；"便宜"的主语应该是商品。

(四) 错序

1. 主谓错序。例如：

(1) *很美丽中国的文化。(中国的文化很美丽。)

(2) *他跟我们很友好的关系。(他跟我们的关系很友好。)

例(1)整个谓语部分放在了主语之前。例(2)把谓语放在了主语部分的定语和中心语之间作定语，造成句子谓语缺失。

2. 状语错序。例如：

(1) *爸爸很满意对我的成绩。(爸爸对我的成绩很满意。)

(2) *在中学，也我的成绩很好。(在中学，我的成绩也很好。)

例(1)中的介词短语"对我的成绩"表示关涉的对象，应该放在谓语部分的前面作状语。例(2)的副词做状语错放在了主语前面。

二、形谓语句偏误原因分析及改正策略

结合中介语相关理论并根据学习者偏误的类型，能够找出产生偏误的原因，进而能够为避免这种偏误提出有针对性、有效的建议。

---

① 肖奚强等著：《外国留学生汉语偏误案例分析》，北京：世界图书出版公司北京公司，2015：313。

② 刘月华等著：《实用现代汉语语法》，北京：商务印书馆，2001：661。

(一) 母语的负迁移

母语的负迁移是形容词谓语句出现偏误的主要原因之一。汉语形态变化不丰富,语序和辅助词起着很重要的表意作用。比如泰语形容词重叠后不需要其他成分就可以独立成句,而汉语形容词重叠后作谓语一般要借助助词"的"才能成句。如果泰国汉语学习者未能完全掌握汉语形容词重叠式的语用规则,会套用母语形容词词法规则造成助词"的"遗漏。[①]再如:

(1) *爸爸很满意对我的成绩。(爸爸对我的成绩很满意。)

(2) *房间里静悄悄(的)。

(3) *这几个地方的风景都[是]很美丽。

例(1)中以英语为母语的学习者习惯把介词短语作状语放在谓语之后,而不是像汉语一样放在谓语之前。英语里面没有语气词,因此例(2)学习者会漏掉语气词"的"。英语中形容词和形容词短语也不能直接作谓语,只能加系词后作表语,在汉语中形容词和形容词短语可以直接做谓语。因此学习者会像例(3)那样在形谓前加"是"。

(二) 目的语知识的负迁移

目的语知识的负迁移在形容词谓语句偏误中也很常见。如:

(1) *图书馆里[非常]静悄悄的。

(2) *学习了一天,我[非常]累得很。

(3) *她的皮肤雪雪白白的。(雪白雪白的)

不表示对比时,形容词前面一般要加上程度副词。而例(1)和例(3)中学习者在具体使用这条规则的时候,忽略了重叠式、状态形容词以及后面有程度补语的时候,形容词前不再使用程度副词。语法规则的泛化造成了程度副词的误加。例(3)把性质形容词的重叠形式错用到了状态形容词上,是对形容词重叠形式构成的泛化。

三、教 学 建 议

教师应针对形容词谓语句的特点对容易出错的内容进行重点讲解。如形容词前加程度副词的情况,单个形容词作谓语,形容词的重叠形式及其使用。除了重点内容重点讲解之外,还要针对重点内容设置大量的练习。

---

① 阮统:《泰国汉语学习者形容词谓语句偏误分析》,云南师范大学硕士学位论文,2016。

教师可以利用对比法进行教学，将留学生的母语语法规则与汉语语法规则进行对比，强化形容词谓语的特点，从而减少偏误的产生。此外也可以对汉语内部的语法规则进行对比，比如对比状态形容词和性质形容词，对比形容词的不同重叠形式在作谓语时的含义及用法的不同。

四、思考与练习

（一）下面每一对形容词都是反义的，选择合适的形容词填空。

贵、便宜　大、小　多、少　高、低　高、矮

长、短　快、慢　新、旧　容易、难　干净、脏

轻、重　年轻、老　胖、瘦　高兴、生气　好、坏

1. 今天天气非常______，昨天的天气不太______。
2. 张老师个子______，王老师个子______。
3. 那个超市很______，东西很______，牛奶很______，面包比较______。
4. 我走路很______，爷爷走路比较______。
5. 汉语很______，英语很______。
6. 刚才王老师说我的汉语很______，我特别______。
7. 这辆车比较______，那辆车比较______。
8. 这个房间很______，也很______。那个房间很______，有点儿______。

（二）模仿下例各写一段话，参考例句中的形容词和（　）中所给的形容词，注重使用横线划出的副词。

例 1：今天我在餐厅吃的饺子特别好吃，就是菜有点儿辣。

（甜　苦　酸　咸）

例 2：张老师很年轻，个子不太高，比较瘦，工作非常认真，人特别和气，对学生也很热情。

（老　高　胖　冷淡　严肃　严厉）

例 3：郑州真大，人特别多，汽车也特别多。这里的交通很方便，但是上下班坐公共汽车比较挤。

（小　少　安静　干净）

（三）从下面 ABCD 中选择唯一正确的填入空中。

1. 今天很开心，________。

A. 因为很好看的电影　　B. 因为电影很好看

C. 因为电影很好看的　　D. 因为是好看

2. 我的汉字写得不好，所以我________。

A. 在学校很少写汉字　　　B. 在学校写汉字少

C. 写汉字在学校很少　　　D. 在学校写汉字很少

3. 最近请假的人很多，________。

A. 昨天和今天在教室没有多学生来

B. 昨天和今天在教室没有很多学生来

C. 昨天和今天教室没有很多学生来

D. 昨天和今天教室没有来多学生

第四章 感叹句偏误分析

根据句子在语言交际中的语用目的或用途，可以把句子分为陈述句、疑问句、祈使句和感叹句等类型。句类是句子的语气分类，也就是表达用途的分类，是属于语用平面的概念①。其中感叹句是用特定的句式抒发说话人较为强烈的情感的一个句类，它以表达感情为主要用途。当人们产生快乐、惊讶、悲哀、愤怒、厌恶、恐惧等强烈情绪的时候，感叹句可以抒发强烈感情，表示感叹语气的句子，让语言交流更为生动，可以传达所有表达的情感。简言之，带有浓厚的感情色彩和感叹语气的句子叫感叹句。感叹句一般用降语调，句末都用叹号②。

感叹句是交际中会遇到而且不能缺少使用的语句，留学生在感叹句的习得过程中，不免出现各种各样的偏误。在这里，我们将感叹句的偏误分为遗漏、误加、误代、错序四类，并对其进行详细的分析。

一、偏 误 类 型

（一）遗漏（缺失）

感叹句中的遗漏主要表现为：语气助词“了”“啊”的遗漏；程度副词“真”“够”“太”“很”的遗漏；语气副词“可”的遗漏；主语的遗漏；判断动词“是”的遗漏以及助词“的”的遗漏。

（1）*我特别爱吃的是蛋挞，太好吃！我几乎每天都买来吃。

（2）*你对我太好！我真的非常感谢你！

（3）*上海的夜景可漂亮！

（4）*她可帮我找学校，当时我可高兴，回家向父亲要求，父亲怕生活苦，应付不来我的学费，那位不知名的姐姐还帮我求情呢。

---

① 范晓主编：《三个平面的语法观》，北京：北京语言学院出版社，1996：25。

② 黄伯荣、廖旭东主编：《现代汉语》，北京：高等教育出版社，2001：105。

(5) *他的妻子因不治之症而死对他已经是一个灾难,不要再给他添麻烦,他已经够痛苦。

(6) *司机连连抱歉,她说:"哎,都怪我,因为我,你受苦!"

(7) *他们是多爱自己的孩子。

以上偏误都是遗漏了句末语气词助词"了""啊"。例(1)和例(2)的偏误,是因为学习者没有掌握"太"感叹句的句末语气词的使用规律:当其表达的是不合意的情况时,句末语气词"了"不强制使用,但当其表达的是合意的情况时,句末语气词"了"则强制使用。例(3)和例(4)遗漏句末语气词"了",多是由于学习者没有掌握"可"和句末语气词的搭配模式,与"可"搭配的语气词为"了",在"可"感叹句中强制使用。例(5)属于说话人认为"他"的现状已经快到极限,实际是在表达说话人的不满语气,这里改为"他已经够痛苦的了"比较好。例(6)遗漏了语气词"了",这里的"了"用在句子末尾或句子停顿的地方表示变化或出现新的情况。此例句中司机致使别人出现了新情况"受苦",所以要在"你受苦"后加上语气词"了"。例(7)遗漏了语气词"啊",因为在含有"多……"的感叹句中,句末加上"啊"用于强调说话人要表达的强烈的感慨,所以不能去掉。

(1) *这是莫名其妙。

(2) *你的肌肉发达的了!

(3) *现在想想当初我实在聪明了。

(4) *因为我信仰基督教,所以对他们可能苛刻了。

(5) *我们都觉得他的行为太幼稚、单纯、可笑了。

(6) *生日那天多人恭喜我,我觉得很开心。

(7) *今天我学了中国菜,还学了多单词。

以上偏误都是遗漏了程度副词"真""够""太""很"。例(1)从语法、句义及语气层面分析,"莫名其妙"并不能作句中宾语,需在判断动词"是"前面加上"真"组成"真+是+体词性成分"这一结构。例(2)少了相应的程度副词"够",因而无法表现出说话人强烈的主观感情,"发达的了"应改为"够发达的了"。例(3)和例(4)中说话者并非要使用"聪明""苛刻"表示变化(变聪明了、变苛刻了),因此"聪明""苛刻"不能充当句中或分句谓语。此外,这两个例句句义均是表示说话人的主观感情或评价,因此在这里要使用"太+形容词+了"的形式,"了"不可以省略,所以正确的做法是需要在"聪明""苛刻"前加上"太"。例(5)应改为"我们都觉得他的行为太幼稚、太单纯、太可笑了。"当"太"出现于连续的并列结构中时,要将"太"加在每一个并列的成分前。例(6)和例(7)的"多"前都要加上程度副词"很"进行修饰,"多"单独修饰名词性成分一般在汉语中多用于新闻媒体类的正式书面语语体中,如:经过多方协调,最终我们解决了问题。/在这次枪击案中,多人受重伤。但是这两个例句是典型的口语色彩,所以需要在"多"前加上程度副词"很"进行修饰。此外,这两个例句的偏误语料来源于韩国留学生,在韩语口语中,"多"单独修饰名词性成分的形式是可以直接运用的,"多"不需要受"很"的修饰,所以这类偏误是由于母语负迁移导致的。

(1) *一直想到中国来留学,却一直没有机会,这次到中国啦!

(2) *会有一些人把它作为杀人的借口,特别是那些与国际性保健公司有关的杀人事件是多着哪!

以上偏误都是遗漏了语气副词"可"。例句中需要副词"可"通过强调来表达一定的语义,却遗漏语气副词"可"。出现遗漏偏误一方面说明学习者对于语气副词"可"在不同句类中的基本结构把握得不是很准,另一方面说明学习者对能表达感叹的句式了解得还不够全面。

(1) *我们终于也到了民院,真漂亮!

(2) *第二天清晨我们去看日出,真是一个异常美丽的景象。

以上两个例子遗漏了主语。汉语感叹句的结构一般都比较简单,常常单独由感叹词组成或由"语气副词+述谓结构(+语气词)"等构成,句中常常没有主语。但实际上,并不是所有的感叹句都不用主语,根据黄伯荣先生的说法"一般有主语谓语的感叹句,重点总在谓语。有时因为感情激动,一开口先把谓语说出来,然后补说主语①。"由此可知,有一部分汉语感叹句是存在主语的,而上面的两个例句也是不能省略主语的。正确的做法:例(1)应该加上主语"民院",例(2)应该加上主语"那"。同时我们认为,这种现象是学生目的语规则过度泛化的表现,在学习的过程中,外国学生常常因为目的语规则掌握不到位而过度泛化。

(1) *好久没给你们写信了,我真不孝子。

(2) *照顾家人真不容易的事情。

以上两个例子遗漏了判断动词"是",使得"真+形容词"直接充当了句中谓语。正确的做法:两个例句应该在"真"后面加上谓语"是"。

(1) *我穿了很少衣服。

(2) *很短时间以后那个人死了。

以上两个例子遗漏了助词"的"。程度副词"很"后接形容词作双音节名词的定语时,一般要用"很+形容词+的"的形式。正确的做法:两个例句应该在"很少""很短"后面加上助词"的"。

(二) 误加

感叹句中的误加主要表现为:语气词"了"的误加以及语气副词"真""太""很"的误加;语气副词"好""可"或"多"的误加。

(1) *那时他才想到搭车的姑娘,真糟了。

(2) *国王十分生气,骂了他,"我要买的是活马,你要这个死马头做什么?你真浪费了我的钱。"

---

① 黄伯荣主编:《陈述句　疑问句　祈使句　感叹句》,上海:上海教育出版社,1984:45。

以上两个例句是语气词"了"的误加。"'真'字感叹句句末以不用语气助词为常，但也可加上'啊'及其变体'呀、哪、哇'。[①]""真"在作程度副词时，一般不能和"了"复现，当"了"用在句末时，有表达结束或完成之意，但上述例句并不是为了表达"完成"之意，它们属于是"真"字感叹句，所以其句中的语气词"了"属于误加。

(1) * 比起学习我的母语，我真喜欢学习汉语。

(2) * 与春夏秋相比，我真盼望冬季。

(3) * 为什么你的分数比我的太高。

(4) * 反而，我觉得我父母的思想比我太先进。

(5) * 他比我很勇敢。

(6) * 李政宰的口语没有我很流利。

以上例句误加语气副词"真""太""很"。根据对程度副词的分类依据可知，针对是否有比较对象这一条件而言，汉语常用程度副词可分为"相对程度副词"和"绝对程度副词"两类，前者可以有比较的对象，后者一般没有比较的对象，我们一般将程度副词"真""太""很"划分为"绝对程度副词"，因此"真""太""很"一般不能被运用在比较句中。以上例句可以去掉程度副词"真""太""很"，或者有的可以改为具有比较性的程度副词"更"。

(1) *"安乐死"的最重要的原因是要求"安乐死"的人痛苦太极了。

(2) * 如果太过度迷恋这种流行音乐的话，会失去自己的想法。

(3) * 在当时的情况下，我的心情不好，很难以学习。

(4) * 为了多收获粮食，世界都要用很大量的农药。

以上例句误加语气副词"太""很"。例(1)和例(2)涉及"太"与其他程度副词或含有程度加深义成分叠加时产生的赘余。例(1)"极"是属于绝对程度副词中的最高级了，不需要再使用"太"来加深程度，因此可改为："安乐死的人太痛苦了"或"安乐死的人痛苦极了"；例(2)"过度"也已表示了"程度过量"义，不能使用"太"再次进行修饰，二者取其一即可。例(3)和例(4)也属于是程度副词"很"与句中其他表示程度、状态或数量的成分叠加在一起时发生的赘余。例句中的"难以""大量"本身就含有程度或数量上加深、增多，因此无需再用程度副词"很"进行修饰。

(1) * 民院的大门真华丽，雄伟，真古朴又高尚，我真的没话可赞扬了。

(2) * 这小孩真好可爱！

(3) * 下课时我们在学校聊天，那时的友情可多纯洁啊！

以上例句误加语气副词"真""好""可""多"。几个并列的形容词充当句子谓语中心时，在第一个形容词前加上表示赞美感情的副词"真"即可，若每个形容词前都加上副词则显得累赘、多余，所以例(1)"古朴又高尚"前的"真"字需要去掉。例(2)属于是由于句式杂糅而导致的语气副词重复、误加，此例句表达对小孩可爱的赞美，用"真可爱"或"好可爱"

---

① 齐沪扬主编：《对外汉语教学语法》，上海：复旦大学出版社，2012：156。

都是可以的，无需使用两个副词，保留其中一个即可。例(3)也属于句式的杂糅，句中“可多纯洁啊”，应该是“可……了”与“多……啊”夹杂在一起，所以“可多纯洁啊”应改为“可纯洁了/多纯洁啊”。

(三) 误代

感叹句中的误代更多体现在语气副词和句末语气词的误代。主要表现为：语气副词“真”误代“很”“多”“太”；语气副词“太”误代“很”；语气副词“可”误代“很”“多”以及“真”“太”；语气副词“可”与“也”“就”“更”“可是”等副词的误代；语气副词“多”误代“很”“真”“太”以及“可”；语气副词“多么”误代“多”；代词“那么”误代语气副词“很”“多么”；语气副词“很”误代代词“那么”；语气词“啊”误代“了”；“的”误代语气词“了”“啊”；语气词“呢”误代语气词“啊”；标点符号“。”误代“！”。

(1) *我的性格是开朗活泼的，真喜欢跟别人谈话。

(2) *寒假比暑假短，只有一个月左右，所以过得真快！

(3) *如果不相信别人的话，有时候我们把好人当成坏人，真可惜啊！

(4) *如果现在可以复古过去的快乐，真好啊！

以上偏误都是用语气副词“真”误代了“很”“多”“太”。例(1)和例(2)应该将“真”改为“很”，因为学习者没有认识到“真”和一般程度副词的区别，“真”表达的是说话人的主观评价，不表程度，不用于客观陈述，也不做修饰性的定语成分。例(3)和例(4)应该将“真”改为“多”“太”，因为说话人是对假设的情况进行感叹，而学习者误用“真”感叹句，显然是学习者没有掌握“真”感叹句的使用条件，只能进行事实感叹。

(1) *昨天晚上朋友过生日，我们玩到太晚！

(2) *我们今天观看了一场太精彩的表演！

(3) *她太兴奋地向妈妈跑去，一下儿就窜到了妈妈的怀里。

以上偏误都是用语气副词“太”误代了“很”。学习者以为“太”表示程度高，便将其作为一般程度副词使用。但“太”表达的是说话人的主观感叹，感叹程度的异常，不用于客观陈述。

(1) *我也能建立很好的友情了，他们对我的影响也可大。

(2) *谁有决定的权利呢？这个问题可难解决！

(3) *你还减肥，你可瘦了！

(4) *你的汉语说得可好了！

以上偏误都是用语气副词“可”误代了“很”“多”“真”以及“太”。例(1)和例(2)应该将“可”改为“很”，因为都是进行客观的陈述。说话人误用“可”，原因还是说话人不能将其与一般的程度副词进行区分，“可”不表程度，重在感叹语气的表达。例(3)应该将“可”感叹句改为“多”感叹句，因为说话人的感叹是要引起听话人的共鸣，对其进行劝说。例(4)应该将“可”感叹句改为“真”感叹句或“太”感叹句，因为是说话人表达对事物的评价，然而学习者误用做“可”来进行表达，应该是对“可”感叹句的表达功能还没有掌握，“可”感叹句的使用前提一定是说话人和听话人之间存在着信息差。

(1) *就是中国人听到我的汉语时，可听不出来我是外国人。

(2) *请来帮忙的人多了不仅没有好处，反而麻烦比以前可多了。

(3) *四岁那年，看着姐姐每天穿上雪白的校服，背上书包高高兴兴地去上学，于是我可每天跟爸妈吵着要去上学。

(4) *听力不好，听不懂别人说的话吗，玛丽心里可是着急了。

以上四个例句属于是语气副词“可”与“也”“就”“更”“可是”等副词发生的误代偏误。例(1)应该将“可”改为“也”。语气副词“可”与“也”的容易发生混淆，副词“也”主要用法是表示类同，如果用在固定的格式中一般用在一个句子的后项中，前项一般有“虽然”“尽管”“即使”“就是”等关联词。出现的偏误主要是在复句中，学生对分句之间的语义关系把握不清楚。例(2)应该将“可”改为“更”。程度副词“更”一般用于比较，可以是两个时间点的比较，也可以是不同事物之间的比较，表示在原来的基础上，程度的加深或数量上的增减，通常用在“比”字句中，而“可”只是表示一种强调，不具有比较的意味，不表示程度在原来的基础上的变化。另外，语气副词“可”一般不和“更”进行搭配使用。例(3)应该将“可”改为“就”。“可”与“就”的误代偏误多出现在复句中，主要是语气副词“可”只表示强调，不能承接上文；“就”可表示前后两件事情紧接着发生，句子中一般都有两个动作，可以用来承接上文。学生对于句子的逻辑语义掌握得不是很清楚，因而容易选错副词。例(4)应该将“可是”改为“可”。“可”与“可是”都可以作连词和副词，修饰动词和形容词，表示强调，语义上有“真、确实”的意思，它们作连词的时候，都用在后一分句的句首，形式上也都一样。但是语气副词“可”可以修饰单个的形容词或心理动词，表示程度高，“可是”却没有这一功能。

(1) *那时我在学习上遇到很多困难，自己又比其他同学大，多不好意思，真想退学。

(2) *我很喜欢和室友聊天，她多开朗！多活泼！

(3) *我一直认为妈妈不怎么爱我，可有一天我发现自己多笨啊！

(4) *——觉得汉语难不难？

——汉语多难啊！

(5) *春节的那天晚上，我们一边聊天一边吃好吃的，一面看春节联欢会，一面打麻将，多热闹哇！

(6) *——你们上星期的比赛打得怎么样？

——我们打得多好啊！

(7) *睡个好觉，躲在棉被里多么好啊！一阵一阵凉风大吹，天空没有昨天那么晴朗，这个气候只让人家懒一点。

以上偏误都是用语气副词“多”误代了“很”“真”“太”以及“可”；用语气副词“多么”误代了“多”。例(1)和例(2)应该将“多”改为“很”，因为说话人是进行客观陈述，说话人误用

“多”,是没有意识到“多”和一般程度副词的区别。“多”表程度高,是具有主观色彩的语气副词。例(3)和例(4)应该将“多”改为“真”“太”,因为说话人是进行客观陈述,说话人误用“多”,也是没有意识到“多”和一般程度副词的区别。例(5)和例(6)应该将“多”改为“可”,因为说话人和听话人之间存在信息差,说话人想要传达新信息。学习者误用“多”来感叹,还是对它们表达功能之间的差异了解得不够。例(7)应该将“多么”改为“多”。“多么”谓词性结构和“多”谓词性结构的语义、功能是一样的,“多么”后一般带双音节的形容词或动词,“多”后一般带单音节的形容词或动词。例句中的“好”是单音节形容词,所以其前面的“多么”应改为单音节副词“多”。

(1) *听完他们的事情,过路人又笑又说:“那么简单啊!把大雁切开,烹一半,烤一半。”

(2) *活——死之间的界线那么模糊!

(3) *大虎和二虎那时心里感觉很高兴,他们想着:“很简单,这我想不出,真是笨。

以上三个例句用代词“那么”误代了语气副词“很”“多么”,或者是用语气副词“很”误代了代词“那么”。“多么”表示程度很高,含夸张语气和强烈的感情色彩,多用于感叹句中。指示代词“那么”指示程度、性质、状态、方式、数量等,根据三个例句句义,应该分别用“多么简单啊”“多么模糊”“多么简单”,来表示感叹语气。

(1) *李志善嘻嘻哈哈地跟同学说“今天,天气太好啊,真如着我的心!”。

(2) *8折,甚至有的打折,哈哈,太好的。

(3) *听说她的脾气可好啊!

(4) *所以为了当航姐真是不容易的。

以上的四个例句用语气词“啊”误代“了”,或者是用“的”误代语气词“了”“啊”。例(1)和例(2)应改为“太好了”,“太”句末常带语气词“了”,表示程度高到超出了一定的限度。例(3)应改为“可好啊”,与“可”搭配的语气词为“了”,在“可”感叹句中强制使用,显然学习者没有掌握“可”和句末语气词的搭配模式。“的”作为语气词时,用于陈述句末,主要用以加强对事实的确定和未来的推断,表示一种明白无误、显而易见的语气。例(4)前文陈述了很多当空姐的高要求,根据上下文可推知此处作者感叹“当空姐不容易”,所以此例为感叹句,不应用陈述语气词“的”,而应改用表示强烈感叹的语气词“啊”。

(1) *这多么可悲的事儿呢!

(2) *安乐死绝对可以帮助病人及时脱离病魔,得到解放;不用在药物与病菌的激战中受到残害,这是多么的舒畅呢!

(3) *自己爱的人死了多么悲痛呢!

以上的三个例句用语气词“呢”误代语气词“啊”。“多么……啊”是“啊”在感叹句中使用的一个突出表现形式,表示极度的感叹,是通过说话人对陈述内容的夸张和强化,来引起听话人的足够重视,不能用“呢”,应该把“呢”改为“啊”。这里的误代显然是由于学生对“啊”的用法掌握不全面造成的。

(1) * 我很开心地说:“哪里！哪里！奶奶,你说得真风趣啊。”

(2) * 在我们越南有一个叫阮玉计的人,他没有双手只可以用脚工作,他已努力学习,用脚写字,结果是他考上了大学,真不容易。

(3) 他的妻子常常对大家叹息:“我有丈夫而也好像没有,他整天无所事事,游手好闲。我真是不幸。”

以上的三个例句是标点符号“。”误代了“!”。感叹句一般用降调,句末都用叹号①。感叹句的叹号表示的是末尾的停顿。上面三个例子由其上下文可知都为感叹句,但其句末都用了句号,削弱了句子的感叹语气,故这些句子末尾的句号都应改为叹号。

(四) 错序

感叹句中的错序偏误主要表现为:“真+形容词”的错序以及“不+很”“很+形容词”“很+动词”的错序。

(1) * 第二天早上我一起床就跑去栏杆看这儿早晨的风景,真多野菊啊!

(2) * 这是真可怜的孩子!

(3) * 亲爱的爸爸妈妈,真不容易给你们写信。

以上例句的偏误属于是“真+形容词”的错序。“真+形容词”这一形式在句中通常只能作谓语而非定语或状语。例(1)第一个分句叙述了看风景的事情,第二分句如按“真多野菊啊”的顺序则会出现主语缺失,所以正确的顺序应该是“野菊真多啊”。例(2)中“真好”不能在句中充当定语,因此可改为“这孩子真可怜啊”。例(3)把“真不容易”误作了句中状语,改为“给你们写信真不容易”。

(1) * 我觉得我的同屋很不胖。

(2) * 老师说的话,我很不懂。

(3) * 他很努力学习,所以他很好成绩。

(4) * 那里商品很多,所以我很多买了。

(5) * 我妈妈很对中国感兴趣。

(6) * 我很对帮助过我的人感谢。

以上例句的偏误属于是“不+很”“很+形容词”“很+动词”的错序。例(1)和例(2)的偏误是由“很”与否定副词“不”的错序引起的,当否定副词“不”位于“很”前时,表示一种减弱否定的态度,这里的“很”不再有表示程度高的作用,从语气的角度来讲这种形式减缓了语气,有“不怎么、不是特别……”的意思,是一种委婉的表达方式,当“很”位于否定副词“不”后时,常常是起到加强否定程度的作用,根据句义可以进行合理推测,学生想表达并非加强否定程度的“很不”,而是表示减弱否定的“不很”。例(3)和例(4)的偏误由“很+形容词”的错序引起的。例(3)中,两个分句本应是主谓谓语句,但由于学生发生了错序,使

① 黄伯荣、廖旭东主编:《现代汉语》,北京:高等教育出版社,2001:105。

得前一小句中的谓语变成了"状中结构",后一小句中的谓语变为了"定中结构",因此应改为:"他学习很努力,所以成绩很好"。例(4)句中,则是出现了"很+形容词"作补语位置的颠倒,可改为:"那里商品很多,所以我买了很多"。例(5)和例(6)的偏误较为明显,程度副词"很"如果是针对谓语进行修饰的话,应该放在谓语前,而非整个结构前面,因此可改为:"我妈妈对中国很感兴趣/我对帮助过我的人很感谢"。

二、偏误原因分析及改正策略

汉语学习者在感叹句的学习过程中产生了上面各种各样的偏误,这些偏误对汉语的学习造成了障碍,那么我们讨论这些偏误产生的原因是十分必要的。经过梳理,关于感叹句偏误的原因主要为母语的负迁移、目的语知识的负迁移以及学习策略和交际策略的影响等三个方面。

(一) 母语的负迁移

负迁移是一种语际干扰,是来自两种语言中相似结构的影响,也称为母语负迁移。汉语作为外国留学生的第二语言,与其母语存在比较多同中有异的地方,所以母语的负迁移常常影响学生正确使用汉语感叹句。通过整理,受母语负迁移的影响造成的偏误,主要类型有遗漏、误加和误代。

例如:

(1) *上海的夜景可漂亮!

(2) *她可帮我找学校,当时我可高兴,回家向父亲要求,父亲怕生活苦,应付不来我的学费,那位不知名的姐姐还帮我求情呢。

这两个例句遗漏了句末语气词"了"。"可"在英语字典中解释的是:"可以做助动词、连词和副词",当"可"作为助动词的时候,一般的解释是 can、may、be able to;当"可"作语气副词的时候,一般的解释是 indeed、very 等意思。在实际的学习中,操英语的汉语学习者会常常将汉语中"可"的用法等同于"很""能""会"等程度副词,或者按照母语的思维去造句,从而忽视语气副词"可"的特殊结构,如"可……了/啊!",学生往往会忽略句中"了""啊"等语气助词,这是因为受英语负迁移的影响。

(1) *"安乐死"的最重要的原因是要求"安乐死"的人痛苦太极了。

(2) *如果太过度迷恋这种流行音乐的话,会失去自己的想法。

(3) *在当时的情况下,我的心情不好,很难以学习。

(4) *为了多收获粮食,世界都要用很大量的农药。

这两个例句误加语气副词“太”“很”。这种偏误来源于韩语。在韩语中，有标记比较句中的性质形容词前是可以用程度副词修饰的。因此受到这种母语语言规则的负迁移影响，才产生了程度副词“太”“很”运用于有标记比较句的偏误。

*这是太好看的电影。

此例句用语气副词“太”误代了“很”。这种偏误来源于韩语。在汉语中，“太＋形容词”充当主语或宾语的定语时常常有一定的限制，但在韩语中，“太＋形容词（程度语）”则不受这些限制的影响。

由此我们可以看出在汉语感叹句中，母语的负迁移也是造成语气词偏误多的原因。汉语与其母语的感叹句语气词无法一一对应，学习者在使用时，常常受母语影响，产生了误代、误加或遗漏汉语语气词的现象。

（二）目的语知识的负迁移

学习者把所学的有限且不充分的目的语知识，用类推的办法不适当地套用在目的语新的语言现象上，造成了偏误，也称为过度概括①。学习者把他所学的有限、不充分的目的语知识过度泛化引起的偏误，往往不分母语背景，不同国籍的学生常常会犯相同的错误。通过梳理，受目的语知识负迁移的影响造成的偏误，主要类型有误代、误加、错序和遗漏。

例如：

（1）*就是中国人听到我的汉语时，可听不出来我是外国人。

（2）*请来帮忙的人多了不仅没有好处，反而麻烦比以前可多了。

（3）*四岁那年，看着姐姐每天穿上雪白的校服，背上书包高高兴兴地去上学，于是我可每天跟爸妈吵着要去上学。

（4）*听力不好，听不懂别人说的话吗，玛丽心里可是着急了。

以上四个例句的偏误属于是语气副词“可”与“也”“就”“更”“可是”等副词发生的误代。这可能是由于教材在解释“可”的用法和语义的时候过于笼统，使学生无法区分“可”与其他副词的用法，造成学生按照翻译想当然地与其他副词诸如“很”“更”“也”“就”“可是”“真”“太”等词混用，这是受目的语负迁移影响造成的偏误。

（1）*这小孩真好可爱！

（2）*下课时我们在学校聊天，那时的友情可多纯洁啊！

以上例句的偏误属于是语气副词“真”或“好”“可”或“多”的误加。例句是由于句式杂糅而导致的语气副词重复、误加，例(1)是“真”字感叹句与“好”字感叹句杂糅，例(2)是“可……了”与“多……啊”感叹句句式杂糅，只能二选其一。这类偏误是受目的语负迁移影响。

---

① 张晰：《留学生使用程度副词时的常见偏误类型及原因分析》，《语文学刊》，2005(3)：13—17。

(1) *我觉得我的同屋很不胖。

(2) *老师说的话，我很不懂。

以上例句的偏误属于是由“很”与否定副词“不”的错序引起的。加强否定程度用“很不”，减弱否定程度用“不很”。学习者没有很好地掌握“很”和“不”组成的搭配，由此产生使用的混淆，这类偏误也是受目的语负迁移影响。

*我们都觉得他的行为太幼稚、单纯、可笑了。

以上例句的偏误属于是遗漏了语气副词“太”。当“太”出现于连续的并列结构中时，要将“太”加在每一个并列的成分前。但是当“真”出现于几个并列的形容词结构中，充当句子谓语中心时，只需要在第一个形容词前加上表示赞美感情的副词“真”即可，若每个形容词前都加上副词则显得累赘、多余。学习者可能是没有很好地掌握语气副词“太”连接几个形容词的用法，也可能是将其与语气副词“真”连接几个形容词的用法混淆了，故而这类偏误也是受目的语负迁移影响。

(三) 学习策略和交际策略的影响

回避策略是指学生在使用目的语的过程中，由于害怕出错的心理以及惰性即缺乏学习主动性、积极性、艰苦性而采用的一种“避繁就简、避难就易、避多就少”的消极措施。偏误率高的项目其导致偏误的条件往往具有普遍性，或者说偏误往往缘于人们普遍的认知习惯，因为偏误率高的项目往往是以“简化”为基本特征的认知偏误。刘珣总结的二语习得者的学习策略有迁移、过度泛化和简化。通过梳理，受学习策略和交际策略影响造成的偏误，主要类型有遗漏和误加。

例如：

(1) *我特别爱吃的是蛋挞，太好吃！我几乎每天都买来吃。

(2) *你对我太好！我真的非常感谢你！

(3) *他们是多爱自己的孩子。

以上偏误属于是缺失句末语气词助词“了”或“啊”。对于汉语的感叹句语气词，学习者很有可能在他们的母语里找不到相对应的词，因此非常容易回避使用。

感叹句中，除了语气词助词“了”或“啊”的遗漏，其他遗漏偏误如：程度副词“真”“够”“太”“很”的遗漏；语气副词“可”的遗漏；主语的遗漏；判断动词“是”的遗漏以及助词“的”的遗漏等，它们都可以理解为是缘于学生认知策略中普遍的“简化”倾向。

(1) *“安乐死”的最重要的原因是要求“安乐死”的人痛苦太极了。

(2) *如果太过度迷恋这种流行音乐的话，会失去自己的想法。

以上例句的偏误属于是语气副词“太”的误加。“极”是属于绝对程度副词中的最高级了，不需要再使用“太”来加深程度；“过度”也已表示了“程度过量”义，不能使用“太”再次进行修饰，二者取其一。这种“太”与其他程度副词或含有程度加深义的成分的赘余，体现的是“太”的用法的过度泛化。

三、教学建议

(一) 对教材编写的建议

1. 次序问题

吕文华指出:“认知规律是语法结构编排的原则,必须遵循由易到难、由浅入深、由简到繁等循序渐进的原则,恰当地编排次序①。”因此教材的编排应该注意循序渐进,合理安排语法项目的编排顺序,从初级到中高级,分出等级,排出顺序,安排相关知识的学习。同时,教材中每一章节的编排需按照学习的侧重性,重点编排最常见用法,穿插次常用用法。

2. 概念问题

不少对外汉语教材编写忽略了相关感叹词的概念及辨析,因此有必要对其相关概念进行总结归纳,最好列表展示。这样可以使学习者一目了然,帮助学生总结有哪些是感叹词,它们具体概念是什么以及相关概念的辨析。当然,把感叹词出现所有情况放在教材上也是不现实的,但是总可以做到把常见的感叹词概念及最基本用法解释清楚。这些可以在课文下面的注释中完成,也可以在每一本书最后面像生词表一样按照学习者学习课程的顺序来进行编写的。

3. 练习问题

练习有助于加强学习者对知识点的掌握和复习,使学习者在交际中能更好地运用知识点。因而练习的编写有着举足轻重的位置,需要加以注意。练习设置具有“针对性”。针对每课出现的新语言点,练习中均设置不同习题用以练习。对外汉语教材练习的设计要考虑到练习设置的固定性和多样性,要紧扣课文内容,要将课堂练习和课后练习区分开。同时,需要在练习中设置了不同形式的专题训练。如:选词填空、改写句子、回答问题、完成对话、看图说话等。练习设置的多样性,使学习者在练习过程中不致产生疲劳,能充分调动学习者学习兴趣,达到练习的最终目的:提高学习者交际水平。

(二) 对课堂教学的建议

1. 结合学生水平分阶段安排教学内容

教师的补充和解释除了要符合教材里的内容,还必须要考虑学生现有的汉语水平,例如:在初级阶段,先给学生介绍汉语常用的感叹词以及感叹词在感叹句使用的位置,同时

---

① 吕文华:《对外汉语教材语法项目排序的原则和策略》,《世界汉语教学》,2002(4):86—95。

简单介绍与之相对应的常用英语感叹句。让学生大概了解汉语感叹句的句式，接着在中高级阶段强调感叹句式的功能和使用条件，并且对相对应的英语感叹句式进行对比，指出不同点，同时进行练习。在练习过程中，如果学生误用或者用错结构马上帮学生纠正。

2. 注重相关语气词的考察与辨析

教师应当在教学的过程中加强对“够、真、太、很、多(多么)、可”等语气副词以及“了、啦、啊、呀、呢、吧”等句末语气词的考察和辨析。这对于对外汉语教学中的相关内容提供充足的理论依据，同时有助于教师从根本上把握这类感叹句的特点，明确教学的方向。例如：当学生具有了一定的关于程度副词的知识储备之后，教师即可横向对比所学过的极易混淆的程度副词。通过在授课过程中的对比，有助于学生归纳总结汉语程度副词的共同点及不同点，帮助学生从整体的角度理解知识脉络，取得更好地教学效果。

3. 采取情景教学法

情景教学法指的是根据课堂的教学目标设置合理的情境，鼓励学生在情境中去思考并回答问题，在情境中习得语言点，最后完成教学目标的方法。这里所设置的“情境”必须贴近留学生生活实际，要能促进学生主动参与。使用情景教学法来讲授汉语感叹句，可以增加课程内容的趣味性与实用性。语言的学习并不是一蹴而就的，总有一个循序渐进的过程。而感叹句中语气词的学习本身就有一定的难度，在学习的过程中学生难免产生挫败感或是厌烦情绪，这极不利于教学活动的开展。如果教师在设计教学内容时，引入情景教学的方法，这既有助于学生理解感叹句中语气词的用法，也能引起学生的兴趣，同时还能学以致用，让学生在进行表达或交际的时候真正用到感叹句的语气词。

四、思考与练习

1. 单项选择

(1) 他这个人(　　)不简单了，25 岁的时候做了教授。

A. 多　　B. 多么　　C. 可　　D. 真

(2) 我平时已经对你(　　)好的了，你还要我怎么样！

A. 多么　　B. 够　　C. 真　　D. 可

(3) 你看，这孩子写的汉字(　　)漂亮啊。

A. 够　　B. 多　　C. 真　　D. 可

(4) 今天的天气(　　)热啊，我们去游泳吧！

A. 可　　B. 够　　C. 真　　D. 多

(5) 这件事令她(　　)愧疚，(　　)后悔啊！

A. 多么　　B. 够　　C. 真　　D. 可

(6) 我(　　)喜欢哈尔滨的美食了。

A. 真　　B. 太　　C. 很

(7) 你别(　　)不讲情面,我也是一番好意。

A. 很　　B. 太　　C. 真

(8) 我不(　　)同意你的观点。

A. 真　　B. 最　　C. 太

(9) 我喜欢中国文化,所以上课的时候总是(　　)认真。

A. 太　　B. 真　　C. 很

(10) 刚来中国的时候,我(　　)不习惯这里的生活。

A. 太　　B. 很　　C. 最

(11) 这件事(　　)叫人伤心。

A. 太　　B. 很　　C. 更

(12) 你今天买的鱼(　　)新鲜了!

A. 很　　B. 可　　C. 真

(13) 虽然吸烟有害健康,但是我们不能说吸烟是不(　　)允许的,因为吸烟是人的自由。

A. 可　　B. /　　C. 可以

(14) 快到春节了,超市里的人可(　　)多呀!

A. 真　　B. 更　　C. 很

2. 选词填空

将下列六个词分别填入括号里

够　真　多(多么)　可

(1) 新盖的图书馆(　　)漂亮啊!

(2) 你看,这孩子长得(　　)好玩啊!

(3) 听说白云山的风景(　　)好看了,我们明天去那儿吧!

(4) 你房间收拾得(　　)干净的!

(5) 多穿点,外面(　　)冷啦!

(6) 演出是(　　)精彩的。

(7) 快尝尝吧,这西瓜(　　)甜啦!

(8) 她又要工作,又要照顾孩子,还要自己搞创作,真(　　)忙的。

(9) ——你再便宜点儿吧。

——这价格已经(　　)便宜的了!

(10) 你瞧,那儿(　　)热闹啊!

可　能　也　更　就　太

(1) 你晚上(　　)别喝太多酒了,太伤身体了。

(2) 如果我的亲人得了不(　　)治好的病,我会非常难受的。

(3) 请来帮忙的人多了不仅没有好处,反而麻烦比以前(　　)多了。

(4) 以前我学习很差,直到现在我(　　)不能算是很聪明的人,但是我考上了一所有名的大学。

(5) 网上交朋友很危险,你(　　)千万要小心啊!

(6) 为了明天的考试,(　　)少睡一会儿吧。

(7) 你这篇文章写得(　　)长了,应该删去一些内容,突出重点信息。

3. 根据下列情境,用"够、真、多(多么)、可"字感叹句来完成句子。

情境一:平时,你的妹妹一下课(5 点)就回家了,但是现在已经 8 点了,她还没有回来,你觉得很担心。

这么晚她还没回来,____________________!

情境二:现在已经很晚了,但是你的同屋还在打电话,吵得你睡不了觉,你很生气地对她说:

____________________________,你打电话能不能小声一点儿!

情境三:你看了一部电影觉得很好看,于是想告诉朋友这件事。你会对她说:

____________________________,你去看看吧。

情境四:你听说有一个人一次吃了 5 碗饭,你觉得很吃惊,你会说:

____________________________!

情境五:室友新交了一个朋友,你觉得她人不好,所以想提醒室友:

____________________________,你最好少跟他来往!

第五章
是非问句偏误分析

当学习者在陌生的语言环境中开始学习一门语言时,不免会对周围新的环境产生一种强烈的求知欲,这就促使他们极力寻求新的信息。而疑问句作为四大句类之一①,具有问询的功能,恰恰可以满足问话人寻求大量未知信息的需求。同时,疑问句又根据提问的手段和语义情况的不同,分成四类:是非问、特指句、选择问、正反问②。

这里我们先讲的是非问句。是非问的句法结构像陈述句,即没有表示疑问的结构或代词,它带有"吗"或可以带"吗"。回答非问问句,只能对整个命题作肯定或否定,"是、对、嗯"或"不、没有"等作为答复,或用点头、摇头回答,所以又叫然否问③。是非问句的句子结构变化比较简单的,只需要在陈述句句尾附加上疑问词,疑问语气或者疑问语调,因此汉语是非问是学习者最先需要习得的疑问句类型。而后伴随着认知能力的提升,语言能力也会变得越来越强,习得的句子结构也会越来越复杂。

虽然是非句是易于被汉语学习者掌握,而且是最先习得的汉语常用疑问句句式,但是由于各种受母语影响,学习者在习得汉语是非问句时会犯错误,而且这种偏误是多种多样的。留学生在特指问句的习得过程中,常常出现遗漏、误加、误代、错序四类偏误。接下来将对其展开详细的分析。

一、偏 误 类 型

(一) 遗漏(缺失)

是非问句中的遗漏主要表现为:疑问语气词"吗的遗漏";动词的遗漏以及连词的

---

① 黄伯荣、廖序东:《现代汉语》(下册)明确指出:"句子都有语气和语调。句子根据语气可以分为四种类型,即陈述句、疑问句、祈使句和感叹句。"(99 页)

② 黄伯荣、廖序东:《现代汉语》(下册)再次提道:"疑问句根据提问的手段和语义情况,可以分为四类:是非问、特指问、选择问、正反问。"(101 页)

③ 黄伯荣、廖序东主编:《现代汉语》,北京:高等教育出版社,2001:101。

遗漏。

(1) * 假期你打电话你的家?

(2) * 如果有人问我:“你喜欢流行歌曲?”

(3) * 你喜欢中国电视剧?

(4) * 这个照片你照的?

(5) * 老师,我能这么说:我去北京的打算已经完整了?

(6) * 我很想去斯洛文尼亚。你可以陪我去斯洛文尼亚旅行?

以上六个例子,都遗漏了句末语气词“吗”。这类的偏误都是出在“吗”字是非问或者以“对吗、是吗、可以吗”结尾的是非问中,学生常常会遗漏句尾的疑问语气词“吗”。出现这类偏误的原因:一方面可能是学生还在讲述疑问句的时候常常按照陈述句的语气而遗漏“吗”,因为在一些语言中,不是通过语气词来表示疑问句的,这可能是涉及母语的负迁移;另一方面也是在课堂当中,学生会使用简单的疑问句,所以常常混淆语调是非问和“吗”问句的使用情景,语调是非问的语境性很强,而且常常只是求证或者反问,而上面的例子根据语境,学生都是真正的有疑而问,应当加上句末疑问词,这就属于目的语的负迁移。

(1) * 但是“经验”的意思吗?

(2) * 你变得越来越中国人吗?

(3) * 你中文吗?

以上三个例子遗漏了动词,也就是谓语,应当改为:“但是是‘经验’的意思吗”“你变得越来越像中国人吗”“你学习中文吗”,这可能是课堂口语中学生说话时缺少监控造成的。

(1) * 老师,汉语考试今年去年一样?

(2) * 但是感情,“感觉”一样的?

以上两个例子是连词的遗漏,遗漏了“和……一样”中的“和”。

(二) 误加

是非问句中的误加主要表现为:疑问语气词“吗”“吧”的误加、动词“有”的误加以及由于“是吗、好吗、可以吗”句式和“吗”字是非问混淆杂糅而引起了成分的误加。

(1) * ——你是泰国人对吗?

——对吗。

(2) * ——我们回家好吗?

——好吗。

(3) * ——我想借你的中文书,可以吗?

——可以吗。

(4) *——听说泰国很好玩,是吧?

——是吧。

以上的四个例句是误加疑问语气词"吗""吧"。关于偏误产生的原因:首先是学生对汉语语气词的位置功能还没有认识,其次就是其他语言对汉语的负迁移,尤其是英语的负迁移。英语中的是非问的提出基本是靠升调,或者在陈述完问题后,在句尾加升调的"yes",作为提问的标志。如若是肯定的回答,重复"yes"即可。因此,重复"对吗""好吗"很可能是受英语负迁移影响,将"对吗""好吗"同英语句尾的升调"yes"同类化。

(1) *你有知道几点儿开会吗?

(2) *他有想去旅行吗?

(3) *你有常常去旅游吗?

(4) *从这到那儿有远吗?

以上的四个例句是误加动词"有"。例子来源于母语为越南语的学习者,他们习惯将动词'有'放在动词、状中结构或形容词前面。越南语中,当表达纯询问时,用"有……不"句式,该句式中的"有"有时也不用,但一用上就要放在谓词性成分前,如:"你有去图书馆吗",因此越南学生受母语的影响才产生像"你有吃饭吗""你有喜欢看韩国电视剧吗"等类似的偏误。

(1) *没关系,你可以给我你的账户好吗?

(2) *你吃过了对吗?

以上两个例句是由于"是吗、好吗、可以吗"句式和"吗"字是非问混淆杂糅而引起了成分的误加。例(1)可以改为"没关系,你可以给我你的账户吗"或者"没关系,你可以给我你的账户,好吗",例(2)可以改为"你吃过了吗"或者"你吃过了,对吗"。但是从语境看,去掉"好"和"对"的改法更贴切,因为如果用"好吗""对吗"结尾,往往表示确信对方会给出肯定的回答,但是在句子的语境中并没有显示这点,学生只是在一般性询问,尤其是没有人会确定对方一定会把银行的账户给自己。

(三) 误代

是非问句中的误代主要表现为:疑问语气词"吗"的误代、疑问语气词"吧""呢"的误代以及答语"是""不是"的误代。

(1) *你大概是没有关好窗户吗?

(2) *他恐怕还是有点意见吗?

(3) *看样子,你好像有些不服气吗?

(4) *你们去帮他一把吗?

以上的这四个例句用"吗"误代"吧"。例(1)中的"大概"是表"估计"的意思,因此,它只能出现在"吧"字是非问句,为了纠正,我们要么删除"大概",要么将"吗"换成"吧"。例(2)中的"恐怕"的意思是表示揣测的,尽管问句没有出现表揣测意义的词语,但是疑问语气词“吧”照样能表达说话人对某事物的判断意义，因此“恐怕”出现在“吧”字是非问句是不受语义限制的，应该将“吗”换成“吧”。同样的，例(3)中的“看样子”“好像”也是表揣测的，所以这个例句应该也是“吧”字是非问句，正确的用法是将“吗”改为“吧”。“吧”字是非问句除了用来表示询问以外，还能用来表示表示祈使言语行为，在例(4)中，说话人是想提出一个建议并希望得到听话人同意的回答，所以这里体现的是“吧”字问句的另一种言语功能，应该把句尾的语气词“吗”改为“吧”。

(1) *但是那可以说丈夫不理解妻子的痛苦呢？

(2) *他是你朋友呢？

(3) *因为她是个肥胖的，但是没什么病，可以说胆子比较大的女性。而且她早就过了青春期。像她这样开朗的人也有可能得那种病吧？

以上的三个例句用“呢”“吧”误代“吗”。“吗”在疑问句中主要有两种用法：一是当“吗”使用在是非问句中时，一般是对整个命题的疑问；二是使用在“难道”“岂不是”等开头的反问句中，表示与表达意思相反的含义，此时不需要回答。“呢”字表示疑问语气词时，回答一般不能用肯定或者否定回答，对句末用“呢”的回答，则要根据不同情况做出不同的回答。留学生因此在“吗”和“呢”中会经常纠结，会造成一些偏误。例(1)是一个是非问句，由于“吗”只能出现在是非问的末尾，“呢”只能出现在非是非问的末尾，因而应该用“吗”，不能用“呢”。例(2)也是一个最简单的是非问句，所以也是不应该用语气词“呢”，而应该用语气词“吗”，显然这里的“吗”是对整个命题的疑问。例(3)用“吧”和“吗”都能成立，但是二者的意思是不一样的，“吧”表示说话人已经有一定的判断，进一步确认，“吗”表示疑问、意外，我们发现此例句的语境是通过提出疑问表示不解、疑惑，所以也应该用“吗”。

(1) *——这个苹果不好吃？
——是，这个苹果好吃。/不是，这个苹果不好吃。

(2) *——这个苹果不好吃吗？
——是，这个苹果好吃。

(3) *——不是这个苹果不好吃吗？
——是，这个苹果好吃。

(4) *——这个苹果不好吃，不是吗？
——是，这个苹果好吃。

(5) *——这个苹果不好吃，是吗？
——是，这个苹果好吃。

以上的这五个例句是答语“是”误代了“不是”或者是“不是”误代了“是”。在回答否定是非问句时，把“是”错用为肯定回答，“不”错用为否定回答。这种错误主要集中在以英语为母语的汉语学习者。同样是回答否定是非问句，汉语和英语在用“是”或“不”表达肯定和否定时，其用法刚好相反。因此受母语负迁移的影响，以英语为母语的汉语学习者在回答否定性是非问句容易产生了偏误。结合具体的例句，例(1)是在回答同一个否定是非问句:“这个苹果不好吃?”，英语会先用“yes”来表示肯定，用“no”表示否定，但是汉语则会先用“不”来表示肯定，用“是”来表示否定。正确的回答应该是“不是，这个苹果好吃。/是，这个苹果不好吃。”在汉语的是非疑问句中，有一些像英语一样有附加式，在句末用“是吗”“不是吗”表示，如例(4)和例(5)；有一些没有这种附加式，如例(1)和例(2)；还有一些在句首有“不是”，如例(3)。但是无论在句末附加“是”或“不是”，还是句首用的“不是”，其实都是“是不是”的省略，甚至于完全省略，真正询问的焦点是在主干句子上。以上所有的例句询问的焦点始终是这个苹果(是不是)不好吃，而同样表示肯定意见，答语都是一样的，应该统一改为“不是，这个苹果好吃”。

(四) 错序

是非问句中的错序偏误主要表现为:中心语和修饰语位置的错序。

(1) *他是同学的你吗?

(2) *他是同学你的吗?

(3) *我岁十七，你呢?

以上三个例句的偏误属于是中心语和修饰语位置的错序。例子来源于母语为泰语的学习者，汉语中心语和修饰语的位置关系是修饰语＋中心语，而泰语刚好相反，中心语和修饰语的位置关系是中心语＋修饰语。如汉语是:我的家。泰语是:家的我。显然，这类偏误的原因主要是泰语语序的负迁移。正确的表达应该是:“他是你的同学吗”“我十七岁，你呢”。

二、偏误原因分析及改正策略

汉语学习者在是非问句的学习过程中产生了上面各种各样的偏误，这些偏误对汉语的学习造成了阻碍，那么我们讨论这些偏误产生的原因是十分必要的。经过梳理，关于是非问句偏误的原因主要为母语的负迁移、目的语知识的负迁移、学习策略和交际策略的影响三个方面。

(一) 母语的负迁移

外国留学生在习得是非问句的时，不可避免会受到母语的影响，当母语的语言规则和目的语的语言规则相一致时，母语的规则迁移会对目的语的习得产生积极影响，即为正迁移；当母语的语言规则不符合汉语的语言习惯时，就会产生消极影响，即为负迁移。这些汉语学习者在学习的初中级阶段，尤其是在初级阶段，还不太会直接使用目的语汉语的语法规则，在表达自己的想法时往往要借助自己母语的语法规则在大脑里先构思好自己要表达的句子的母语的形式，然后再把它翻译成汉语，从而导致他们说出的句子深受母语语法规则的影响。通过整理，发现因受到母语负迁移的影响而造成了学习者使用是非问句的偏误，主要类型有遗漏、错序、误加及误代。

例如：

(1) *——这个苹果不好吃？

——是，这个苹果好吃。/不是，这个苹果不好吃。

(2) *——你不喜欢这盘菜吗？

——是，我喜欢这盘菜。/不是，我不喜欢这盘菜。

(3) *——你没有去过北京，是吗？

——是，我去过。/不是，没有去过。

以上的这五个例句都是答语“是”误代了“不是”或者是“不是”误代了“是”。在英语中，肯定和否定是非问句的答语在结构上都能遵循“肯定＋肯定”和“否定＋否定”的前后一致的形式。而汉语否定是非问句的答语与肯定是非问句的答语就不一样，它遵循“肯定＋否定”和“否定＋肯定”前后相反的结构形式。陆俭明先生对这种现象的原因进行了总结：“汉语中回答是非问题时首先要对提问者的主观想法作出回应，接着才会按实际情况作答。而英语里回答是非问句只考虑自己回答的意见是肯定的还是否定的，不顾及提问者的主要疑问点采用什么样的表达方式。无论提问者采用的是肯定是非句形式还是否定是非句形式，只要回答者自我认知中要表达肯定意思则用‘是’，要表达否定意思则用‘不’。”由于在英语里答话人回答否定是非问句时，根本不关心问话人所自认为的主观想法是怎样的，他们自然会把这样的习惯带入回答汉语否定是非句中，所以上面的几组偏误都是受母语负迁移的影响产生的。

(1) *他有想去旅行吗？

(2) *你有常常去旅游吗？

(3) *从这到那儿有远吗？

以上的三个例句来源于母语为越南语的学习者，在越南语中，他们习惯将动词‘有’放在动词、状中结构或形容词前面，受越南语负迁移的影响，他们在是非问句中误加动词“有”产生了偏误。

(1) *他是同学的你吗？

(2) *我岁十七，你呢？

以上两个例句来源于母语为泰语的学习者，在泰语中，中心语和修饰语的位置关系是中心语＋修饰语，这与汉语中中心语和修饰语的位置关系刚好相反。显然，这里偏误的原因主要是泰语语序的负迁移。

(二) 目的语知识的负迁移

目的语知识的负迁移是指“学习者把他所学的有限的、不充分的目的语知识,用类推的办法不适当地套用在目的语新的语言现象上,造成了偏误,也成为过度概括或过度泛化”①。通过梳理,发现因受到目的语知识负迁移的影响而造成了学习者使用特指问句的偏误,主要类型有遗漏、误加和误代。

(1) *假期你打电话你的家?

(2) *如果有人问我:“你喜欢流行歌曲?”

(3) *你喜欢中国电视剧?

以上偏误产生的原因:一方面可能是学生还在讲述疑问句的时候常常按照陈述句的语气而遗漏“吗”,因为在有一些语言中,不是通过语气词来表示疑问句的,这可能是涉及到母语的负迁移;另一方面也是在课堂当中,学生会使用简单的疑问句,所以常常混淆语调是非问和“吗”问句的使用情景,语调是非问的语境性很强,而且常常只是求证或者反问,而上面的例子根据语境,学生都是真正的有疑而问,应当加上句末疑问词,这就属于目的语的负迁移。

(1) *没关系,你可以给我你的账户好吗?

(2) *你吃过了对吗?

以上偏误是由于“是吗、好吗、可以吗”句式和“吗”字是非问混淆杂糅而引起了成分的误加。学生由于对目的语掌握的不够准确,而出现了目的语中的相似性句式之间杂糅,显然,这也属于是目的语的负迁移造成的偏误。

(1) *你大概是没有关好窗户吗?

(2) *他恐怕还是有点意见吗?

以上偏误是疑问语气词“吗”的误代,语气词“吧”表示说话人已经有一定的判断,进一步确认,语气词“吗”表示疑问、意外,我们发现上面例子的语境是表示的是一定的揣测,所以也应该用“吧”。我们知道语气词“吗”是疑问句中最早接触的,并且使用频率较高,在此基础上,由于目的语负迁移的而产生了误代,这也体现出学习者对目的语中的语气词“吗”“吧”的词义和用法掌握得不够准确。

(三) 学习策略和交际策略的影响

第二语言习得者为了更有效地掌握和表达第二语言,往往以积极主动的态度寻找各种方法帮助自己克服二语学习和交际中的障碍,这可以理解为第二语言习得者的学习和交际策略。刘珣总结的二语习得者的学习策略有迁移、过度泛化和简化。通过梳理,发现学习策略和交际策略造成了学习者使用是非问句的偏误,主要类型有遗漏和

① 刘珣主编:《对外汉语教育学引论》,北京:北京语言大学出版社,2009。

误代。

(1) *但是“经验”的意思吗?

(2) *你变得越来越中国人吗?

(3) *你中文吗?

(4) *老师,汉语考试今年去年一样?

(5) *但是感情,“感觉”一样的?

以上五个例子属于是使用简化策略造成的偏误。这五个例虽然都能表达问者的意思,但是问者秉持经济简化的原则,造成句子成分残缺。

(1) *你大概是没有关好窗户吗?

(2) *他恐怕还是有点意见吗?

(3) *看样子,你好像有些不服气吗?

以上四个例子属于是使用泛化策略造成的偏误。语气词“吗”的用法多样,其中语气词“吗”用在陈述句的末尾,构成是非问句。通过“大概”“恐怕”“好像”这几个词语,句末语气词应该改为“吧”,“吧”在这里表推测、揣测的含义,不能用“吗”来替换。如果换作是“吗”,语句便不通顺了。显然学习者秉持泛化的原则,造成语气词的误代。

三、教学建议

(一) 对教材编写的建议

1. 定义问题

通过对相关教材进行考察,很多教材并未涉及到“是否问句”的概念和分类的问题,这与教学大纲的要求是不符的,也不利于教学和学习。是非疑问句从派生关系、交际功能、结构特点等句子的角度来看,都与其他类型的疑问句有关系,因此很有必要在教材中明确“是非问句”这一概念。同时,是非问句的主要焦点是“吗”字是非问句,学习了解是非问句可以以“吗”字是非问句为起点和重点。

2. 概念问题

朱德熙认为疑问语气词有三个“吗”“呢”“吧”,陆俭明认为现代汉语中疑问语气词有两个半,“吗”“呢”和半个“吧”,张伯江则认为现代汉语中的疑问语气词有四个“吗”“呢”“吧”“啊”。在是非问句中,我们发现这些语气词有相似点,也存在差异,这就需要在理论和实践中,辨析这一组语气词的词义和用法,从而在准确把握的基础上减少偏误。

3. 练习问题

通过对教材的了解，我们还发现教材中的练习总体上偏少，根据精讲多练的原则，教师在讲解之后，需要及时组织练习。这就要求教材重视对练习的编排，让留学生得到充分的练习。教材中可以创设情境练习，根据学生的高频错误强化该句式地正确使用；教材中可以加强主题会话练习，规定会话中必须用到是非问句；教材中也可以增加句式转换练习，让学生用多种方式表达同一个意思。

总而言之，教材应尽可能按照大纲的教学要求以及学生习得的规律编排各种形式的练习，才能在对外汉语教学中取得有效的教学效果。

(二) 对课堂教学的建议

1. 对比不同的母语，掌握留学生在习得是非问句时的重难点

对外汉语教师在教授汉语是非问句时，既要关注汉语作为目的语的语法特点和使用规范，又需要对来自不同国家的学生的母语有大致的了解，从而达到最好的教学效果。通过调查出现的偏误并做了详细的偏误分析后发现：学习者在学习汉语是非疑问句时的难点主要有以下几个：(1)是非疑问语气词的混淆。语气词误用的主要偏误类型是语气词“吗”“吧”“呢”的误用。(2)中文语序偏误。这类偏误主要原因是母语的负迁移，这就需要学习者多学习汉语的语法和使用规范。(3)表述中汉语词汇的遗漏和误加。用母语和目的语表达相同语义的句型在词汇上并非一一对应的关系，因此学生在表述的时候容易受到母语负迁移的影响。

2. 注重汉语疑问句及汉语是非问句内部对比

汉语内部的语法点较为复杂，就问句里面虽然明显的分出特指问句、是非问句、正反问句和选择问句，但学生由于目的语的知识所受限制，他们会用有限的知识类推到其他新的知识点上，因此，在教授时，也应该进行合理的汉语问句内部对比，如是非问句的句末不能使用疑问语气词“呢”。这样会可能避免学生输出像“但是那可以说丈夫不理解妻子的痛苦呢?”“他是你朋友呢?”这样的偏误句，同时，还要将“吗”字是非问句和“吧”字是非问句进行适当的比较。

3. 采取灵活多变的教学方法引导学生问和答

教师应采取灵活多变的教学方法。问答是语言交际中最常用的会话形式，掌握问答方式有利于培养学生的语言—交际能力。教师应该能够在把握课堂的节奏的同时，多鼓励孩子问问题，有输入有输出地进行教学。同时可以结合语境来教授，即将其放在具体的语言环境中去使用，这样让学生通过语境来领会新的语言点。尤其是在教授“吧”字疑问句的时候，要特意放在情景中进行详细讲解。教师选择合适的教学方法，其实教学法并无优劣之分，可以是讲述性的，也可以是交际性的，还可以是任务型的，最终是为了能达到良好的教学效果。

四、思考与练习

1. 句式转换

将下列陈述句改成“吗”字是非问句。

(1) 他下午有课。

→________________?

(2) 太原下雨了。

→________________?

(3) 他是这个学校的学生。

→________________?

(4) 他今天能来学校。

→________________?

2. 连线练习

将下面的疑问句和正确的答句连起来。

你吃饭了吗?	出来了。
那是我的书吗?	有。
你一会儿有事吗?	想。
你想看电影吗?	不是。
成绩出来了吗?	吃了。

3. 情景演绎

情景一:中午餐厅买饭

人物:A——学生　B——餐厅服务人员

A:你好,我要一个鸡蛋灌饼。

B:要辣椒吗?

A:要。

B:葱花香菜要吗?

A:不要。

B:好的。

A:我去买点其他东西,一会儿过来拿。

B:好的。

(五分钟后)

A:你好,我的鸡蛋灌饼做好了吗?

B:做好了,给您。

情景二:快递员打电话通知取快递

A——快递员　B——小明

A:你好,请问是小明吗?

B:是。

A:你有一个快递,麻烦来校门口取一下。

B:我在吃饭,你可以等我五分钟吗?

A:可以,请尽快。

情景三:相约看电影

A——小林　B——小宇

A:小宇,你喜欢看电影吗?

B:喜欢。最近有好看的电影吗?

A:有,听说《芳华》不错。

B:那我们有空一起去看吧。

A:这周六可以吗?

B:可以。

第六章 特指问句偏误分析

特指问句是指用疑问代词(如"谁、什么、怎样"等)或由它组成的短语(如"为什么、什么事、做什么")来表明疑问点,说话者希望对方就疑问点作出答复,句子往往用升调①。疑问句中,特指问句和是非问句是对外汉语教学最先涉及的教学内容,然而特指问句是汉语中疑问程度最高的问句,符合初学者寻求大量新信息且求答欲望强的心理特征。同时,又以其结构简单,句子短小的特点,在可以选择提问方式的前提下,人们更倾向于使用特指问句进行提问,这也是特指问句的使用频率一直居高不下的原因。

留学生在特指问句的习得过程中,常常出现遗漏、误加、误代、错序四类偏误。接下来将对其展开详细的分析。

一、偏 误 类 型

(一) 遗漏(缺失)

特指问句中的遗漏更多体现在疑问代词连带成分的遗漏。主要表现为:疑问代词后面遗漏量词;疑问代词后面遗漏结构助词"的";疑问代词前面遗漏介词;此外,还有谓语动词"是"的遗漏。

(1) *他有几妹妹?

(2) *你们学校有几老师?

(3) *他有几高?

(4) *你最喜欢哪颜色?

(5) *哪地方生产这种葡萄?

以上五个例句都是疑问代词后面遗漏了量词。例(1)、例(2)、例(3)的正确的表达是在疑问代词"几""哪"后边补上量词,分别改为"几个妹妹""几位老师""几米高"。例(4)和

① 黄伯荣、廖旭东主编:《现代汉语》,北京:高等教育出版社,2001:101。

例(5)来源于母语为越南语的学习者,在越南语中,“颜色”或“地方”可以直接跟“哪”搭配。显然,出现上述偏误的原因,是由于受母语的负迁移的影响,而遗漏了“哪”后边的量词。

*这本书是谁?

上面的例句是疑问代词后面遗漏了结构助词“的”。正确的表达是在疑问代词“谁”的后边加上结构助词“的”,改为“这本书是谁的”。

*你哪工作?

上面的例句是疑问代词前面遗漏了介词。正确的表达是在疑问代词“哪”的前面加上介词“在”,构成介词短语,在这里作状语,改为“你在哪儿工作”。

(1) *谁你们的英语老师? /你们的英语老师谁?

(2) *这个词典什么?

(3) *你这样做为什么?

以上的四个例句都是遗漏了谓语动词“是”。这些例子来源于母语为印尼语的学习者,印尼语的谓语动词“是”往往是省略的,可用可不用,而意思不变,这显然与汉语的用法不同。

(二) 误加

特指问句中的误加主要表现为:疑问语气词“吗”的误加以及“哪儿”作特指问句的主语或定语时,在其前边误加介词“在”。

(1) *你要买什么水果吗?

(2) *你要吃什么吗?

(3) *去衣服店还多远吗?

(4) *你可以告诉我怎么走吗?

以上的四个例句是误加疑问语气词“吗”。在汉语中疑问语气词“吗”只能用于是非问句中,不能出现在特指问句中,学习者可能没有认识到这一点,在汉语特指问句中加上了疑问语气词“吗”。学生可能认为汉语的疑问句,无论是哪种类型的疑问句,后边一定都要加疑问语气词“吗”,从而出现了这样的偏误。

(1) *在哪儿生产这种葡萄?

(2) *你是在哪儿的人?

以上的两个例句是误加介词“在”,例子来源于母语为印尼语的学习者,汉语的“哪儿”可以直接作特指问句的主语或定语,但越南语的“哪儿”不能作特指问句的主语(除特指问句的谓语动词“是”以外)或定语,而必须在其前边加上介词“在”构成介词短语“在哪儿”,来充当主语或定语。

(三) 误代

特指问句中的误代更多体现在疑问代词误用上。主要表现为:用简单的疑问代词代替复杂的、意思相近的疑问代词或者是因形相近或音相似而产生的误用。

(1) *请问你是什么国人?

(2) *今天是什么月什么号?

(3) *你几年大学毕业?

(4) *——麦克是什么?

——麦克是我的同屋。

(5) *——你什么去博物馆?

——我骑自行车去。

以上的这五个例句都是由于用先习得的、简单的疑问代词误代复杂的、意思相近的疑问代词。例(1)用"什么"误代了"哪",疑问代词"什么"和"哪"都表示询问事物,但是"什么"后面不能加量词,而"哪"通常与量词连用。"国"是一个量词,所以应该用"哪"。例(2)用"什么"误代了"几","月""日"是表示时间的词,询问时间和时期的时候,应该用"几"。例(3)用"几"误代了"哪",虽然询问时间或者日期时用"几",但是根据本句来看,"大学毕业"是一个具体的事情,又因为有量词,所以应该用"哪"。例(4)用"什么"误代了"谁","什么"是询问某物的性质和情况,"谁"是询问某个人的性质或情况,应该用"谁"。例(5)用"什么"误代了"怎么",此句是询问方式、方法,应该用"怎么"。

(1) *你是哪儿国人?

(2) *你打算去哪旅行?

(3) *那你去那个地方?

(4) *这本书几钱?

(5) *明天一起去图书馆,怎么?

(6) *邮局怎么样走?

以上的这六个例句都是来自汉语中相似的语法项目的干扰,常因形相近或音相似而误用。例(1)用"哪儿"误代了"哪"。例(2)用"哪"误代了"哪儿"。"哪"通常与量词连用,"国"是一个量词,所以应该用"哪"。"哪儿"用来询问地点,后面不用再加其他的词,可在句中充当主语、宾语、定语和状语,意思与"哪里"相同,多用于口语;而"哪"主要用于从同类事物中确指一个,其后面一定要加其他的词语,只能在句子中充当定语。儿化音是汉语特有的一个语音现象,"哪儿"和"哪"的区别只在于后者多了一个儿化音"儿",但意义和用法却大不同。例(3)却是用"那"误代了"哪",显然例(3)是个问句,"个"是一个量词,所以应该用"哪";而"那"是指示代词,表示远指的事物。例(4)用"几"误代了"多少"。在询问数量时,"多少"和"几"是有区别的,"几"常用来问一至十之间的数字,且不能直接用在名词前面,必须在"几"和名词之间加上量词;而"多少"则常用来问十以上或是难以估计的数量,能直接用在名词前面,量词可有可无。例(5)用"怎么"误代了"怎么样"。例(6)用"怎么样"误代了"怎么"。询问方式应该用疑问代词"怎么",询问状况、性质时用"怎么样"。例(5)表示询问情况、征求意见,在特指疑问句中,只有"怎么样"具有这种意义,应该用"怎么样"。例(6)询问的是去某处的方式,所以应该用"怎么"。

(四) 错序

特指问句中的错序偏误更多体现在疑问代词的位置上。主要表现为:疑问代词或疑问代词构成的短语作宾语时语序错误;疑问代词作状语时语序错误。

(1) * 什么你刚刚说?

(2) * 哪本书你喜欢?

(3) * 你什么喜欢运动?

例(1)和例(2)是把句中作宾语的疑问代词或疑问代词构成的短语放在句首,出现这种偏误的原因,很可能是学习者受母语的负迁移的影响。正确的表达是把“什么”和“哪本书”放到句末。例(3)是把由疑问代词构成的宾语进行拆分,并把其中的疑问代词放在句子谓语之前,这不符合现代汉语语法,正确的表达是把“什么”放在“喜欢”和“运动”中间的位置。

(1) * 我们去公园什么时候?

(2) * 你这么说为什么?

(3) * 黑板上这个字念怎么?

(4) * 在哪儿你学习? /你学习在哪儿?

以上的这五个例句都是汉语疑问代词单独作的状语或疑问代词与介词组成介宾短语作的状语时置于句末,而没有置于谓语动词或形容词谓语前,这是不符合现代汉语的语法要求的。需要注意的是,这里的“为什么”和“什么时候”,有时也可以置于主语前,但绝对不能置于句末。正确的表达是把作状语的“什么时候”和“为什么”放在句首或句中谓语的前面,把作状语的“怎么”和“在哪儿”放在句中谓语的前面。

二、偏误原因分析及改正策略

汉语学习者在特指问句的学习过程中产生了上面各种各样的偏误,这些偏误对汉语的学习造成了阻碍,那么我们讨论这些偏误产生的原因是十分必要的。经过梳理,关于特指问句偏误的原因主要为母语的负迁移、目的语知识的负迁移、学习策略和交际策略的影响三个方面。

(一) 母语的负迁移

任何人学习外语时,或多或少都会受母语的迁移,要是正迁移的就能增加学习者目的语输入和输出的准确频率,要是负迁移的反而会可能成为学习者在学习目的语的障碍,从而导致偏误。通过整理,发现因受到母语负迁移的影响而造成了学习者使用特指问句的偏误主要类型有错序、遗漏、误加和误代。例如：

(1) *什么你刚刚说？

(2) *哪本书你喜欢？

(3) *什么我可以帮你？

(4) *谁你要找？

上面的例子是母语为英语的学习者的偏误。在用汉语表达疑问时，学习者受母语的负迁移影响，将要表达的内容按照英语的语序讲出来，于是产生偏误。在英语中，陈述句和一般疑问句的语序不一样。在英汉语言的特指疑问句中，这种现象依然存在。英语的特指问句的语序为：疑问词（主语）＋限定动词（疑问词作主语）；疑问词＋限定动词＋主语（主语不是疑问词）。显然以上偏误是母语的负迁移的具体体现。

(1) *谁你们的英语老师？/你们的英语老师谁？

(2) *这个词典什么？

(3) *你这样做为什么？

(4) *在哪儿生产这种葡萄？

(5) *你是在哪儿的人？

上面的例子是母语为印尼语的学习者的偏误。在印尼语中，谓语动词“是”往往是省略的，可用可不用，而意思不变。同样的，越南语的“哪儿”不能作特指问句的主语（除特指问句的谓语动词“是”以外）或定语，而必须在其前边加上介词“在”构成介词短语“在哪儿”，来充当主语或定语。显然这违背了汉语的语法特点，这类偏误也是母语的负迁移的具体体现。

(1) *你最喜欢哪颜色？

(2) *哪地方生产这种葡萄？

上面的例子是母语为越南语的学习者的偏误。在越南语中，“颜色”或“地方”可以直接跟“哪”搭配，不加中间量词。显然这与汉语的语法特点有差异，这些偏误也是母语的负迁移的具体体现。

（二）目的语知识的负迁移

随着学习者习得的深入，会发生目的语内部规则的转化，目的语内部的相似性成分之间也会互相干扰，学习者辨析能力不足就会引发偏误。通过梳理，发现因受到目的语知识负迁移的影响而造成了学习者使用特指问句的偏误主要类型有误加、误代和遗漏。

(1) *你喝什么吗？

(2) *你是哪国人吗？

(3) *谁是我的老师吗？

一般情况下，疑问语气词“吗”只能用于是非问的句末，不可用于特指问句的句末。上述的三个句子均是学习者在初级阶段学习过的内容，学习者在学习了是非问后将“吗”视为疑问句的必要成分，所以在完整的特指问句句末也加上疑问语气词“吗”从而造成偏误。

(1) *你哪买的蛋糕？

(2) *哪儿个地方生产这种葡萄？

(3) *你是哪儿个地方的人？

(4) *今天上午你去了那儿/那些地方？

由目的语知识的负迁移造成的疑问代词或疑问代词短语误用，一般出现于形、音、义或用法既相似又有不同之处的疑问代词，如上面例子中的“哪”“那”“哪儿”和“那儿”，学习者混淆了这些词的词义和用法，从而导致大量的疑问代词误用的偏误。

(1) *你有几妹妹？

(2) *你有几书？

学习者学习了疑问代词“多少”可用于名词前面表示数量，比如“多少学生”“多少老师”“多少人”，在学习疑问词“几”的时候，因为疑问词“几”可以针对数量进行提问，也可以直接用于名词前，所以忽略了疑问词“几”和名词之间要加上相应的量词，从而造成偏误。显然这类也是目的语知识的负迁移造成的偏误，学习者没有认识到或者混淆了目的语中同义疑问代词用法的差异。

(三) 学习策略和交际策略的影响

在二语学习的过程中，学习者难免会遇到一些比较复杂的语言现象，为了避免产生偏误，他们可能会故意减少他们所认为是目的语语言现象中冗余的部分，或采取回避策略，使用他们所知道的、了解的、熟悉的知识来代替他们认为比较难的或没有把握的语言现象，从而导致偏误。通过梳理，发现学习策略和交际策略影响而造成了学习者使用特指问句的偏误主要类型有遗漏和误代。

*哪书是你的？

例句中，学习者省略了量词，这是可能是因为他们量词的习得情况不理想，掌握不好哪些名词与哪些量词匹配。所以在交际中他们回避了量词的使用。可能在他们看来影响交际，某些成分能省则省。

(1) *如果不中国什么月下雨？

(2) *林老师是谁人？

例(1)是用简单的疑问代词“什么”替代不常用的“几”或“哪个”。例(2)是用“谁”替代难度较大的“怎么样的”。这种以简代繁的偏误是留学生们常用的替代策略造成的。

三、教学建议

（一）对教材编写的建议

1. 定义问题

通过对相关教材进行考察，很多教材并未涉及“特指问句”的概念和分类的问题，这与教学大纲的要求是不符的，也不利于教学和学习。特指问句是疑问句中最基础的一类，它与其他的疑问句，如是非问和选择问之间存在很大的不同点，原因是它是特征最为明显的一类疑问句。针对这一问题，建议在教材中应该明确“特指问句”这一概念，并从疑问代词的角度分类介绍。

2. 概念问题

学生在习得写法或用法相似的疑问代词和指示词时存在不少的偏误，而通过教材的考察，绝大部分的教材都并未提及“哪儿、哪”“哪、那”“多少、几”这几组词的对比。所以针对这一问题，建议教材应在介绍了相关的疑问代词或指示词后，对这几组词进行写法或用法上的对比，从而避免学生在使用时出现混淆的情况。

3. 练习问题

绝大多数的教材对练习的编排都是很重视的，都能在介绍了相关的语法点后进行大量的练习。然而我们发现这些练习的题型是比较单一的，如“替换”“对画线部分进行提问”等。针对这一问题，笔者建议教材中练习的编排可以更丰富些，如增加一些对比写法或用法相似的词的练习，再如增加一些主要用来训练学生习得语序的组词成句的练习以及灵活使用特指问句的情景练习。

总而言之，教材应尽可能按照大纲的教学要求以及学生习得的规律进行编排，才能在对外汉语教学中取得有效的教学效果。

（二）对课堂教学的建议

1. 对比不同的母语，掌握留学生在习得特指问句时的重难点

不同母语的人其语言的表达方式也不同，学习汉语，最重要的是要引导学生学会汉语的表达方式，这就要求教师要对说教学生的母语有一定的了解。例如有学者就曾提到，印尼、泰国和越南这三个国家的学生在习得特指问句时，在语序方面最大的问题就是状语的位置。这就需要教师在课堂教学的过程中可重点对这一语法点进行讲解和训练，以期学生在强度较大的训练下能对这一语法点有较好的理解，进而在日常的交流中能熟练并正确的使用特指问句。

2. 对比分析写法或用法上相似的疑问代词或指示词

汉语中，有很多在写法或用法上相似的词语，而有关特指问句的就有如“哪”和“哪儿”“哪”和“那”以及“什么”“多少”和“几”这三组词学生在使用的过程中是比较容易混淆的，这就要求教师在实际的课堂教学中应特别注意对这几组词进行对比分析。尤其是“多少”和“几”这一组疑问代词，因为这组疑问代词除了在询问数量的多少时有区别外，在询问年龄时，针对不同年龄段的人，所用的疑问代词也是有所不同的。如果用错了，被问者会觉得问者是很不懂礼貌的，比如年轻人用“几岁”来询问年纪较大的老人时，老人会觉得这个年轻人很没有礼貌，会很不开心。故正确的表达应是用“多大岁数”或是“贵庚”来询问。这些都是应该在课堂教学中加以强调的。

3. 采取灵活多变的教学方法引导学生问和答

特指问句是日常生活中使用频率最高的一类问句，而问答是语言交际中最常用的会话形式，问答方式有利于培养学生的语言交际能力。通过对调查问卷进行分析我们发现，学生在问和答时还是存在问题的，或是不懂该如何问，或是答非所问，这就要求教师在教学时注意引导学生进行问答训练。而通过前面的介绍，我们了解到针对特指问句的回答有不同的形式，这在教材中几乎是不介绍的，所以教师在平时上课时就可以通过同一个问题进行不同的回答。在学生初学特指问句时，可以采用完整式的回答，进而规范学生的表达，但在学生学了一段时间后，可教学生进行简略式回答了，让学生知道仅针对疑问代词进行回答也是可以的。

特指问句的教学不应仅限于教材中涉及的语言点，而应贯穿在每一次汉语课堂的全过程中。当要展示新材料、讲解新知识、训练言语技能、巩固复习和检查等时，都可以灵活运用问答的方式，从而能让学生通过长时间的耳濡日染和语言输入逐步掌握特指疑问句，并习惯在日常生活中正确地使用这一句式。

四、思考与练习

1. 补充句子成分

(1) 我住在北京。

→______住在北京？

(2) 我住在北京。

→我住在__________？

(3) 她喜欢看书。

→她喜欢看______？

(4) 我走路去教室。

→你______去教室?

(5) A:我们明天______?

B:七点出发。

(6) A:你们公司______?

B:大概有一百多员工。

(7) A:______?

B:我的自行车是蓝色的。

(8) A:______?

B:我觉得这个大学很好。

2. 选词填空

什么　为什么　哪儿　多少　怎么样

(1) 她(　　)没有来上课?

(2) 我穿这件衣服(　　)?

(3) 你住在(　　)?

(4) 苹果一斤(　　)钱?

(5) 你叫(　　)名字?

(6) 你的自行车在(　　)?

(7) 我们(　　)去博物馆?

(8) 明天早上(　　)点见?

3. 正确排列句子顺序

(1) 是　你们　谁　老师　的　→ ______

(2) 是　国　麦克　哪　留学生　→ ______

(3) 什么　他　名字　叫　→ ______

4. 修改病句

(1) 今年的期中考试是什么时候吗?

(2) 怎么季节最好?

(3) 麦克是哪里国人?

第七章 选择问句偏误分析

选择问句是指用复句的结构提出不止一种的看法供对方选择，“是、还是”连接分句。常用语气词“呢、啊”，不能用“吗”[1]。选择问句是疑问句中使用频率最低、适用范围最有限、关联词结构最明确的疑问句，用于让听话人在不同选项之间选择一项做出回答。选择问句作为汉语疑问句的一种重要的下位类型，其语言形式出现很早，但是长期以来，对选择问句的二语习得研究较其他疑问句研究相对薄弱，希望通过选择问句偏误分析，能起到一定的补充作用，为进一步深入研究提供一点建议和参考。

留学生在选择问句的习得过程中，常常出现遗漏、误加、误代、错序四类偏误。接下来将对其展开详细的分析。

一、偏误类型

(一) 遗漏(缺失)

选择问句中的遗漏更多体现在连词“还是”和先行词“是”以及谓语的遗漏。主要表现为：连词“还是”和先行词“是”的遗漏；谓语的遗漏；主语的遗漏；中心语、补语的遗漏以及结构助词“的”的遗漏。

(1) *点菜的情况我的情况？

(2) *我的朋友，我们去买衣服的时候，我问她，你喜欢这个喜欢这个？

(3) *老师，“丢三落四”东西还是事情也可以？

以上的例句遗漏了连词“还是”和先行词“是”。例(1)和例(2)遗漏了连词“还是”。应该改为：“点菜的情况还是我的情况”“我的朋友，我们去买衣服的时候，我问她，你喜欢这个还是喜欢这个”。选择连词的遗漏，可能是受到母语的影响，因为在有些语言，比如日语中，并没有专门的选择连词表示选择问，只是陈列出几个语义选项，所以这些学生受到母

---

[1] 黄伯荣、廖旭东主编：《现代汉语》，北京：高等教育出版社，2001：102。

语负迁移的影响就容易遗漏选择连词。例(3)遗漏了先行词“是”。应该改为:“老师,‘丢三落四’是东西还是事情也可以”。“是……还是……”是选择问句的基本句式,学习者在这里遗漏了“是”字,是由于对目的语的选择句式的规则掌握不清楚造成的。

(1) *所以,人们在争论,到底是饥饿还是绿色食品。

(2) *我每个星期四早上都想着“今天去上课还是不上课呢?”

(3) *是挨饿好呢,还是吃对身体不好的食物呢?真是个大问题。

(4) *我们该哪一个呢?健康还是不挨饿?

(5) *那么到底为了人们的健康继续生产绿色食品呢,还是为了饥饿继续用化肥和农药呢?

上面四个例句遗漏了谓语。例(1)遗漏了谓语“更重要”,句子把“绿色食品”和“饥饿”进行比较,显然要比较二者孰轻孰重,因此该选择问句缺少谓语“更重要”,句末尾用问号。例(2)遗漏了谓语动词“去”。邵敬敏在《现代汉语疑问句研究》中谈道:选择问句的疑问点为谓语动词本身,相同项为宾语或补语,则不能省略①,此例句是选择问句,其相同项是谓语动词“去”,且疑问点为宾语“上课”,故谓语动词“去”不能省略。而吴振国认为“X还是不/没Y”构成的正反选择问可以顺向删除宾语、某些补语等成分,但是不能顺向删除全部X;一般也不能逆向删除②。选择问句可以顺向删除选择后项的宾语成分,故后项的宾语“上课”可删除,前项宾语一般不删除,在口语中可以删除。例(3)遗漏了谓语动词“好”。邵敬敏在《现代汉语疑问句研究》中谈道:疑问点在谓语动词前,且谓语动词或谓语动词短语VP为相同项的删除规则是无论疑问点是主语还是状语,相同项VP一般不省略;如需省略也只省略前项VP,并加上关联词“是”③,此例句相同项是谓语“好”,且疑问点在谓语动词之前,相同项一般不省略,故后项谓语“好”不能省略。例(4)遗漏了谓语动词“选”,故前面问句应是“该选哪一个呢”,该句出现的语病属于述宾短语中述语成分残缺。需要说明的是,口语交际中,依交流语境有时会出现省略谓语的情况。例(5)遗漏了“减少”或“解决”这类表降低“负向”程度的动词。“为了”引出目的,行为目的是人们希望达到的目标,所以不能是“负向”词语,所以应加上“减少”或“解决”这类降低“负向”程度的动词。当选择问前后选项的行为目的不同或相反时要有相对的表达。

(1) *我们买不到去北京的卧铺火车票……我有点担心起来。这是到中国后第一次坐长途火车,我根本不知道中国的火车是什么样的。听说,与日本的不太一样。还是不去好呢?

(2) *怎么对待“安乐死”才好?是一种杀人的行动,还是一种解脱死者和家人的痛苦?

(3) *观点是靠什么?靠法律还是靠同情。

---

①③ 邵敬敏主编:《现代汉语疑问句研究》,上海:华东师范大学出版社,1996。

② 吴振国:《现代汉语选择问句的删除规则》,华中师范大学学报(哲社版),1992(05)。

上面五个例句分别遗漏了主语、中心语、补语。例(1)遗漏主语,不能形成“还是……”的并列结构,完整的句子应改为“去还是不去好呢?”例(2)遗漏主语“安乐死”和中心语“的方法”,第一问省略主语“我们”,讨论我们对待“安乐死”的态度;第二问的主语是“安乐死”,前后主语不一致,所以后一问句应遗漏了主语“安乐死”。第二问的选择项的后项是述宾结构,定中短语做宾语,中心语遗漏,应加上中心语“的方法”。例(3)遗漏补语“支撑”,“观点”应该“靠什么”怎么样,述补短语缺少补语,应在末尾加上补语“支撑”。

(1) *那本书是白色,还是黑色?

(2) *由于我们喜欢流行歌曲,带给人们的影响是怎么样呢? 好的还是不好的?

以上两个例句都遗漏了结构助词“的”。例(1)遗漏了结构助词“的”。这是个省略句,完整的句子应该是“那本书是白色的书,还是黑色的书”。由于颜色词是名词,不能直接修饰“书”,需保留结构助词“的”构成定语。例(2)遗漏了主语“流行歌曲”和结构助词“的”,“由于……”是介词结构不充当句子成分,后面第一问是特指疑问句,讲“流行歌曲”带给人们的影响,所以这个句子缺少主语“流行歌曲”。“怎么样”在这里用来询问性质、状态、程度,只用于否定句和疑问句,不能修饰名词;而“怎么样+的”表疑问,可以用来修饰指物或指人的名词。故此处用“怎么样的”更合适。

(二) 误加

选择问句中的误加主要表现为:疑问语气词“吗”的误加以及谓语动词“是”的误加。

*喝粥还是吃粥吗?

上面例句误加了疑问语气词“吗”,这也体现了“吗”字是非问和选择问两种句式的杂糅,这属于目的语负迁移,对“吗”字使用的泛化;也可能是学生在说该句子的时候,心里面想着选择问和是非问之间可以替换,于是在句尾加上了“吗”,正确形式应当改为“喝粥还是吃粥”。

*到底把世界上一部分人解救出来是重要还是保证世界上所有人民的健康更重要呢?

上面例句误加了谓语动词“是”,本句相同项是谓语“重要”,疑问点是主语,故前项中谓语动词“是”成分多余,应舍弃。

(三) 误代

选择问句中的误代更多体现在疑问代词误用上。主要表现为:“或”“或者”误代“还是”;“是……还是……”结构误代“或者”;“还是”和“是否”误代“是”;疑问语气词“吗”误代“呢”;人称代词误用;虚词误用以及形容词误代名词引起的搭配不当。

(1) *从保重个人的身体健康或从保障国家经济有利益来看呢?

(2) *您应该想想,您到底是强盗或人?

(3) *对困难环境中进行斗争或者失去信心不拼命而承认失败呢?

(4) *最重要的是什么? 法律或者人情?

以上的四个例句是“或”“或者”误代了“还是”。“或”“或者”和“还是”都可以表示选择关系，都可以连接词语或句子。但意义和用法上不同。“或”“或者”都表示非疑问性选择，只能用于不包含疑问性选择的句子中。“还是”表疑问性选择。这两句的关联词换成“还是”更为妥当。

*因此我们应看清事理，选择是“绿色食品”还是饥饿。

上面例句是用“是……还是……”谓词性结构误代了连词“或者”。“选择”是体宾动词，后面只能接名词性宾语 NP；而选择问“是……还是……”是谓词性结构，不能跟在“选择”之后。故应改“是……还是……”为“或者”，构成非疑问性选择。

(1) *爸爸您还是跟我哥哥一起工作还是您一个人？

(2) *我父母因为这个问题而犹豫了很久，是否应该让我上台湾的韩国人学校，还是上一般的台湾小学。

上面例句是分别用“还是”和“是否”误代了“是”。“是……还是……”是选择问句的基本句式，一般用一个“还是”连接几种并列情况。例(1)用“还是”误代了先行词“是”，这可能是由于对目的语的选择句式的规则掌握不清楚造成的。正确的句子应该是“爸爸您是跟我哥哥一起工作还是您一个人”。例(2)从前后语境来看，“我父母”犹豫的不是我上不上学，而是要在“韩国人学校”和“台湾小学”中选择哪种学校。因而整个句子应是选择问句，关联词“是否”要改为“是”。“是否”为是非问的标志，是非问主要询问事件的“是”或者“不是”，以求听话人对整个句子询问的事件作出肯定或否定的回答。“还是”为选择问的标志，提出可供选择的项目要求对方作出选择。产生这种偏误的原因可能对是非问句和选择问句的形式不够清楚，导致在使用中混淆二者的关联词。

(1) *谁有决定的权力呢？这个问题可难解决！是家人还是病人？是大夫还是什么律师吗？

(2) *在人们生活中最重要的是什么？爱情呢？钱呢？还是坚定的目标、坚强的意志等这样抽象的哲理吗？

上面例句是用疑问语气词“吗”误代了疑问语气词“呢”。选择问句疑问语气词一般情况下用“呢”，也有省略不用的情况。由语境来看，两句都是在表达不同选择项之间不相容的语义关系，需要从中作出选择，应用选择问句式，所以应在句尾疑问语气词用“呢”。而“还是……吗？”属于是非问的句式结构，和上下语境不符。

(1) *母亲，您在我的心里的位置跟什么都不能相比。您有时问我，我更喜欢谁？她还是父亲？

(2) *那么，我们究竟选择讲究卫生并价钱高的绿色食品好呢？还是眼巴巴地挨饿好呢？

上面例句分别是人称代词误用和虚词误用。例(1)属于是人称代词的误用。由前一句可知是以第二人称直接称呼母亲，这样在表达上更亲近，感情也更充沛。遵循前后主语一致的原则，选择问句中的人称代词应该用第二人称“您”而不是第三人称“她”。

例(2)是虚词的误用。连词“并”和“而”都可以直接连接词和词组,但是连接的成分不同:“并”连接动词,“而”连接形容词。选择项前项“卫生”和“价钱高”都是形容词,故应用“而”连接,而不是“并”。可见学生汉语语法掌握程度的好坏对语言表达能力的强弱有直接影响。

*非典让我们想到很多。怎么珍惜自己的生活?要不要锻炼身体?生活的目的是什么?此外,要吃什么:“绿色食品”还是“饥饿”?

这个例句属于用形容词误代名词而引起的搭配不当。动词“吃”后面跟名词性宾语,“饥饿”是状态形容词,不能“吃”,因此需要把“饥饿”改为“不健康的食物”。

(四)错序

选择问句中的错序偏误出现的比较少,主要表现为介宾短语的位置。

*我们不再互相拨电给对方,也不再相邀到海边嬉水,是我们到了新的校院(院校),认识了新的朋友,所以再也抽不出时间给彼此?还是我们都不再眷恋彼此的欢乐时光?或许彼此都太被动是最重要的原因。

此例句属于是介宾短语“给对方”“给彼此”位置的错序。汉语的介宾短语通常在句中做状语,有时也可以位于句首,作句首修饰语。而英语中介绍行为参与对象的介词短语做定语、状语多后置,放在修饰词之后,如“give s.th. for s.b.”。“给对方”“给彼此”放在中心语后不符合汉语的语序表达习惯,是母语负迁移影响的结果。正确的表达应该是“我们不再给对方互相拨电,也不再相邀到海边嬉水,是我们到了新的校院(院校),认识了新的朋友,所以再也给彼此抽不出时间?还是我们都不再眷恋彼此的欢乐时光?或许彼此都太被动是最重要的原因”。

二、偏误原因分析及改正策略

前面我们对汉语学习者在选择问句的习得中产生的偏误进行了研究,接下来需要找到偏误产生的原因,从而制定相应的教学对策。经过梳理,关于选择问句偏误的原因主要为母语的负迁移、目的语知识的负迁移、学习策略和交际策略的影响三个方面。

(一)母语的负迁移

二语习得者已经有了一门或几门语言的知识系统,所以在学习一门新语言的过程中,不可能不涉及旧知识和新知识之间的影响,因此必须注意语言间的迁移作用,积极运用正迁移促进语言学习,减少负迁移带来的消极影响。通过整理,发现因受到母语负迁移的影响而造成了学习者使用选择问句的偏误主要类型有遗漏和错序。

例如：

(1) *点菜的情况我的情况？

(2) *我的朋友，我们去买衣服的时候，我问她，你喜欢这个喜欢这个？

以上的例句的偏误属于是遗漏了连词“还是”。选择连词的遗漏，可能是受到母语的影响，因为在有些语言，比如日语中，并没有专门的选择连词表示选择问，只是陈列出几个语义选项，所以这些学生受到母语负迁移的影响就容易遗漏选择连词。

*我们不再互相拨电给对方，也不再相邀到海边嬉水，是我们到了新的校院(院校)，认识了新的朋友，所以再也抽不出时间给彼此？还是我们都不再眷恋彼此的欢乐时光？或许彼此都太被动是最重要的原因。

上面的例子是母语为英语的学习者的偏误。英语中介绍行为参与对象的介词短语做定语、状语多后置，放在修饰词之后，如“give s.th. for s.b.”。这点与汉语不同，汉语的介宾短语通常在句中做状语，有时也可以位于句首，作句首修饰语。所以介宾短语“给对方”“给彼此”放在中心语后不符合汉语的语序表达习惯，是英语负迁移影响的结果。

(二) 目的语知识的负迁移

语言是极其复杂的，学习者在刚开始学习的时候对语言知识的复杂性没有一个清楚的认识，学习者将学到的，了解到的不完全、不具体、不成体系的目的语语言规则随意的用到目的语中，产生了目的语的负迁移。通过梳理，发现因受到目的语知识负迁移的影响而造成了学习者使用选择问句的偏误主要类型有误代、遗漏和误加。

(1) *谁有决定的权力呢？这个问题可难解决！是家人还是病人？是大夫还是什么律师吗？

(2) *在人们生活中最重要的是什么？爱情呢？钱呢？还是坚定的目标、坚强的意志等这样抽象的哲理吗？

上面的偏误属于疑问语气词“吗”误代了疑问语气词“呢”。“还是……吗”属于是非问的句式结构，人们接触的较早，也使用频率较高。“还是……呢”属于选择问句的句式结构，“呢”也有省略不用的情况。由语境来看，两句都是在表达不同选择项之间不相容的语义关系，需要从中作出选择，应用选择问句式，所以应在句尾疑问语气词用“呢”。这类偏误是受目的语知识负迁移的影响产生的。

(1) *由于我们喜欢流行歌曲，带给人们的影响是怎么样呢？好的还是不好的？

(2) *喝粥还是吃粥吗？

例(1)的偏误是遗漏了主语“流行歌曲”和结构助词“的”，“怎么样”在这里用来询问性质、状态、程度，只用于否定句和疑问句，不能修饰名词；而“怎么样+的”表疑问，可以用来修饰指物或指人的名词。故此处用“怎么样的”更合适。学习者没有很好地把握“怎么样”“怎么样的”区别而产生混淆，显然这是属于目的语负迁移。例(2)误加了疑问语气词“吗”，这也体现了“吗”字是非问和选择问两种句式的杂糅，这也是属于目的语负迁移，对

“吗”字使用的泛化；也可能是学生在说该句子时候，心里面想着选择问和是非问之间可以替换，于是在句尾加上了“吗”。

(三) 学习策略和交际策略的影响

在二语学习的过程中，学习者可能会故意减少目的语部分内容，或采取回避策略，使用他们所认识的、熟悉的知识来代替他们认为比较新的陌生的或没有把握的语言现象，从而导致偏误。刘珣总结的二语习得者的学习策略有迁移、过度泛化和简化。通过梳理，发现学习策略和交际策略影响而造成了学习者使用选择问句的偏误主要类型有遗漏和误代。

(1) *我每个星期四早上都想着“今天去上课还是不上课呢？”

(2) *那本书是白色，还是黑色？

以上两个例子属于是使用简化策略造成的偏误。例(1)学习者秉持经济简化的原则，省略谓语动词“去”。而吴振国认为“X还是不/没Y”构成的正反选择问可以顺向删除宾语、某些补语等成分，但是不能顺向删除全部X；一般也不能逆向删除①。例(2)这是个省略句，完整的句子应该是“那本书是白色的书，还是黑色的书”，在他们看来影响交际，某些成分能省则省。由于掌握的目的语知识不充分，学习者没有认识到颜色词是名词，不能直接修饰“书”，需保留结构助词“的”构成定语。

(1) *谁有决定的权力呢？这个问题可难解决！是家人还是病人？是大夫还是什么律师吗？

(2) *在人们生活中最重要的是什么？爱情呢？钱呢？还是坚定的目标、坚强的意志等这样抽象的哲理吗？

以上例子属于是使用泛化策略造成的偏误。语气词“吗”用在陈述句的末尾，构成是非问句。语气词“呢”表示从中作出选择，构成选择问句，结合此例句的语境应该选语气词“呢”。显然学习者秉持“吗”泛化的原则，造成语气词的误代。

三、教学建议

(一) 对教材编写的建议

1. 名称问题

四种疑问句全部都有可以称之为语法术语的名称和定义，学生却很难将名称与句式

---

① 吴振国：《现代汉语选择问句的删除规则》，华中师范大学学报(哲社版)，1992(05)。

对上号,而疑问句的定义增加了学生记忆的负担。对于这种问题,我们认为应该在命名的时候回避过于学术化专业化的语法术语,而尽可能与句式本身的结构形式特点相结合。我们不妨把选择问句称作"'还是'问句",把"是非问句"直接就称作"'吗'问句",把特指问句称作"疑问代词问句",把正反问句称作"'X不X'问句"。这些名称都很鲜明地反映出了各类问句在结构形式上的特征,学习者学习汉语疑问句式本来就是从结构入手的,显然能够反映不同句式结构特征的名称对他们掌握疑问句应该更有帮助。

2. 概念问题

加强形近易混词语句式的概念用法的辨析。例如:"或者""或"和"还是"都可以表示选择关系,都可以连接词语或句子,但意义和用法上不同,"或者""或"都表示非疑问性选择,只能用于不包含疑问性选择的句子中。"还是"表疑问性选择。连词"并"和"而"都可以直接连接词和词组,但是连接的成分不同:"并"连接动词,"而"连接形容词。注意这些词类和句式之间的细微差别,才能减少语言运用过程中出现的各种各样的偏误现象,有助于更好的掌握目的语。

3. 练习问题

仅仅依靠课堂讲解是不够的,还需要科学有效的练习来巩固,但是通过对教材的了解,我们还发现教材中的练习总体上偏少。因此教材的编排上要增加有针对性的的练习,去协助教师一起巩固学生相关知识的掌握。

教材是教师教学和学生学习所依据的材料,是二语教学的中介。教材水平的高低不仅能反映教学理论和教学法研究的程度,而且在很大程度上决定教与学的效果。为了达到最佳教学效果,需要根据学生的需求和特点编排出更好的教材。

(二) 对课堂教学的建议

1. 强化选择问句相关知识的学习

教师应该采取由易到难、循序渐进的办法,边讲解边总结特点和规律,再按照不同类型分别重点练习、加深印象,让学生有规矩可循,强化学习效果。例如:选择疑问句的关联词一般用"是……还是",易混淆的词是"或""或者""或是"。教师在讲解过程中,要明确解释不同词的适用范围,它们都可以表示选择关系,用来连接并列的成分,这里指词、短语、句子皆可。不同之处在于"或""或者""或是"常常用在陈述句中,表示非疑问性选择;"是……还是"多用在疑问句中,表示疑问性选择,如征求意见或询问。

2. 重视不同疑问句之间的对比学习

汉语疑问句按结构特点可分为是非问、特指问、选择问和正反问,不同类型疑问句的功能、结构、适用范围,包括关联词和疑问语气词也不尽相同,都有各自的特点。通过对选择问句偏误情况分析,学生因是非问句和选择问句混淆而引起的偏误较多,需要教师反复强化两种句型结构,加深学习者的印象和语言习惯。教师可以通过下面几个方面对比是非问句和选择问句:(1)定义:是非问句一般是对整个命题的疑问,要求听话人做出肯定或否定的回答；选择问句提出不止一种看法供对方选择，常用关联词“是……还是”连接选择项。(2)结构：是非问句是“陈述句＋疑问语调”，选择问句是“选择项＋关联词＋选择项”，关联词可省略。(3)关联词：是非问句没有关联词，选择问句常用“是”“还是”，也可以省略不用。(4)语气词：是非问句用“吗”“吧”，选择问用“呢”。(5)回答：是非问用“是”或“不/没有”，或者点头、摇头回答；选择问句选择其中一项回答，或用选项外的话回答。

3. 有针对性的引导学生反复练习

语言的学习离不开练习，任何练习都要做到由易到难、循序渐进。在选择疑问句的教学中，要精讲多练、一题多角度练。教师先对句子结构和形式进行讲解，在保证大部分学生能理解句子的定义和结构之后，再讲解几个典型例句，并让学生反复读，加深理解。接下来进行替换练习，替换句子中非疑问成分组成新的选择疑问句，增加学生的开口率。最后拓展不同的选择问句式，例如关联词的有无，句中标点符号的有无等，丰富学生对选择疑问句的了解。教师可以参考选择问句的偏误类型有针对地进行训练。

针对学习者偏误产生的原因，我们就要对症下药，采取有效的教学措施，提高教学效果，减少学生理解和运用上的偏差。此外，学习语言是为了交际，教师可以设置语言训练环境或课堂课后作业，锻炼学生口语交际的能力。

四、思考与练习

1. 句式转换

将下列陈述句改成选择问句。

(1) 你吃饭了。

→________________?

(2) 自行车坏了。

→________________?

(3) 妹妹醒了。

→________________?

(4) 今天有课。

→________________?

2. 选词填空

(1) 你想打篮球________踢足球?

A. 是　　B. 还是　　C. 不

(2) 他学的________汉语________英语?

A. 是……还是　　B. 还是……还是　　C. 是……是

(3) ——你去买可乐、果汁，________啤酒？

——我去买可乐。

A. 是　　B. 还是　　C. 或者

(4) 你爸爸是医生还是老师________？

A. 吗　　B. 呢　　C. 吧

(5) 你来________不来？

A. 或者　　B. 还是　　C. 是

(6) 你是哥哥________弟弟？

A. 或者　　B. 是　　C. 还是

(7) 从以下句子中选出正确的表达方式________？

A. 李明吃饭还是海燕吃？

B. 李明吃饭还是海燕？

C. 李明吃还是海燕吃饭？

(8) 从以下句子中选出正确的表达方式________？

A. 你是读书还是你写字？

B. 是读书还是你写字？

C. 你是读书还是写字？

3. 情景演绎

让学生分角色演绎对话内容。

情景一：超市购物结账

人物：A——超市收银员　B——学生

A：你好，有会员卡吗？/你好，有没有会员卡？

B：有。

A：一共消费100元，现金还是刷卡？

B：可不可以用支付宝？/可以用支付宝吗？

A：可以。

情景二：寒假开学和同学见面

人物：A——小齐　B——小玉

A：小玉，你是不是胖了？/小玉，你胖了，是吗？

B：是，每天在家吃很多。

A：论文写完了吗？/论文写完了没有？

B：你说得是学期论文还是毕业论文？

A：学期论文。

B：写完了。

情景三：去买花

人物：A——小其　B——小龙

A：小龙，你现在有事吗？/你现在有没有事？

B：没有。

A：那我们一起去买花吧，明天就是教师节了。

B：好啊，买康乃馨还是玫瑰？

A：我们可不可以都买一点？/我们可以都买一点吗？

B：可以。

第八章
正反问句偏误分析

正反问句是由谓语中的肯定形式和否定形式并列的格式构成，又叫“反复问”。粗分为三种疑问格式：(1)V不V(来不来)，(2)V不(来不)，省去后一谓词，(3)附加句，先把一个陈述句说出，再后加“是不是、行不行、好不好”一词问话格式，有人想把附加问单列为一类。正反问句常带语气词“呢、啊”等，不能用“吗”①。疑问句中，正反问句是汉藏语系中较为特殊的一类疑问句，也就是说，除汉语及其周边一些语言，在其他语言中很少发现类似汉语正反问句结构。再加上正反问句的句式变化灵活且涉及众多汉语语法知识点，它也因此成为对外汉语教学的一个难点，外国留学生习得中一个很大的障碍。

学习者在正反问句的习得过程中，难免会产生各式各样的偏误，主要存在遗漏、误加、误代、错序四类偏误，接下来将分类进行描述。

一、偏 误 类 型

(一) 遗漏(缺失)

正反问句中的遗漏主要表现为：动词的遗漏和助词“得”“了”的遗漏。

(1) *你把电脑带没？

(2) *你昨天睡好不好？

(3) *现在，关于“安乐死”的问题越来越被大家关注，到底行不行通呢？

(4) *你是不是已经买生日礼物？

以上四个例句的偏误属于是动词或助词的遗漏，例(1)遗漏了动词“来”，“来”在这里作补语，应改为“你把电脑带来没”。例(2)是对情态补语提问，遗漏了结构助词“得”，应改为“你昨天睡得好不好”。例(3)是对可能补语提问，同样缺少了结构助词“得”，应改为“到底行不行得通呢”。例(4)遗漏了助词“了”，句中“已经”表示动作的完成，且“是不是”构成

① 黄伯荣、廖旭东主编：《现代汉语》，北京：高等教育出版社，2001：102。

的正反问句往往是用来确定说话人的推测，说明说话人已经预测到了事情的发生，所以在动词后应该加动态助词“了”表动作的完成，应改为“你是不是已经买了生日礼物”。

(二) 误加

正反问句中的误加主要表现为：在形容词“很”的误加、动词“是”的误加，助词“了”的误加以及由正反问句与选择问句杂糅而引起的成分误加。

(1) *学习汉语很难不难？

(2) *图书馆很大不大？

(3) *明天王老师很忙不忙？

以上的三个例句误加形容词“很”。形容词组成的“A 不 A”格式已经有一种状态程度，如果再加上形容词“很”，会在整体结构上显得生硬，整体表达上显得啰嗦和重复，不符合语言的经济性原则。例(1)是动词谓语句，例(2)和例(3)是主谓句，都是询问事物或者人的一种属性和状态，让听话者在“非此即彼”的两种性质和状态中进行选择和回答，因此不需要再用“很”进行修饰。

(1) *她是美不美？

(2) *你是忙不忙？

以上的两个例句是误加动词“是”，形容词出现在主语后面时，常常会有这样的一种情况，也就是将两者直接进行组合，因此是不需要加动词“是”的。这一点在和英语的语言对比上是很明显的，也是留学生容易出错的一个地方。

(1) *你学没学了一年汉语？

(2) *你的同屋去不去了教室上课？

(3) *你学不学一年汉语了？

以上的三个例句误加了助词“了”。助词“了”可以是语气助词也可以是动态助词，“了”在句中的位置不同，所表示的意义也不同。留学生在正反疑问句中容易混淆不同“了”的用法。语气助词“了”用于句末，用来肯定事件已经发生或者情况出现了变化，有成句作用。其否定形式是在句中的动词前加“没”或者“没有”，然后把句尾“了”删去。动态助词“了”，位于动词后，表示动作已经完成或实现，其否定形式同样是通过在动词前加“没(有)”构成。例(1)和例(2)中“了”在这里属于动态助词“了”的误加偏误，应把“学没学”“去不去”后“了”删去。例(3)属于语气助词“了”的误加偏误。“了”在句末用于肯定事件已经发生或情况出现了变化，但是如果“了”之前的句子是一个疑问句，疑问句表示对事件的疑问，在不能确定事件是否发生改变的情况下，正反疑问疑问句的句末不能加语气助词“了”，应把句末的“了”删去。

(1) *是不是去北京还是去上海？

(2) *你回不回家还是去商店？

(3) *你在还是不在食堂吃饭？

以上的三个例句是由于正反问句与选择问句杂糅而引起的成分误加。根据汉语语法事实，选择问句和正反问句是两种不同的汉语疑问句式。选择问句是在两个不同的事物中进行选择，而正反问句是针对一件事情的不同性质的两个方面或者针对某个活动做不做进行选择。所以留学生在习得正反问和选择问句"……还是"之后，为力求更全面表达句义，既想用正反问句表示肯定或否定倾向，又想用选择问句选择正反两方面问题其中一方面作出回答，结果造成将两种句式放在一起，由于句式杂糅引起成分的误加。例(1)将"是不是去北京上海"与"去北京还是去上海"两个句式杂糅，使得句义不明确，语义模糊。正确的做法是，根据语义需要，选取两种句式中的一种，将其改为"是不是去北京/上海"或"去北京还是去上海"。例(2)可改为正反问句"你回不回家/你去不去商店"或选择问句"你回家还是去商店"。例(3)可改为正反问句"你在不在食堂吃饭"或选择问句"你在食堂吃饭还是不在食堂吃饭"。

(三) 误代

正反问句中的误代更多体现"X 不 X"形式与语气词的误用上。主要表现为："X 不 X"形式的误代、"X 没 X"形式的误代以及语气词"呢"的误代。

(1) * 你昨天睡不得不很好？

(2) * 你们班的女生都不都很漂亮？

(3) * 你的同屋没去没教室上课？

(4) * 他生我的气没气？

以上的这四个例句显然是用不适合"X 不 X"形式的词或短语误代到正反问形式"X 不 X"中，造成了以上的偏误。正反问句"X 不 X"形式是留学生较早接触的正反问形式，"X"往往是一般动词和形容词。这四个例句中的"不得不""都不都""没去没""气没气"四个短语，准确地说是"ABA"结构，忽略了"X 不 X"结构中"X"往往是一般动词和形容词的特点。正确的表达是："你昨天是不是睡得很好"，"你们班的女生是不是都很漂亮"，"你的同屋是不是没去教室上课"，"他是不是生我的气"。

(1) * 这个电影小李看过不看过？

(2) * 这个饭店他们去过不去过？

(3) * 中国很大的国家，你去不去别的地方？

(4) * 他妈妈给不给他两本英汉词典？

(5) * 田芳想不想过去美国旅行？

以上的这五个例句主要用更普遍常用的"X 不 X"误代了不太普遍常用的"X 没 X"。多数情况下"X 不/X 没"中"不"和"没有"否定"X"时，句法结构是合理的，但由于呈现出不同语义特征，因此造成偏误。通过观察，我们发现：例(1)、例(2)和例(3)表达的是对于某种经历的询问，是对已经发生过并且完成了的情况的疑问。例(4)和例(5)是对过去短暂事件的询问。在汉语的正反问句中，如果人们想表达整件事情完成的时候，句子中谓语的否定形式并不是“不 X”而是“没 X”。因此这个时候正反问句的否定形式是“X 没 X”，或者直接在句末加上“没有”，形成“S 没有”这样的特定句式。“X 没 X”是“X 不 X”在过去时态中的特殊现象，也可以理解为“X 没 X”是“X 不 X”结构的过去式变体。

(1) *你去不去吗？

(2) *你有没有钱吗？

(3) *明天的天气好不好吧？

(4) *明天我们要不要一起去公园吧？

以上的这四个例句将“吗”“吧”语气词误代了语气词“呢”。汉语的四类基本疑问句句式，常常是和疑问语气词联系在一起的，不同的疑问句式有特定可以使用的疑问语气词。我们知道正反问句，末尾的特定语气词是“呢”，出现的情况是对于同一个事物或同一个事件的正反两个方面进行提问的，并希望听话者在两种情况下进行选择。例(1)和例(2)出现的“吗”常常是是非问句的语气标记，常常询问的是某一具体情况。例(3)和例(4)中出现的“吧”常常是祈使句、感叹句的语气标记，出现在提出建议或者抒发情感的情境中。显然，上述句子中留学生误用了其他句子标记语气词。

(四) 错序

正反问句中的错序为句法成分位置排列上的错误，主要表现在主语位置的错序、宾语位置的错序和“是不是”的错序。

(1) *工作忙不忙王老师？

(2) *电影看不看我们？

(3) *吃不吃饭我们？

(4) *踢不踢球玛丽和田中？

以上的这四个例句的偏误属于是主语位置的错序。汉语句式常常采用的是主谓宾形式，正反问句的使用形式也不例外。这些所出现的偏误，是由于不太符合汉语母语者的语言习惯，老师还是应该教给学生较为规范的句式，避免出现主语不知道应该放在哪个位置才合适的情况。例(1)和例(2)的两个主语的位置排列上存在明显的问题，汉语的表达常常是大主语在小主语之前。例(3)和例(4)中主谓句形式变成了谓主形式，不符合汉语的语法规范和语言表达习惯。所以，正确的句子应该将主语提前，谓语置后。

需要注意的是，我们发现上面的例句在真实的语言交际的程度上对于口语交际的理解不产生问题，在口语中，从交际的角度来看，如果出现适当的停顿，也可以算作不是偏误，至少是把相关的语言信息得到了有效的表达，例如，换成如下情况。

(1) 工作忙不忙，王老师？

(2) 电影看不看，我们？

(3) 吃不吃饭,我们?

(4) 踢不踢球,玛丽和田中?

以上例句,既是正反问句,也对相关动作实施的对象进行了强调,更加明确了说话者询问的意图和所要表达的语言信息。

(1) *你学了没有一年汉语?

(2) *他送了没一束花?

(3) *她看完了没有这本书?

(4) *你去过了没有上海?

(5) *你今天吃了没早饭?

以上例句的偏误均为宾语位置的错误。正反问句宾语应该在V之后,“了没(有)”之前;也可以在“V了”之后,“没(有)”之前。同时需要注意助词“了”性质,当把宾语放在V之后,“了没(有)”之前,这时的“了”是语气助词;当把在“V了”之后“没(有)”之前,这时的“了”是动态助词。例(1)正确的表达方式为“你学一年汉语了没有”或“你学了一年汉语没有”。例(2)正确的表达方式为“他送一束花了没”或“他送了一束花没”。例(3)正确的表达方式为“她看完这本书了没有”或“她看完了这本书没有”。例(4)正确的表达方式为“你去过上海了没有”或“你去过了上海没有”。例(5)正确的表达方式为“你今天吃早饭了没早饭”或“你今天吃了早饭没”。

(1) *他送她是不是一束花?

(2) *教学楼在图书馆是不是北边?

(3) *你学了汉语是不是一年?

(4) *他在是不是图书馆?

(5) *你已经是不是把电脑带来了?

(6) *你正在是不是吃饭?

(7) *你们班的女生都是不是很漂亮?

(8) *你已经把电脑是不是带来了?

以上例句的均为“是不是”位置的错序。“是不是”形式构成正反疑问句主要有两种形式,位于句前和位于谓语前。首先,错置“是不是”于名词前。只有当“是”加宾语构成动宾结构时,“是不是”后才可以加名词,一般“是不是”后不能直接加其他成分。例(1)、例(2)、例(3)、例(4)中“是不是”分别错置于名词“一束花”“北边”“一年”“图书馆”之前。推测偏误产生的原因是学习者想选择名词作为疑问焦点,比如例(1),学习者的疑问焦点是“一束花”,才会把“是不是”置于一束花之前,但是却忽略了“是不是”的用法。如果要把“一枝花”作为疑问焦点,可把句子改为“他送她的是不是一枝花”这里的“是”是动词。其次,“是不是”错置于状语之后,例(5)、例(6)、例(7)、例(8)中状语“已经”“正在”“都”语义与后面的谓语联系紧密,所以应把“是不是”放在状语之前。

二、偏误原因分析及改正策略

汉语学习者在正反问句的学习过程中产生了上面各种各样的偏误，这些偏误对汉语的学习造成了阻碍，那么我们讨论这些偏误产生的原因是十分必要的。经过梳理，关于正反问句偏误的原因主要为母语的负迁移、目的语知识的负迁移、学习策略和交际策略的影响三个方面。

(一) 母语的负迁移

综观正反问句的各种各样的偏误可以发现，母语负迁移在学生正反问句习得过程中表现得十分明显。留学生母语的负迁移也主要来源于对汉语正反问句与其相应的母语疑问句类型的区分，母语的负迁移是留学生偏误产生的主要原因，尤其在学习者目的语知识储备不足的初级阶段，因此，将母语的负迁移最小化，是克服偏误要做出的努力的重要方面。

通过整理，发现因受到母语负迁移的影响而造成了学习者使用正反问句的偏误主要类型有误加和误代。例如：

(1) * 你吃不吃早饭了吗？

(2) * 他是不是生我的气了吗？

(3) * 明天的天气好不好吧？

(4) * 明天我们要不要一起去公园吧？

英语的疑问句一般由疑问代词、语序、语调三个部分组成，而汉语疑问句的关键因素是语气词。语气词，例如“吗”“呢”“吧”“嘛”等，是汉语疑问句重要的语气标记，而这些丰富的语气词，在英语中没有相对应的形式，其疑问句式的情感态度往往通过语调的升降来表达。因此留学生在习得正反问句的过程中所产生的最大问题就是他们不能够很快地适应句末的语气词，或者错误地将别的疑问句的句末语气词进行错误的使用。经常性的会将是非问里的“吗”放到正反问句的句末，例如上面的例(1)和例(2)。同时，到了不同的学习阶段，因为学习者学习了更多的疑问句类型，他们也会将祈使句里的“吧”进行错误的使用，例如上面的例(3)和例(4)。这说明，因为母语中相关语气词的缺乏，学习者会对掌握汉语不同疑问句的语气词产生困难，需要更多时间去学习和消化。而非英语母语背景的学生，如果自身语言里也缺乏语气词，他们也会因为相关的语音、词汇、语法方面的原因产生相应的偏误。显然这些偏误是母语的负迁移的具体体现。

(1) * 我们暑假去长城旅行不旅行？

(2) * 你行不行帮我买瓶矿泉水？

该类错误的出现是由于留学生对母语和汉语相关性想当然的联想，直接将其母语的语法方式，通过翻译类推到其汉语学习中。例(1)译成英语为“Shall we go to the Great Wall or not?”，通过二者的对比，学生在学习产生“直接翻译法”使用惯性之后不免会出现泛化使用的问题，而忽略了对不同语言各自特殊性的认识，从而产生偏误。依据汉语的语法特点，例(1)中“我们暑假去长城旅行”，可以看作是有两个谓项，前谓项“去”和后谓项“旅行”，进入“V不V”结构的只能是前谓词项，此处，应改为“我们暑假去不去长城旅行”。例(2)译成英语为“Can you buy me a bottle of mineral water”，通过二者的对比，也不难发现留学生是通过在“Can you”及其翻译“能不能”“行不行”“会不会”之间进行的类推而造成偏误使用的。例(2)应该把“行不行”改为“能不能”。

(二) 目的语知识的负迁移

对于任何一种语言来说，目的语的基础知识是学习者习得语言的基础。通过梳理，发现因受到目的语知识负迁移的影响而造成了学习者使用正反问句的偏误主要类型有误加和误代。

(1) *你吃不吃早饭了吗？

(2) *他是不是生我的气了吗？

(3) *他们是不是都去游泳吗？

(4) *这里的留学生多不多吗？

该类偏误属于目的语知识的负迁移。是非疑问句又叫“吗”字问，是非问的句末语气词大多数是“吗”，现代汉语中是非疑问句的句末语气词也可以由其他语气词担当。但留学生较早习得的是非疑问句的语气词就是“吗”，而且正反疑问句也有句末语气词。所以留学生在习得正反疑问句的过程容易把“吗”当成所有疑问句的疑问语气词，然后把它误加在正反疑问句的句末，这就将语言规则过度泛化，则会构成目的语知识的负迁移。

(1) *是不是去北京还是去上海？

(2) *你回不回家还是去商店？

(3) *你在还是不在食堂吃饭？

学习者在习得正反问和选择问句“……还是”时，在对其不同场合的使用区分不明确情况下，为力求更全面表达句义，既想用正反问句表示肯定或否定倾向，又想用选择问句选择正反两方面问题其中一方面作出回答，从而造成句式杂糅，构成了目的语知识的负迁移。

(1) *中国很大的国家，你去不去别的地方？

(2) *左老师给不给你一本汉语书？

(3) *田芳想不想过去美国旅行？

正反疑问句中否定副词“不”和“没(有)”是用来构成否定形式的重要组成部分。“不”和“没(有)”都是表示否定意义的副词且二者之间并不能随意相互转换，这就在一定程度上加大了留学生否定副词“不”和“没(有)”的习得难度,在汉语学习过程中,留学生很容易将二者混淆。“不”表示对主观愿望和性质状态的否定,多用于现在和将来。在现代汉语中,“不”也可以表示对过去的否定,但是极少使用。而“没(有)”可用于否定存在、领有以及动作行为的发生和完成。显然上面的例子表示都是过去发生已经完成的事情,所以正确的用法应该将“去不去”“给不给”“想不想”分别改为“去没去”“给没给”“想没想”。这类偏误是由于不清楚或者忽略了否定副词“不”和“没(有)”的使用条件而产生的偏误,也属于是目的语知识的负迁移。

(三) 学习策略和交际策略的影响

除了以上原因,偏误的产生也与学习者的学习策略和交际策略有关。正反问句是汉语特有的疑问形式,世界上的其他语言中很少存在这种“X 不 X”的疑问格式。在汉语的四种疑问句中,正反问句句式变化最为丰富,在选用句式表达语意时,由于语法掌握的不充分而回避使用某些句式,反映在句法形式上多表现为回避使用“VO 不 V”和“AB 不 B”句式,疑问程度方面回避使用低疑句式。如在习得“AB 不 B”时,留学生的习得困境在于识别离合词,不明白遇到哪些词语时可以使用前删式,故采用回避策略,大多使用“AB 不 AB”式。

三、教 学 建 议

(一) 对教材编写的建议

1. 定义问题

在教材中,缺少对正反疑问句的详细解释说明,这就需要在教材编写中增加相应的内容,向留学生介绍什么样的句子是正反疑问句,即正反疑问句是由单句谓语中的肯定形式和否定形式并列的格式构成的。同时在对正反问句定义的分析中,教材中也可以增加对比正反疑问句与其他疑问句式差别的知识,可以从句尾语气词、句子形式、疑问焦点和疑问程度入手,从而帮助学生在对比分析中加强对正反问句的学习和记忆。

2. 句式及句末语气词的编排问题

首先,教材中句式列举不全,使用规则也没有清晰的注解。教材编排时就需要列举出使用价值最高的、表现能力较强的正反问句的常见句式。最好采用简洁的公式化注解既便于教师帮助学生归纳句式结构,也利于学生自主学习,方便课后自行巩固练习。教材由于课文内容的限定性,一般无法把三种疑问句放在一起比较。但是可以在学生学完所有疑问句后,专门设计一个版面,对容易混淆的疑问句进行区别性辨析。其次,教材的编排可以选择正反问句出现频率较高的语气词，在教材中将正反问句语气词与不同疑问句语气词之间的对比。正反问句属于疑问句的一类，疑问句最大的语法特点，除了有特别的疑问代词，更突出的语法标记则是处在句末的不同语气词。正反问句有时候不用语气词，句子就会显得没有感情，而加上“呢”和“啊”就会有不同的变化。教材编排的过程中，也应该指出有“呢”、无“呢”及其他情况，并且可以在到达一定学习阶段后，在教材中展示出来。希望可以通过教材的编排增加对正反问句的句式及句末语气词展开较为系统整理分析的内容，这对于学习者和教师来说，都有重要的价值和意义。

3. 练习问题

在练习设计方面，我们观察发现《发展汉语》以模仿例句改写句子为主，《新实用汉语课本 I》以句型替换和看图造句为主，操练形式都比较单一。教材编写可以在模仿改写、句型替换的基础上，增加几种不同类型的练习，丰富训练方式。通过编写有针对性的单独练习，使学生在应用中形成自我认识，从而克服单纯教师输入性教学的缺陷，给以学生自我发现自我思考的机会，并形成深化的认识。

（二）对课堂教学的建议

1. 掌握相关基础知识

正反问句的习得与其他汉语知识的基础息息相关。语言的学习过程是动态的，随着时间的推移，留学生难免会遗忘以前学习过的内容，所以这就要求教师在正反问句的学习中加强与之相关内容的学习。例如，疑问句句末语气词的复习，在学习正反问句之初，就应该明确其句末语气词大部分由“呢、啊”担任，不能用“吗”，并复习其他疑问句式的疑问语气词；“不”和“没（有）”是常见的两个否定副词，正反疑问句中一定会存在否定副词，每学习一种正反疑问形式，教师就应明确地指出正反疑问疑问焦点为情态补语时，否定副词只能用“不”；在正反问句的学习中，“了”可以作为语气助词、也可以作为时态助词。教师可以结合具体例子，运用相关的理论知识向学生讲解相关基础知识。

2. 科学安排教学顺序

《汉语水平等级标准和等级大纲》中列出了汉语学习者应该掌握的提问方法，并对正反问句的结构特征进行了列举。这说明，在实际的正反问句教学中，我们可以采取以句式为单位的形式，建立一个相应的正反问句教学体系。对于不同句式的正反问句教学，也说明在具体的教学演示过程中一定要注意这些类别在结构上的显著特征和标志特征。除了基本句式以外，也需要适当地增加正反问句的变体句式，更应该注重选择。在语言交际的过程中运用最多的、使用价值最高的、表现能力较强的正反问句，并尽量按照汉语母语者实际使用频率的高低，同时参考语法项目难易程度来安排教学的顺序，这样才有利于提高正反问句教学效率。

3. 采取多种方法练习

练习对于任何一种语言的学习都至关重要，除了加大练习的强度之外，还要完善练习的方法。提出以下方法，首先，随堂练习，语言学习的过程是动态的，每节课学习的内容也是不同的。在结束一节课的学习之后，教师进行总结时，可以把与正反问句关系紧密的词汇和语法知识与不同的正反问句句式结合，进行简单的口头提问，时间不宜过长。其次，专题练习，不同正反问形式在某一教材中会出现跨度较大的现象，进行了一段时间的学习之后，可以在练习课上抽出大约二十分钟的时间，对已学习的正反问句的内容进行复习总结。教学形式上不要局限于简单的讲授和练习，可以设计一些课堂活动。最后，教师还进行一些小型的测试，测试比较能检测学习者对知识点的掌握与否。教师在教学过程中，可以把测试嵌于周考、月考及疑问句大类的考察中，这样正反问句的习得既能跟上学习的进度同时不必占用过多的时间。练习的方法多种多样，教师应根据留学生自身的特点，与其他汉语教师沟通，通过不同的方法强化留学生正反问句的学习。

四、思考与练习

1. 选词填空

还是　吗　不　多少　怎么样　哪儿　那儿

(1) 他是中国人(　　　)?

(2) 林娜是(　　　)是回英国了?

(3) 你要买什么? 香蕉(　　　)苹果?

(4) 现在是冬天了，对(　　　)?

(5) 她认识(　　　)认识李老师?

(6) 老师，我们今天(　　　)明天考试?

2. 翻译练习

例句：Do you know him?

你认识他吗?

Do you know him or not?

你认识不认识他?

(1) Do you like Chinese food?

____

(2) Do you like Chinese food or not?

____

(3) Can you drive a car?

____

(4) Can you drive a car or not?

---

3. 单项选择

(1) "小李是不是去了上海?"这句话是什么意思?

A. 说话人觉得小李肯定去了上海。

B. 说话人觉得小李没去上海。

C. 说话人觉得小李可能去了上海。

(2) "天气很冷,是不是?"和"天气冷不冷?"这两句话意思一样吗?

A. 完全一样。

B. 不太一样。

C. 完全相反。

(3) "我问你全世界能不能找到第二个这么美的公园?"说话人想表达什么?

A. 找得到第二个这么美的公园。

B. 不知道能不能找到第二个这么美的公园。

C. 找不到第二个这么美的公园。

4. 情景交际

(1)【表询问:你买了一件衣服,想知道朋友对这件衣服的评价。】

小美:________________________________?(漂亮)

朋友:很适合你。

(2)【表请求:儿子做好作业了想看电视。】

儿子:________________________________?(可以)

妈妈:没问题。

(3)【表提醒:图书馆里,提醒其他学生不要说话。】

学生1:________________________________?(能)

学生2:好的,不好意思。

第九章
假设关系句偏误分析

假设关系句是现代汉语中一个重要的语法点，因结构复杂，逻辑关系较为灵活，并且在语义上与条件复句及让步复句有交叉，如果没有注意到前后分句的逻辑关系，往往会导致结构混乱、篇章衔接中断等情况。因此留学生在习得假设关系句的过程中，在理解和运用假设关系句上都出现了不同程度的问题。对于假设关系句在如何分类上就存在着争议，至今都没有一个统一的划分，例：王力(1943)①在《中国现代语法》中认为假设关系句应归属于条件关系句，作为条件关系句的一个小类；吕叔湘(1982)②也认为假设句和条件句难以区分，索性就不去区分，把这种句子都统称为假设句；王维贤(1994)③认为，“复句的分类实际上是关联词的分类”，并把假设复句归属于条件句，将假设复句分为一般假设和转折假设；另外，胡裕树(1995)④也把假设关系句看作是条件关系句的一个小类。黄伯荣(1997)⑤提出对于假设关系句的分类提出了不同的观点，他把假设句从条件句中独立出来，作为和条件句并列的一项，不再归属成条件句的一个小类。邢福义(2001)⑥在《汉语复句研究》中认为假设句应属于因果句的一种，是“假设性因果推断句”的简称，以假设为根据推断某种结果，代表性形式标志是“如果……就……”“要是……就……”“假若……就……”等，属于标志群。还有更多的假设关系句本体研究学者提出了不同的观点，像张雪平(2017)等等，这无疑给假设关系句对外汉语教学方面和学习者第二语言习得方面增加了难度。本章就依据邢福义(2001)对假设关系句的分类来展开对留学生习得偏误类型的分析，找出其偏误的原因，提出针对性的教学建议，便于留学生更快、更准确地理解与运用假设关系句。

一、留学生假设关系句的习得偏误

针对留学生假设关系句的习得偏误，我们基于语料库统计和同级留学生课堂学习情

---

① 王力：《中国现代语法》[M]，北京：商务印书馆，1943。
② 吕叔湘：《中国文法要略》[M]，北京.商务印书馆，2004。
③ 王维贤：《现代汉语复句新解》[M]，上海.华东师范大学出版社，1994。
④ 胡裕树：《现代汉语》(重订本)[M]，上海：上海教育出版社，1995。
⑤ 黄伯荣，廖序东：《现代汉语》[M]，北京：高等教育出版社，1997。
⑥ 邢福义：《汉语复句研究》[M]，北京：商务印书馆，2001。

况的调查，发现存在的习得偏误主要有遗漏偏误、误用偏误、误加偏误、错序偏误和其他偏误，下面我们将结合具体的实例进行详细的分析。

（一）遗漏

1. 关联词语的遗漏

关联词语的遗漏主要是指留学生在使用假设关系句时该加关联词的时候，却没有加，造成语义的不完整甚至错误。例如，中级阶段的蒙古国汉语学习者使用假设关系句时造成的关联词遗漏：

*(1) 你一定要努力学习，会考不上大学的。

*(2) 你愿意，我就陪你去那儿。

*(3) 即使妈妈不同意，我要出国留学。

从上面的三例可看出，蒙古国的汉语学习者出现的关联词遗漏主要表现在前句有关联词而后句没有；前后都没有关联词；前面没有，而后面具有。例(1)就属于前后分句都没有关联词，造成了语义的不通畅，应该在后分句前加上关联词“否则”；例(2)后分句已经有了关联词“就”，应该在前分句添加关联词“如果”，组成“如果 p 就 q”句式；例(3)前分句用了关联词“即使”，应该在后分句关联词“也”，组成“即使 p 也 q”句式。可改为：

(1) 你一定要努力学习，否则，会考不上大学的。

(2) 如果你愿意，我就陪你去那儿。

(3) 即使妈妈不同意，我也要出国留学。

2. 主语的遗漏

留学生在运用假设关系句时，常常只关注关联词的运用而忽略了主语，造成了一个句子没有主语或者前后分句主语不一致的偏误。例如，中级阶段的韩国留学生在运用假设关系句时的主语遗漏：

*(1) 幸亏穿得多，不然就会冻死了。

*(2) 要不是你想来，就不会参加这个活动。

*(3) 即使不说，过几天我也会知道的。

上面的例子的语义结构均不完整，是由于缺乏了句子的主语。例(1)中前后分句都没有人或物的出现，应该在前面分句或者后面分句中添加主语“你/我/他”等；例(2)前面分句出现了人称代词“你”，但是运用了关联词“要不是”，后面的假设结果句还需要一个主语，整个句子的语义才能完整。应该在“就”前面添加主语“我”；例(3)后面分句的主语是“我”，很显然前面假设条件句的主语不能再是“我”，不然就会前后矛盾，应该在“即使”后面加上人称代词“你/他”等。可改为：

(1) 幸亏我/你/他/我们/你们/他们穿得多，不然就会冻死了。

(2) 要不是你想来，我就不会参加这个活动。

(3) 即使你/他/你们/他们不说，过几天我也会知道的。

3. 助动词的遗漏

俄罗斯留学生运用"如果(假如)p就q"句式时,会出现助动词的遗漏。例:

*(1) 假如你来我的生日晚会,我就满足,不要送给我别的礼物。

*(2) 假如你向他请求,他就帮助你。

*(3) 假如你好好地考毕业的考试,就找到良好的工作。

上面三个例子均是属于助动词的遗漏,例(1)是假设发生一种希望的、良性的情况,对此评估出的可能结果,需要在形容词前使用能愿动词"会";例(2)是假设"向他请求",引起"他人帮助你",在结果分句中说明的是有意愿做某个行为,这时需要使用能愿动词"会";例(3)是假设"好好地考毕业考试"可能达到"找到好工作"这样的结果,是表示建议,这里表达具备某种行为结果的可能性需要在句子中加上助动词"能"。可改为:

(1) 假如你来我的生日晚会,我就会满足了,不要送给我别的礼物。

(2) 假如你向他请求,他就会帮助你。

(3) 假如你好好地考毕业的考试,就能找到良好的工作。

(二) 误用

误用是指留学在习得假设关系句时在关联词、句式、助词等方面的不正确的使用。主要包括以下几个方面:

1. 表示假设关系的关联词之间的误用

*(1) 你要好好学习,要不是你会后悔的。

*(2) 如果遇到了困难,也要勇敢面对。

*(3) 要不是你不在,我也不会害怕。

上面的三例是表示假设关系的关联词之间的误用,例(1)是"要不是"和"要不然"的混用,"要不是"一般引导的是假设条件句,时常与"就"搭配,组成"要不是p,就q"句式,而"要不然"一般引导的是假设结果句,时常与"幸亏"搭配,组成"幸亏p,要不然q"句式,很显然留学生并没有掌握到这一点的区别,才导致的误用;例(2)"如果"引导的假设条件句,时常与"就","那么"搭配,组成"如果p,就q"和"如果p,那么q"句式,"也"引导的假设结果句时常与"即使"引导的假设条件句组成"即使p,也q"句式,故此例是关联词"如果"和"即使"的误用;例(3)关联词"要不是"和"也"搭配不当,导致的关联词误用,需要换掉其中一个关联词进行重新搭配。可改为:

(1) 你要好好学习,要不然你会后悔的。

(2) 即使遇到了困难,也要勇敢面对。

(3) 要不是你不在,我就不会害怕。/即使你不在,我也不会害怕。

2. 表示并列、因果、转折关系的关联词混用

*(1) 虽然我可能有其他的事情,我也坚持去上课。

*(2) 因为/虽然明天下雨,我们就改期。

*(3) 虽然/因为继续破坏环境，生态就会失衡。

上面的例子是表示因果关系、转折关系与假设关系的关联词之间的误用，例(1)“虽然”引导的让步条件句，应该与“但是”引导的转折结果句相搭配，组成“虽然 p，但是 q”句式表示让步转折关系，而“即使 p，也 q”句式可以表示让步转折关系，也可以表示假设关系，这主要看 p 与 q 的语义关系，此例中 p 与 q 就是表示一种假设关系，因此应该选用“即使 p 也 q”句式，把“虽然”换成“即使”；例(2)“因为”常与“所以”搭配使用，“虽然”常与“但是”搭配使用，此例中明天是否下雨是未知的，所以“明天下雨”只是一种假设，“我们就改期”是前一分句的假设成立时，我们将做的事情，该句混淆了因果关系、转折关系和假设关系；例(3)“虽然……但是……”表示转折，“因为……所以……”表示因果，而此例中“生态失衡”是“继续破坏环境”将带来的后果，前一分句是一种假设，后一分句出现的前提是前一分句所表示假设是成立的，该句的关联词语应改为表假设关系的“倘若……就……”。可改为：

(1) 即使我可能有其他的事情，我也坚持去上课。

(2) 如果明天下雨，我们就改期。

(3) 倘若继续破坏环境，生态就会失衡。

3. 助动词的误用

*(1) 如果你不努力学习，就不会上大学。

*(2) 假如她没有手机，她就不会打给消防队。

*(3) 假如我不通过考试，就不会去中国工作。

这三个句子属于助动词的误用。助动词“能”“会”都可以表示可能，“能”可以表达实现某事具备某个客观上的条件和可能，“会”表达实现某事具备主观上的条件和可能。而二者的否定形式“不能”“不会”一个是否定客观，一个是否定主观，也具有差别。以上句子都是没达成某些客观条件，如“努力学习”“通过考试”“没有手机”，因此结果分句中应当使用“不能”，而不是“不会”。可改为：

(1) 如果你不努力学习，就不能上大学。

(2) 假如她没有手机，她就不能打给消防队。

(3) 假如我不通过考试，就不能去中国工作。

(三) 误加

误加是指留学生在习得假设关系句时多余添加关联词等造成的偏误。

1. 不需要的关联词却加上了

*(1) 如果放假的时候，他常常请我们来他家一起看电影。

*(2) 下雪了，否则我们去堆雪人吧。

*(3) 中国也会这样，如果一般人在外地，对同乡的朋友感情会更深。

上面的例子是属于在不需要加关联词的地方，却添加了，造成句子语义的不顺畅甚至逻辑关系错误。例(1)“如果”在表示假设关系时与“就”或者“那么”连用，而此例并没有要表达假设关系，所以这个“如果”是多余的；例(2)“否则”是表示“要不这样的话怎样”，在表示假设关系的时候，假设结果句可能是虚拟的，而此例要表达的是“就是因为下雪了，才要去堆雪人”，这个假设结果是真实的，所以这里不能用“否则”；例(3)同例(1)一样，没有要表达假设关系的意思，故应该将“如果”去掉。可改为：

(1) 放假的时候，他常常请我们来他家一起看电影。

(2) 下雪了，我们去堆雪人吧。

(3) 中国也会这样，一般人在外地，对同乡的朋友感情会更深。

2. 过多的关联词造成语义重复

*(1) 如果白天喝太多咖啡，不然晚上可能就会睡不着。

*(2) 要不是天太冷了，要不然我想去操场打篮球。

*(3) 如果要不是下雨，我就去爬山。

上面的例子是属于两个或两个以上表示假设关系的关联词叠加使用造成句子语义的重复。例(1)“……不然……”在表示假设时，前后两个分句之间是转折关系，而“如果……就……”在语义上是顺承的，此例要表达的是“白天不要喝太多咖啡，不然晚上可能就会睡不着”，或“如果白天喝太多咖啡，晚上可能就会睡不着”，这是两种不同的语义关系，前面分句有了“如果”，后面分句就不能用“不然”了，因此，应该将“不然”去掉；例(2)“要不是”表示的是“因为某种原因，不能做某事”，“要不然”表达的是“如果不是某种原因，想去做某事”。二者放在一起，造成语义重复，并且“要不是”表示假设关系时常与“就”搭配，此例后分句中没有关联词“就”，所以应该将“要不是”删掉；例(3)“如果 p 就 q”与“要不是 p 就 q”句式都是表示假设关系，不同的是“如果 p 就 q”句式假设条件和结果都是虚拟的，而“要不是 p 就 q”句式假设条件是真实的，结果是虚拟的，此例要表达的是“天下雨了，我没有去爬山”，“天下雨”这个条件是真实的，故应该将“如果”去掉。可改为：

(1) 如果白天喝太多咖啡，晚上可能就会睡不着。

(2) 天太冷了，要不然我想去操场打篮球。

(3) 要不是下雨，我就去爬山。

(四) 错序

错序是主要指表示假设关系的关联词在句中的位置不恰当，造成主语的缺失或者前后主语不一致等语法错误。例：

*(1) 倘若你们有空，请你们到我家来谈谈。

*(2) 即使你不来，也过几天我会找你的。

*(3) 你不能在课堂上大喊大叫否则，我就请你出去了。

上面的例子是留学生在使用假设关系句时出现的错序偏误，例(1)是属于主语与前面关联词的位置错误，当前后分句主语一致时，关联词“倘若”应该位于主语“你们”的后面；

例(2)是属于主语与后面关联词的位置错误,此例前后分句的主语不一致,后分句的副词"也"应该位于主语"我"的后面;例(3)是属于关联词与标点符号的位置错误,"否则"是后置否定假设复句的基本关联词语,它位于在两个分句之间的逗号之后,不能放在逗号之前。可改为:

(1) 你们倘若有空,请你们到我家来谈谈。

(2) 即使你不来,过几天我也会找你的。

(3) 你不能在课堂上大喊大叫,否则我就请你出去了。

(五) 其他

除了遗漏、误用、误加、错序这四种偏误以外,留学生在习得假设关系句时还会出现其他的偏误,像句式杂糅这样的偏误在留学生需要写比较长、复杂的句子的时候就会出现。例如:

*(1) 我以为要是一个人得了一种十分痛苦的病,再说很多医生肯定这种病治不了,那可以使用"安乐死"方法,但先要跟病人和他的家人说好。

*(2) 也许,有人说人死以前,要是非常痛苦,只想死,可是如果病不能治好的话,就没有别的办法了,只好用"安乐死"。

上面的两例在不同程度上出现了句式杂糅的偏误,例(1)"要是 p 那 q"和"再说 p"交错混杂,关系不清,可以将表示补充说明的"再说"改为"再加上"表示对假设条件的补充,使意义连贯;例(2)"要是""可是""如果……就"语义交错,句子杂乱难以令人理解。将"可是"转折分句作为"要是"引导的假设条件分句内的转折,"如果"重复表示假设所以去除,将全句改为"要是 p 就 q"句式。可改为:

(1) 我以为要是一个人得了一种十分痛苦的病,再加上很多医生都肯定这种病治不了了,那可以使用"安乐死"方法,但先要跟病人和他的家人说好。

(2) 也许,有人说人死之前,要是非常痛苦,但病根本治不好的,就没有别的办法了,只好用"安乐死"。

二、留学生假设关系句习得偏误的原因

根据以上对留学生假设关系句习得偏误的类型整理和比较,我们有必要进一步地对其偏误原因进行探究,以便留学生能够找出偏误的问题所在,更有针对性地进行改正偏误。

(一) 假设关系句本身的复杂性

假设关系句本身就具有一定程度的复杂性,主要表现在表示假设关系的关联词语不

是单纯地一对一，而是一对多的对应关系，例如“如果”和“就”搭配可以组成“如果 p，就 q”句式，也可以与“那么”搭配组成“如果 p，那么 q”句式，“要不是”和“就”搭配可以组成“要不是 p，就 q”，这样一对多的对应关系很容易让留学生弄混淆，他们之间还有着细微的差别，这无疑给留学生习得假设关系句带来很多的困扰。另外，关联词对应的语义关系也是不固定的，可能一个关联词对应多个语义关系，例如，“否则”“要不然”“即使……也……”等关联词既可以表示假设关系又可以表示转折关系，并且这两种关系有一定的共性与差异，对于刚接触假设关系句的留学生来说，并不能精确地辨别两个分句之间的关系，这样就会造成一系列的偏误。因此，汉语假设句系统的复杂性、关联词语的多样性都对留学生习得汉语假设关系句有一定的影响。

（二）母语的负迁移

在假设关系句的习得过程中，留学生会受到其母语的干扰，就会出现各种各样的偏误，这主要是他们对假设句的了解还很少，由于不熟悉假设句语法规则，就把母语中假设句的语言规则机械地运用到汉语中，主要体现在：

1. 汉语关联词一般成对出现，而对于其他语言而言，在表示假设关系的复句中，往往只需要一个关联词语在分句之间进行衔接，例如日语、蒙语、韩语等，所以学生受母语的语法规则的影响，不太会使用成对关联词语，在运用假设关联词语时没有掌握关联词的固定搭配结构，因此容易犯关联词语误用、关联词语遗漏，关联词语错序等偏误。例如：

如果出现这种情况，我们的生活就会受到影响。

もしこのような状况が现れるならば、私たちの生活は影響を受けるだろう。

（如果　这种情况　出现，　我们的生活　影响　受到　会。）

日本的留学生在使用“如果 p，就 q”句式时，会受到其母语用一个关联词的影响，从而造成关联副词“就”的遗漏。

2. 汉语假设句中的关联词的位置常常与主语有关，不是固定的，而有的语言中关联词的位置是固定的，例如蒙语复句中表示假设关系的连接词一般位于在两个分句之间。因此，蒙古留学生在习得假设关系句时，会受到其母语的影响，很容易造成关联词的错序偏误。例如：

如果我是一个男人，我就不会让我的女人跟着我受累。

Хзрвзз би зр хун байсан бол змзгмзй хунийг хззз ч уйпуулахгуй.

（三）目的语的过度泛化

随着学习的深入，留学生对于目的语的规则掌握的越来越多，再加上二语习得不同于母语的习得，成人在习得一门新的语言时，会充分的调动自己的主观能动性，善于总结，举一反三，把所学的有限的、不充分的目的语规则，在交际过程中，套用到了并不是运用该规则的其他句型以及语言现象中，从而导致偏误的产生。

例如,留学生在学习了假设连词“要不然”“否则”等,这些词是放在后一分句的句首,就以为所有的表示假设关系的关联词都能放在句首,把这一规则过度泛化,从而造成关联词错序偏误。如:

*如果地球人继续用化肥和农药的话,就全球自然环境会被破坏,然后人们都过不了好日子。

如果地球人继续用化肥和农药的话,全球自然环境就会被破坏,然后人们都过不了好日子。

上面例子就是关联词“就”与主语的位置错误,一般而言,“就”“都”等副词是要位于主语的后面,“如果”“假如”“倘若”等连词是看前后主语是否一致,才能确定其位于句首还是主语之后。

(四) 教学的影响

学生的学习依附于教师的授课,教师的授课遵照教材的设计。教师与教材是留学生在第二语言习得过程影响很大的因素,由于教材知识点密度的设置以及知识点先后排序的不合理,抑或课堂上教师讲解的不充分、不恰当,都会导致学生偏误的产生。

首先,教师的讲授是留学生在课堂上习得假设关系句的主要来源,大部分的汉语教师都是用留学生的母语进行教学,当其母语与汉语中有差异时,教师处理得是否恰当,是留学生是否出现偏误的关键。

其次,教师的讲授方式是否以学生为主体,引导学生在对话中自己理解和运用假设关系句,如果全程都是在讲假设关系句的语法规则的话,会让学生产生并厌倦,从而在实际运用中造成偏误。

最后,教材是留学生认识假设关系句的主要来源,也是教师授课的依据。由于我国对外汉语教学起步比较晚,在教材编写方面还不成熟,一些对外汉语教材或多或少都存在着问题,例如:《新实用汉语课本》教材中“如果……就……”结构是在第二册课本的倒数第二课中开始出现的,安排的学习时间靠后,在对话中也仅出现了一次“如果我被汽车撞了,就糟糕了”,可以观察到,这一教材中“如果……就……”,出现次数少,解释和练习少,重视不够,这使得学生对假设复句大致了解却容易出错。

(五) 学习策略的不当

留学生在学习假设关系句时学习策略也会影响对假设关系句的掌握。学习策略的不当,主要是指留学生在习得假设关系句时采取的回避策略,具体表现为在初级阶段,他们都是先学习简单、易掌握的假设句式像“要是 p,就 q”,“p,就是 q”等等,等到了中高阶段学习到新的更加复杂的假设句式时,留学生就会采取回避的态度,往往用简单已经掌握的句式去代替这些复杂的句式,甚至回避关联词的运用。然而在习得过程中,不是回避掉了关联词语就能避免出错的,有时关联词语的省略会造成各分句之间的语义不连贯,逻辑关系不清晰。例如：

*另外，“安乐死”更不可提倡及大肆宣传，必会引致更多不必要自杀的病人要求安乐死。

另外，“安乐死”更不可提倡及大肆宣传，否则，必会引致更多不必要自杀的病人要求安乐死。

三、关于假设关系句的教学建议

(一) 把握假设关系句重难点，以关联词教学为中心

留学生在汉语初级阶段已经学习了假设单句和关联词，但没有系统的学习假设关联词，不能把握各个关联词的相近含义，特别是在汉语当中，一个意思可用多关联词表达，教师应该提供各类假设关联词的搭配方式，让学生弄清楚连词与副词的搭配，以及相对应句中的位置，以便减少关联词语的误用和错序等偏误。下面我们详细地说明各类假设复句关联词语的难点和解决方法。

1. 一致假设复句的关联词语和句式相对简单易学，留学生更容易理解和掌握，但像特殊关联词语“一旦”和“万一”的运用对于他们来说是有一定的难度的。教师在讲授它们的用法时可以用多个例句进行对比从而让学生自己发现它们的不同点。

2. 让转假设复句的关联词语和句式教学难度比较大，因为让转假设复句除了假设关系以外还包含着转折关系。这些逻辑语义关系让外国汉语学习者容易糊涂，从而在运用时造成假设关联词与其他关系关联词混用等偏误。为了避免出现这种偏误，教师要用比较法清楚地说明让转假设复句的语用和用法，尤其是这两种关联词语使用的方法和区别。

3. 前置否定和后置否定假设复句关联词语教学的主要难点是逻辑意义关系。因为，“要不然、若不是、若非”等关联词语包含着和事实完全相反的意义，也可以换为后置否定假设复句的关联词“否则”等有难点。为了解决这些难点，可以同情景教学法，根据具体的语言环境，让学生体会和掌握关联词语的意义和用法，同时加上运用对比教学法，来分析前置否定和后置否定假设复句的相同点和不同点，让学生明白它们关联词运用的位置的区别，从而可以避免一些错序偏误。

(二) 加强汉语与母语的对比教学

母语负迁移是留学生学习汉语假设关系句时出现上面的偏误主要原因之一，因此，为了减少由母语造成的偏误，我们认为假设关系句教学中应该加强汉语与其母语的对比教

学,让留学生理解汉语的假设关系句与母语中的异同,起到预防受母语干扰所引起的偏误。

首先,对比两种语言的假设复句关联词语。汉语的假设关联词语如何对应与留学生母语的,要注意一对一的对应关系或者一对多的对应关系。

其次,对比关联词语的位置。涉及两种语言的不同语系,关联词语的位置方面的区别很大。因此,依靠对比法让学生掌握好关联词语的位置,预警出现各种偏误。

再次,要对比两种语言的假设复句句式。从句式构成角度相比起来,汉语中的假设复句由一个假设连词和一个副词组成的,而其他语言可能就是单一的一个假设连词,也有可能是连接词加附加成分组成的。

最后,对比两种语言假设复句的使用方式,尤其是搭配使用情况值得注意问题之一。汉语中,有的关系连词词可以搭配好几个关系副词像“如果”可以和“就”“那么”搭配,有的关系连词只能搭配一个关系副词像“即使”只能与“也”搭配,同时,大多数国外汉语学习者常犯搭配不当的错误,因此,对比搭配使用方式也有良好的效果。

(三) 利用假设关系句习得偏误进行针对性教学

教师在教学中应重视发挥偏误的积极作用,归纳整理学生存在的偏误,及时予以纠正,进行有针对性的讲解、练习。教师在一开始就要给出正确的示范,让留学生正确地模仿、记忆并运用。对于学生经常出错的语言点,教师可设计多样化的练习,多次复现可以让学生记得更牢,也可以让学生讨论并互相纠错,在课堂教学中出现合适的机会或场景时,教师可引导学生使用这一语言点,如果出现偏误,教师要耐心讲解。例如,错序方面。在假设复句中,有的主语要放在关联词语的前面,而有的主语要放在关联词语的后面,情况较为复杂。如果留学生没有掌握好,就会出现错序偏误,教师在平时的教学中,可以将有关用法整理出来,如用在主语前面的假设复句关联词语是什么,用在主语后面的假设复句关联词语是什么,列成表格。教师还要告诉学生成对出现的关联词语要按固有的顺序写句子,而不能把顺序颠倒,如“不是……还要……”写成“还要……不是……”就是错的。在平时的作业中、作文中、课堂上、生活中发现学生存在这些偏误时,教师要及时指出,并帮助学生纠正。

(四) 加强假设关系句语用解释教学

在假设关系句的习得过程中,留学生往往只注重其语法规则和句法形式,而忽略了运用假设关系句时的语言环境,从而在实际运用中出现句子本身是对的,却与对话环境不符合,造成的关联词误用等偏误。这就要求教师在假设关系句的教学中,要加强语用解释教学,引导学生注意到它们在不同的语境中的差异,同时可以多做一些类似语境的训练。在训练的时候教师可以根据假设关系句使用的情境,设置一定的情节,或编相应的故事让学生运用假设关系句,然后教师对学生进行提问,让他们对比相似的句式替代之后的语用效果的差别，从而帮助学生选择合适的假设句式进行表达。例如：上课的时候外面下雨了，雨越下越大，眼看快要下课了，没带伞的同学很着急，这时带来伞的同学就可以说“幸亏我带伞了，不然就要淋雨了”。这时教师就可以进行提问：“这里假设关系句可不可以换成‘如果我没有带伞，就被淋湿了’？为什么？”后一个句子本身没有错，但是用在这样的情境中不如前一个句子恰当。因为“幸亏……不然……”含有一种“侥幸”的意味，无意中做了一件事(带了伞)，结果避免了不好的事情(被淋湿)。这种情况下不能用“如果……就……”代替，因为“如果……”只是表示一种假设，“就……”表示假设成立时将出现的情况，没有“侥幸”意味。所以在这样的一种情境中，用“如果……就……”不是很贴切，用“幸亏……不然……”更能反映带伞学生此时侥幸的心理。总而言之，教师要通过加强假设关系句的语用解释教学，引导学生更加深刻地理解假设关系句，从而避免一些偏误的出现。

四、思考与练习

(一) 选择合适的关联词填空

1. ________有委屈，就说出来，别怕！

A. 如果　　B. 要不是　　C. 要不然　　D. 就算

2. ________有别的办法，就不千辛万苦到这里来了。

A. 万一　　B. 即使　　C. 要是　　D. 要不是

3. ________生活欺骗了你，不要悲伤，不要心急。忧郁的日子里需要镇静。

A. 一旦　　B. 既然　　C. 虽然　　D. 假如

4. ________不是网络媒体的争先报道，就不会有这么多人关注这一事件。

A. 要不是　　B. 如果　　C. 因为　　D. 即使

5. ________同中国签订高铁建筑合同，就能解决预算不足的问题。

A. 如果　　B. 因为　　C. 即使　　D. 假如

6. ________天，就没有地。

A. 没有　　B. 否则　　C. 不然　　D. 就不会

7. 快点出发吧，________赶不上飞机了。

A. 就　　B. 也　　C. 那么　　D. 否则

8. 天太冷了，要多穿多点衣服，______会感冒。

A. 就　　B. 也　　C. 不然　　D. 那么

9. ________继续破坏环境，生态就会失衡。

A. 倘　　B. 虽然　　C. 因为　　D. 即使

10. 没有工作，________有钱。

A. 就　　B. 就不会　　C. 不然　　D. 否则

11. 寒假的时候你要早点买飞机票，________就没有票了。

A. 就　　B. 要不然　　C. 那么　　D. 然后

(二) 完成对话

——这次去旅游，你想去什么地方？

(还有　时间　如果　想　去　上海　我　一趟)

我想去北京玩五天，如果还有时间，我想去一趟上海。

1. ——明天我们做什么？

(明天　公园　不　下雨　如果　我们　去　就　玩)

____

2. ——恭喜你通过了 HSK 考试！

(你　复习　帮　我　要不是　不能　就　我　通过)

——谢谢________________________________

3. ——天气预报说，明天有雨，我们的比赛要推迟吗？

(即使　下雨　明天　我们　准时　也要　比赛)

____

4. ——你去哪儿？下午老师可能找你。

(老师　找我　要是　就　去　图书馆　了　说　我)

____

5. ——现在他到北京了吗？

(昨天　出发　如果　的　话　北京　现在　应该　到　了)

____

(三) 从下列关联词中找出表示假设关系的进行造句

1. 因为……所以……
2. 既然……就……
3. 如果……就……
4. 要不是……就……
5. 如果说……那么……
6. 只有……才……
7. 只要……就……
8. 既……又……
9. 一边……一边……
10. 即使……也……

（四）阅读网络选文《雾霾到底多可怕》，找出其中的假设关系句，并对句中的关联词进行分析说出它们的异同。

问题来了——雾霾的杀伤力到底有多大？

中国工程院院士钟南山表示，以前的大气污染主要是降尘，而现在的灰霾，实际上是一氧化碳、氮氧化物等。假如灰霾中混杂着有害物质，就会对健康产生直接危害，包括对神经系统、心血管系统、呼吸系统、内分泌系统的破坏。

也就是说，它是身体健康的“隐形杀手”。

一、伤肺

假如呼吸系统与外界环境大面积频繁接触，数百种大气颗粒物就能直接进入并黏附在人体上下呼吸道和肺叶中，并且大部分会被人体吸入。

雾霾天气导致近地层紫外线减弱，容易使得空气中病菌的活性增强，细颗粒物会“带着”细菌、病毒，来到呼吸系统的深处，造成感染。

这让小编不禁想起网络上的一个段子：“一个相比于鲁霾的沉重，冀霾的激烈，沪霾的湿热和粤霾的阴冷，我更喜欢京霾的醇厚，它是如此的真实，又是如此的具体。黄土的甜腥与秸秆焚烧的碳香充分混合，再加上尾气的催化和低气压的衬托，最后再经热源袅袅硫烟的勾兑，使得京霾口感干冽适口，吸入后挂肺持久绵长，让品味者肺腑欲焚，欲罢不能。”

二、伤血管

雾霾天里，空气中污染物多，再加上气压低，容易诱发心血管疾病的急性发作。比如雾大的时候，水汽含量非常高，如果大家在户外活动的话，汗液不容易排出，造成人们胸闷、血压升高。另外，雾天往往气温较低，一些高血压、冠心病患者从温暖的室内突然走到寒冷的室外，血管热胀冷缩，也可使血压升高，导致中风、心肌梗死的发生。

因此，遇到雾霾天气，年老体弱和心血管疾病的人还减少在室外的时间，同时注意加强对元素硒的补充，每天服一定量的硒维康片，提升血硒含量，有助清除体内因雾霾产生的有害自由基，并能缓解心肌细胞对诱发因素所造成的损伤，能保护心肌细胞和防止心肌纤维化，降低心脑血管疾病的发生率。

三、伤皮肤

因为我们的皮肤有呼吸功能，在干净的空气里，皮肤会很舒适、滋润，但如果在一个很脏的环境里，皮肤也会跟着不舒服。

问题一：冒痘虽然一些雾霾的颗粒不会进入肌肤深层挡住毛孔，但是，这样的天气更容易生成角质，而且一些可溶于水的脏污是可以停留在肌肤毛孔中，堵塞毛孔通路，肌肤因此谁有不平衡，接连冒痘。

问题二：过敏接二连三的雾霾天更容易聚集侵害肌肤的毒素。而空气中悬浮物与肌肤的摩擦，也同样会导致肌肤过敏。

问题三：黑头因为雾霾天气的原因，肌肤角质层变厚，油分积累，毛孔便会长很多黑头，在影响容貌的同时，还让毛孔变粗大，而毛孔变粗变大之后，就再也无法缩小了。

试想如果你的面部冒痘之后油光不断，肌肤暗沉晦涩，皮肤又过敏发炎变红变肿，黑头也泛滥在鼻翼，那跟毁容也没有什么差别了！

四、伤脑

实验一：俄亥俄州立大学的 Nelson 教授和他的学生，对老鼠进行的实验室研究发现，如果老鼠在一半以上时间里生活在受污染的空气中，那么 10 个月以后，这些老鼠与生活在无空气污染环境里的老鼠相比，更有可能出现焦虑和抑郁的症状，他们在学习和记忆的测验中，得分也更低(Molecular Psychiatry, 2011)。

这个研究还发现，那些长期暴露在污染空气中的老鼠，它们的大脑中负责情绪和记忆功能的海马体(hippocampus)发生了结构性变化——细胞复杂性降低，细胞之间的联结变短，并且整个海马体出现了发炎反应。

实验二：美国第 65 届老年医学会年会有个结论，空气中 PM2.5 增加 10 微克/立方米，人的脑功能就会衰老 3 年。

五、伤心

很多人都知道，雾霾天气对呼吸道疾病影响很大，殊不知，雾霾天气更“伤心”。

哈佛大学公共卫生学院证明，阴霾天中的颗粒污染物不仅会引发心肌梗死，还会造成心肌缺血或损伤。美国调查了 2.5 万名有心脏病或心脏不太好的人，发现 PM2.5 增加 10 微克/立方米后，病人病死率会提高 10%—27%。

北大人民医院心血管内科徐成斌教授认为，心脏病患者在雾霾天会加重病情，如心衰病人呼吸困难或短促时，心衰会更严重。

从心理上说，大雾天也会给人造成沉闷、压抑的感受，会刺激或者加剧心理抑郁的状态。

……

假如想要解决雾霾问题，就应当全球携手合作，共同治理大气。如只顾本国利益将废气排放到其他国家，迟早就会自食恶果。

第十章
转折关系句偏误分析

转折关系句的理解与运用是对外汉语教学中的一个不可忽略的重要内容,也是对外汉语教学中的一个难点,因此无论是初级、中级还是高级阶段的汉语学习者在使用转折关系句时,都会出现一系列的偏误。关于转折关系句,国内学者已经做出不少本体研究,例如,吕叔湘在《中国文法要略》(1982)①中就对转折关系句下了定义,他认为"凡是上下两事不谐和的,即所谓句意背戾的,都属于转折句。"他还提到"对待句和正反句,都已含有转折。"王力在《中国现代语法》(1985)②著作中将转折关系句称为"转折式",即"把性质相反的两件事情并成一句话。这类句子往往用'只''但''但是''然而'等字。"同时他认为让步关系句应该独立于转折关系句存在,称为"容许式"。而高名凯在《汉语语法论》(1986)③中将转折复句和让步复句统称为"对抗式的并列的句子"。顾名思义,高名凯认为这类复句都"表示了分句与分句之间的意思是对抗的。"邢福义的《汉语复句研究》(2001)④将复句分成了并列复句、因果复句、转折复句三大类别。他认为转折句、让步句、假转句都属于转折类复句,还进一步把让步句细分成四类,即实让句、虚让句、总让句、忍让句。转折句以"……,但是……"为标志;让步句以"虽然……,但是……"为标志;假转句以"……,否则……"为标志。这样分类避免了传统的二分法对于划分标准的模糊以及与转折标志产生的冲突,同时在很大程度上解决了平行并列法带来的分类过于细化、各种关系句之间交叉复现的问题。本章就采用邢福义对转折复句的分类来对转折关系句的习得偏误及其原因进行分析,并且针对各种偏误给出合适的教学建议,让对外汉语教学更加有针对性地纠正偏误,使汉语学习者更快、更准确地掌握转折关系句的用法。

一、留学生使用转折关系句的偏误

根据邢福义在《复句与关联词语》(1985)⑤一书中提出了复句的分类原则——从关系

① 吕叔湘:《中国文法要略》[M],北京:商务印书馆,1982。
② 王力:《中国现代语法》[M],北京:商务印书馆,1985。
③ 高名凯:《汉语语法论》[M],北京:商务印书馆,1986。
④ 邢福义:《汉语复句研究》[M],北京:商务印书馆,2001。
⑤ 邢福义:《复句与关系词语》[M],黑龙江:黑龙江人民出版社,1985。

出发，用标志控制，他认为："关系词语，是指可以用来联结分句与分句，标明分句与分句之间的关系的词语"，将转折关系句分为直接转折句、让步转折句、假言转折句。直接转折句，表示的是一种"直截了当"的转折关系，两分句之间并没有预示意味；让步转折句，即先作让步，再作转折；假言转折句，是指分句之间有假转关系，所谓的假转关系，即假言否定性转折，这类转折句会先指明甲事，接着会指出如果不这样就会变成乙事。具体分类如表 1：

转折关系句		
类别	形　　式	例　　句
直接转折句	"p，但/但是/却/可/可是/不过/只是/就是/然而/反而 q"	我气得只想哭，但我却纵声的笑了。 他看见几十元钱，但是不敢捡。 他眼里含着泪花，却强颜欢笑着。 我曾多次劝他少做坏事，可他始终不听。 我国古代的语言研究有辉煌的成就，可是语言研究的现状同客观需要存在着相当大的差距。 有些人长得很漂亮，不过人品很差。 相关课程仍采取分科形式，只是加强了学科之间的联系。 他在音乐上很有天赋，就是没有钱学习。 国务院对此明令废止，然而收效甚微。 梁晓声对恩宠没有感激涕零，反而婉言谢绝了。
让步转折句	"虽然 p，但是 q" "即使 p，也 q" "哪怕 p 也 q" "就算 p 也 q" "宁可/宁愿/宁/宁肯 p 但/却/可/也 q" "不管 p 也/都 q" "无论/不论/不管 p 总/总是/永远 q" "不论/无论 p 都/也/全都 q"	腿虽然残了，但是心依然健全。 即使你对某题没把握，也不要放弃选择。 谎言就是谎言，哪怕重复一千遍也仍然是谎言。 作为一名律师，就算是利用这种形式来普法，也是难能可贵的。 有些顾客宁愿多跑点儿路，也要到这里买菜。 不管怎么说，都不该计较那些事。 她的文章无论写什么，总是诗情纵横、浮想联翩。 这部影片无论是主角或配角，全都演得真实动人、挥洒自如，给人以功力深厚、游刃有余之感。
假言转折句	"不但/不仅/不光 p 反而 q" "p 要不然 q" "p 否则 q" "p 要不 q"	只见他不但不生气，反而冲着我微笑。 韩国通信界人士不光没有对高通公司表示感激，反而是抱怨。 好在我带了一壶水，要不然野炊非泡汤不可。 涨价就应该增加工资，否则日子就难过了。 应该从小培养孩子的良好习惯，要不长大了就改不了了。

下面即将按照这三种分类，结合基于语料库的调查方法，以暨南大学留学生中介语语料库为调查对象，被调查的语料大概有一百万字，偏误案例总数有 715 个，来对留学生在使用转折关系句过程出现的偏误情况进行分析。通过调查发现，留学生在使用转折关系句时使用频率最高的是直接转折句，其次是让步转折句，其中"虽然 p 但是 q"句式的使用频率最高，这也是因为直接转折句的难度相对而言要小一些，留学生更容易掌握，但在使用过程中也出现了不少偏误的情况，主要分为：遗漏，误加，误代和错序现象。

(一) 遗漏

“遗漏”现象主要就是在该使用时，留学生却没有使用，从而导致了句式结构的不完整。

1. 转折连词的遗漏

*(1) 我舅舅虽然在香港工作很忙，他也跟他的妻子，小孩儿回家乡。

*(2) 虽然我们已经分手了，关系还是很好。

*(3) 虽然五一的时候人非常多，我们很快找到在中信不太贵的宾馆。

以上三例中，关联词语只在前一个分句处出现了“虽然”，在后分句中出现了与前面事实相悖的结果，应该加上转折词“但是”，表示前后意义的转折。上述病句可改正为：

(1) 我舅舅虽然在香港工作很忙，但是，他也跟他的妻子，小孩儿回家乡。

(2) 虽然我们已经分手了，但是关系还是很好。

(3) 虽然五一的时候人非常多，但是我们很快找到在中信不太贵的宾馆。

2. 副词的遗漏

*(1) 三轮车要有一个人从后面推，要不然它不能动。

*(2) 把它赶走，不要靠近我身边，要不然它会被我打一顿。

*(3) 我真来了中国才知道学汉语也没那么容易，但很享受。

在第四例中，用“p，要不然 q”句式表示语义的转折，但是由于副词的遗漏，导致了语义的不清晰与不连贯，应该在“不能动”前面加上副词“就”，《现代汉语词典(第 5 版)》解释“就”作为副词时用在动词前面，表示在某种条件下或情况下自然怎么样，例如：不斗争就不能前进。用“就”来表示事实的情况是自然而然的，故“它就不能动”才能使语义更加通畅；第五例中，在“会”前面加上副词“就”。用“就”来表示事情的自然发生，故“它就会被我打一顿”的语义和前面分句更加连贯；第六例中，在“很享受”前面加上“也”。《现代汉语词典(第 5 版)》解释“也”用在转折或让步的句子里，常跟上文的“虽然、即使”等呼应，隐含结果相同的意思。如：即使你不说，我也知道。(你说了，我知道；你不说，我也同样知道。)这实际上与例句是同样的内容，所以应该作出修改。

(1) 三轮车要有一个人从后面推，要不然它就不能动。

(2) 把它赶走，不要靠近我身边，要不然它就会被我打一顿。

(3) 我真来了中国才知道学汉语也没那么容易，但也很享受。

3. 主语遗漏

*(1) 无论面对什么或者幸运或者倒霉的事情，都应该看得开，想得通。

*(2) 虽然很开心，但是病没有转好，过了几天病反而变坏了。

*(3) 平时都是在房间里上网，要不然就睡觉。

在第七例中，由“无论 p 都 q”构成的让步转折关系句，前后两个分句中至少应该出现一个主语，但在留学生的作业中却遗漏了主语，导致了语义的不完整。应该在“无论”或者“都”前面加上主语“你”。在第八例中，前后分句的主语不一致，“但是”引导的转折分句的主语是“病”,“很开心”的主语显然不会是“病”,故是留学生在使用中遗漏了前面分句的主语,应该在“虽然”后面加上主语“我”。在第九例中,由“p,要不然 q”构成的假言转折句,“上网”“睡觉”这些动作缺乏主语,应该在“平时”前面加上主语“我”。改正:

(1) 你无论面对什么或者幸运或者倒霉的事情,都应该看得开,想得通。/无论面对什么或者幸运或者倒霉的事情,你都应该看得开,想得通。

(2) 虽然我很开心,但是病没有转好,过了几天病反而变坏了。

(3) 我平时都是在房间里上网,要不然就睡觉。

4. 转折分句的遗漏

*(1) 虽然我喜欢在哥伦比亚生活,我发现我爸爸妈妈有时很无聊。

*(2) 虽然我有一点调皮。

*(3) 我很负责,很努力这家公司的销售部。

上面的三例均是由于缺乏转折分句而引起的语义表达不完整,应该在后面加上“但是”引导的转折分句。改正:

(1) 虽然我喜欢在哥伦比亚生活,但是我发现我爸爸妈妈不喜欢。

(2) 虽然我有一点调皮,但是我很诚实。

(3) 我很负责,很努力,但是这家公司的销售部还是把我辞退了。

5. 转折条件的遗漏

转折关系句成立的条件是分句 p、q 之间的向背,如果分句之间缺乏必要的转折关联或者前后分句出现了矛盾,那么转折句成立的基础也就不存在了,如下几例:

*(1) 虽然我不是(信奉)宗教的人,但是我喜欢我的生日。

*(2) 我觉得虽然他的日语发音奇奇怪怪,但是说得很流畅。

*(3) 所以在火车站我们等了半天了,但是有很多人。

例(1)是前后分句无关联,却使用了转折关联词语;例(2)是前后分句矛盾;例(3)则是前后分句没有转折关系。以上三例都是运用了转折连词,但语义上却没有转折关系,这就是因为转折条件的遗漏造成了语义上的偏误。

改正:

(1) 虽然我不是(信奉)宗教的人,但是我喜欢听宗教故事。

(2) 我觉得虽然他的日语书写不是很好,但是说得很流畅。

(3) 在火车站我们等了半天了,但是还没等到他。

6. 标点符号的遗漏

标点符号是辅助文字记录语言的符号,是书面语的有机组成部分,用来表示停顿、语气或词语的性质和作用。①(黄伯荣、廖序东 2002)留学生在习得汉语复句时,也存在着各种类型的标点符号偏误,主要为逗号偏误,例如:

---

① 黄伯荣,廖序东:《现代汉语》[M],北京:高等教育出版社,2002。

*(1) 我很想有机会来中国学习汉语，但是我爸爸妈妈都不同意我的想法我心情真不好。

*(2) 我很喜欢去玩儿，去很多地方但是没时间，所不能去。

*(3) 如果出现了非常有意思的事情，在报纸里你只可以找到一篇文章介绍情况但是用网络你可以找到很多不同的文章，看到五花八门意见。

以上三例均为转折关系句中的逗号遗漏，前后分句没有用逗号隔开，造成两个句子表达成一个句子的现象，应该在分句之间添加逗号。

改正：

(1) 我很想有机会来中国学习汉语，但是，我爸爸妈妈都不同意我的想法我心情真不好。

(2) 我很喜欢去玩儿，去很多地方，但是没时间，所不能去。

(3) 如果出现了非常有意思的事情，在报纸里你只可以找到一篇文章介绍情况，但是，用网络你可以找到很多不同的文章，看到五花八门意见。

(二) 误加

1. 关联词语的误加

*(1) 理所当然，但人有自己吸烟的权利，但是，因为一个人吸烟影响其他很多人的生活以及健康，所以这个问题不能算吸烟者一个人的问题。

*(2) 大家的力量却很大，但是一个人的力量很小。

*(3) 我的表哥考上名牌大学的法学专业。但刚开始的第一月，他已经觉得很枯燥。

例(1)作者在陈述自己的一个观点，并没有转折的意思在里面，关联词语“但”在意义上基本等同于“但是”，所以放在这里并不恰当，应该把“但”去掉。例(2)我们知道以英语为母语的学生对“却”这个词使用频率很高，可是在许多不适用“却”的地方，学生却出现了误加“却”的情况，使复句的语义产生了错误。第一个分句里误加了关联词“却”，使得句子的语义发生了偏差，应该将其去掉。例(3)中，前后分句间并没有转折关系，不应用“但”。前后是承接关系。

改正：

(1) 理所当然，人有自己吸烟的权利，但是，因为一个人吸烟影响其他很多人的生活以及健康，所以这个问题不能算吸烟者一个人的问题。

(2) 大家的力量很大，但是一个人的力量很小。

(3) 我的表哥考上名牌大学的法学专业。刚开始的第一月，他就已经觉得很枯燥。

2. 标点符号的误加

*(1) 我十分喜欢这个调皮，但是，诚实的孩子。

*(2) 我无话好说我认命……好像别人一样，有的人，可以一生做你的朋友，却永远不能做丈夫，或妻子。

*(3) 旅行的时候,生病,但是,还好,因为过了一天已经好多了。

例(1)中,“但是”连接的是两个意义相对的短语,“但是”在连接短语或词语的时候中间不能有停顿,而本例中,“但是”后面误加了逗号,应该把“但是”后标点符号去掉。例(2)中的“却”连接的是两个意义相对的句子,一般而言,“却”连接的转折分句与转折条件之间不应有停顿,应该把“却”前面的逗号去掉。例(3)中,同例(1)一样,“但是”连接的是两个意义相对的短语,“但是”后面误加了逗号,应该将其去掉。

改正:

(1) 我十分喜欢这个调皮,但是诚实的孩子。

(2) 我无话好说我认命……好像别人一样,有的人,可以一生做你的朋友却永远不能做丈夫,或妻子。

(3) 旅行的时候,生病,但是还好,因为过了一天已经好多了。

(三) 误代

1. 转折连词之间的误代

留学生在使用转折关系复句的时候,常常不能区分“重转”“轻转”和“弱转”,因此表达时,也经常不分轻重,从而造成转折连词之间的误代,例如:

*(1) 如果你的广告做得非常好,不过商品的质量不好,酒也不行,是骗人了。

*(2) 我回家的时候,我跟爸妈说“今天是几月几日”我爸爸妈妈都笑起来。但是我想跟爸妈说,有一件很重要的事让我爸妈高兴。

*(3) 有的人认为学汉语不太难,反而也有的人认为学汉语非常难。

例(1)中前分句与后分句之间转折的意味重,在这里应用“但是”来代替“不过”;例(2)前句和后句之间不应该用“但是”,而应该用表示转折意味比较轻的“其实”;例(3)前后分句间是直接转折,因此应该用表直接转折的转折词“但”“但是”等,例中用的“反而”多与“不但不”等构成递进加转折,在这显然没有递进的关系,所以不合适。改正:

(1) 如果你的广告做得非常好,但是商品的质量不好,酒也不行,就是骗人了。

(2) 我回家的时候,我跟爸妈说“今天是几月几日”我爸爸妈妈都笑起来。其实,我想跟爸妈说,有一件很重要的事让我爸妈高兴。

(3) 有的人认为学汉语不太难,但/然而也有的人认为学汉语非常难。

2. 转折连词与其他关联词语的误代

留学生对于转折关系句的语义判断得不是很清楚,时常会出现不是各分句之间不是转折关系的却用了转折连词来连接,例如:

*(1) 我来中国的目的就是为了学会汉语,但来中国以后我发现了自己了解中国或者韩国的历史的机会比在韩国生活的时候多了。

*(2) 轮训从小受过传统的封建文化教育,但他阅读兴趣十分广泛。

上述(1)例后一分句比前一分句更进一层，是递进关系，用“而且”比较合适。而在第(2)例中，前后分句之间没有转折关系，是因果关系。因此可用“所以”。可改为：

(1) 我来中国的目的就是为了学会汉语，而且来中国以后我发现了自己了解中国或者韩国的历史的机会比在韩国生活的时候多了。

(2) 轮训从小受过传统的封建文化教育，所以他阅读兴趣十分广泛。

3. 转折句式的误代

误代，也称误用。有些转折关系句在使用时是有固定句式的，因此使用转折关系句时要遵守其句式规则，而留学生在使用的时候，经常忘记或者不会使用转折关系句的固定句式，因此出现了转折句式的误用。例如：

*(1) 即使家人看见病人的痛苦模样，既不可为他分担也不可任意地结束病人的生命。

*(2) 所以我还是以为宁可饿死，就不吃污染食品是最好的。

*(3) 虽然我去过国家不多，所以我说不好哪个地方最好，但是我认为如果你想在海边度过假期，那么应该去黑山共和国。

例(1)中，“即使”在表达让步转折关系时，应该用固定的句式“即使 p，也 q”，“即使”与“也”缺一不可。本例后面分句中的“也”是与“既”构成“既 p 也 q”并列关系句，和前面的“即使”并没有关系，所以这是转折句式的误用。例(2)中，“宁可 p 就 q”这样的搭配是不符合逻辑语义关系的，“宁可”引导的让步转折关系句其后应该跟“但/却/也”这样的固定关联词，组成固定的句式，故这是对“宁可 p 但/却/也 q”句式的误用。例(3)属于“虽然 p 但是 q”句式的误用，“虽然”引导的转折条件和“但是”引导的转折结果没有任何联系，相反，“虽然”引导的转折条件却是后面“所以”分句的原因，应该将“虽然”改为“因为”。

改正：

(1) 即使家人看见病人的痛苦模样，也不可为他分担更不可任意地结束病人的生命。

(2) 所以我还是以为宁可饿死，也不吃污染食品是最好的。

(3) 因为我去过国家不多，所以我说不好哪个地方最好，但是我认为如果你想在海边度过假期，那么应该去黑山共和国。

(四) 错序

汉语是一个“意合”的语言，语序是能够影响汉语语义的一个重要因素，不同的语序就会有不同的意思。留学生在运用转折关系句的过程中，就会出现关联词与句法成分之间的语序偏误，从而导致句子的语义不完整甚至错误。例如：

*(1) 他一生没有去过日本，倒日语说得很好。

*(2) 尽管他考试考得很好，但是，他不来上课。

*(3) 我在这里生活两年多了，我体会到了一些传统风俗，如：中国人过春节、中国人的饮食习惯、中国的音乐等等，这些不过都是很基础的认识，我想更深刻的了解中国。

例(1)中的转折连词“倒”应该放在“日语”的后面,放在“日语”前面导致了后一分句主语的缺失。例(2)中运用了“尽管p但是q”让步转折关系句式,但是前面分句与后面分句发生了语义关系颠倒,应该把“尽管”引导的转折条件变成“但是”引导的转折结果。例(3)应该将“不过”放到“这些”前面,在此句中“不过”放在“这些”后面就丧失了转折的意味,与前后分句表达的相背语义不符合。

改正:

(1) 他一生没有去过日本,日语倒说得很好。

(2) 尽管他不来上课,但是,他考试考得很好。

(3) 我在这里生活两年多了,我体会到了一些传统风俗,如:中国人过春节、中国人的饮食习惯、中国的音乐等等,不过,这些都是很基础的认识,我想更深刻的了解中国。

二、留学生使用转折关系句的偏误原因

我们知道偏误是指那些有规律的错误,在上一节中我们列举了自然语料中搜集到的一些存有偏误的句子,并作了简要分析。可是,留学生在使用转折关系句中为什么会出现这些偏误呢?这就需要我们作出进一步的探讨,找出偏误的原因相对应地做出改正策略,对于留学生习得转折关系句,减少偏误提供理论支持和实际方法。

(一) 转折关系句的复杂性

汉语复句本身就是一个庞杂的系统,就转折复句而言,其分句间的逻辑语义关系也是错综复杂,不同的句型有着不同的使用规律,而且转折复句的标志即关联词语的搭配使用并非简单的一对一关系,而是一对多的关系,尤其是转折连词和关联副词的搭配使用,更增加了转折复句的难度等级。如:留学生使用比较多的转折连词“但是”,既可以单独表示直接转折关系,也可以与“虽然”“尽管”“宁可”“宁愿”等关联词组成固定的转折句式表示让步转折关系。除此之外,还有在不同的语言环境中运用转折关系句时,根据说话人和听话人的态度,选择表示不同程度转折的转折关联词,如本章(三)误代中的前两个例子就是由于留学生忽略了交际双方的态度和语言环境,选择了不合适的转折程度的关联词,造成了转折关联词语的误代。另外,关联词的位置和主语之间的关系也是在转折关系句运用时常出错的现象,当前后分句的主语相同时,前一分句的关联词在主语后;前后分句主语不同,前一分句的关联词则在主语前。至于后一分句,不论分句的主语是否相同,是连词都在主语前,是副词则在主语后。例如:

他不但会跳街舞,而且跳得非常好。

不但他会跳街舞,我们也会。

上述两个句子因主语和分句关系的不同，关联词的位置也不一样。而在表示让步转折关系句子中，关联词“虽然”可以放在主语前，也可以放在主语后。如：

她虽然年纪很小，但是她很善解人意。

虽然她年纪很小，但是她很善解人意。

从而可见，转折关系句本身在语义、句法和语用上就具有复杂性，这也是留学生在使用转折关系句时出现各种偏误的重要原因之一。

(二) 母语的负迁移

迁移是心理学的一个概念，指的是已经获得的知识、技能，乃至学习方法和态度对学习新知识、新技能的影响。如果这种影响是积极的，就叫正迁移；反之，便是负迁移，或称干扰。①留学生在习得第二语言时，时常会受到自己原有的文化背景和语言的影响，从而造成偏误。这种偏误主要是因为汉语和留学生的母语之间存在着差异，留学生习惯运用母语的思维来套用汉语，造成了生搬硬套的现象。就拿以英语为母语的留学生来说，在学习转折关系句时容易出现转折连词遗漏的偏误和标点符号的误加，如：在英语中，“but”是用来表示转折，从逻辑语义上来说，相当于汉语中的“但是”或者“虽然……但是……”，“although”表示让步关系，在让步状语从句中，“although”是不能和“but”同时出现的，所以留学生在学习让步转折关系句时，时常会出现关联词“但是”的遗漏。在英文中，表示转折的还有“however”，一般用于句首或者句中，并且都要用逗号把前后分句隔开，这就造成留学生在使用“但是”直接转折句时出现了“前逗后逗”的现象。不仅仅是英汉之间存在着这样的差异，其他语言和汉语也存在着差异。如：以韩语为母语的留学生经常会出现错序的偏误，那是因为韩国的转折句是用连接词尾来连接的。通常将连接词放于动词或形容词的后面。例如，汉语说“听说他们回来了，可是又到哪里去了？”而韩语翻译过来则是“听说他们回来了可是，又到哪里去了？”

以上可看出，母语对于学习者学习第二语言时起到的是消极作用，母语与第二语言之间的差异常常是导致留学生习得转折关系句出现偏误的主要原因。

(三) 目的语的过度泛化

目的语的过度泛化也就是目的语知识的负迁移，即是指留学生习得第二语言过程中已获得的旧知识对新知识的习得产生了阻碍作用，干扰了对新知识的掌握。往往是由于学生对所学知识的理解不够透彻，又急于运用新知识，主观地将已获得的语言知识规则，用类推的方法，运用到新知识上，造成偏误。这一类偏误一般产生在学生已经掌握了一定的固定的语知识之后，出现在中高级阶段。在第二语言学习初期所涉及的转折结构中，使用的转折标志词通常为单个，如“可是”“但是”“却”“倒”等等。于是学生在学习的过程中

---

① 鲁健骥.对外汉语教学思考集[M].北京：北京语言文化大学出版社，1997.

运用自己头脑中的印象，总结认为“一个转折标志词就可以表示转折复句的完整意义”。在后面学到“虽然……但是……”“无论……都……”“宁愿……也……”等结构时，就会犯一种错误，把后半部分的转折标志词遗漏。这类关键词遗漏的偏误现象，很大程度上是由于目的语的过度泛化所导致的。

（四）学习环境的影响

外部的学习环境对留学生学习转折关系句起到很重要的作用，这里所说的学习环境是狭义的，是指学校环境，主要是教师、教材与课堂氛围等方面客观环境。

1. 教师方面

首先，在课堂上，大部分的汉语教师是用留学生的母语来进行教学，而留学生就习惯用母语的思维来解释所学到的汉语知识，当遇到汉语中与其母语的差异时，留学生就会出现一系列的偏误，这是因为他们受到了母语的负迁移影响。

其次，老师的授课方式主要是以讲授为主，很少让学生真正地参与到课堂当中，可能留学生在课堂上明白了转折关系句的主要知识点，但不知道如何在实际交际中运用，当在交际时就会出现偏误。

最后，汉语教师的师资力量问题。据了解，在外国的汉语教师一部分是本土教师，另一部分是中国的公派教师和志愿者教师。本土的教师可能了解汉语，会在日常生活中使用汉语交流，但对于汉语内部的语法知识把握得不是很准确，这样在教学的过程中就会出现教学困难等问题。另外，中国的汉语教师虽然在出国前都经历了严格的对外教学法的训练，但是这里的老师专业庞杂，没有系统地学习过对外汉语教学的特点，所以在实际的教学中会显得力不从心。

2. 教材、字典等的编写问题

教材是学生学习的重要组成部分。教材的编写失误会直接影响教师的讲解和学生的学习。现存的一些对外汉语教材针对转折关系句的编写方面还是存在着一些问题的，首先，忽视句型教学。语言是有限句子“模型”的组合，句型就是在句法平面上的“句子模型”。对于转折复句这种标记明显的语法项目，我们要抓住句型的基本规律，通过掌握高度概括的句型，教会学生举一反三，灵活运用。而一般教材更注重转折词语的教学，强调“以点带面”，即以转折词语带句子。其次，缺乏相近转折句式的对比分析。一般教材在谈到相近转折词语的区别时，多从语气的轻重角度出发，而相近转折句式的对比分析正是留学生在学习过程中最难以把握的。最后，从篇章角度进行的练习不足。转折复句在语用上的表达功能更多的是在句群中表现出来的，也就是说，留学生只有在篇章当中才能真正完全地学会运用这一语法项目。

（五）学习策略的不当

对于转折关系句的学习，留学生为了提高学习的效率，从而回避了转折关系句中的比较复杂的句式,从而使用更多的是直接转折句,这样还是不能完全地掌握转折关系句的用法,在遇到复杂的语言环境时,就会出现关键词选择不当等偏误的出现。同时,留学生在学习转折关系句时对于关联词的选择太过于依赖教材和词典,在遣词造句时往往会先查看教材和词典,这样在实际交流中,会出现一系列的语法偏误。

三、关于转折关系句的教学建议

(一) 在课堂教学中重视转折句型和句式教学

对于转折关系句而言,本身就具有标记明显、结构清晰的特点,所以加强句型与句式的教学能够让学习者更好地掌握转折句型的运用,减少母语负迁移带来的消极影响,使获得的新的语言习惯能与母语习惯同存而不受其干扰,从而克服一系列的语法偏误。首先,要从形式入手,对转折关系句进行分类,归纳出转折关系句中的标记词,进而归纳出标记句型,分类可参考表 1.其次,要以大量的替换练习为基础,使留学生充分地掌握这种封闭的句型结构,在大脑中形成固定的格式。然后再进行转换和扩展练习,生成灵活多变的句子。再次,转折关系句句型的导入和增加应当由浅入深、由简入繁、由熟悉到陌生,使留学生系统地、有步骤地逐步接受,并形成体系,条理清晰。最后,在强调句型标记的同时,也不能忽视那些非典型标志的成句作用。同时也应注意由于句型教学是一种机械性比较强的方法,在实际操作过程中一定要注意形式上的多样化,避免留学生产生疲劳厌烦情绪。

(二) 把让步转折句与假言转折句作为教学重难点

转折关系句中最简单、最容易掌握、留学生使用最多的是直接转折句,教师在课堂上应该把教学的重难点放在有一定难度并且使用较少的让步转折句和假言转折句上,并加以大量的实际语境中练习,这样就可以避免留学生学习策略不当所带来的一系列语法偏误,使其更加全面运用转折关系句。

(三) 加强转折关系句对比教学

加强转折关系句的对比教学,可以让学生在比较两种或两种以上的转折句式之间的相同点和不同点时,更深入地了解到转折句式的特点。在转折关系句的教学过程中,教师应该注重母语与目的语之间的对比分析和易混淆新旧知识点的对比分析,例如,国籍为韩国的留学生,教师可以对比中韩转折关系句的语序问题。汉语中句式为"虽然今天天气很好,但是我们不想出去玩。"而韩语则是"虽然今天天气很好但是,我们不想出去玩。"将两者使用规则进行对比,突出强调汉语中的转折连词是在后一分句的句首,不同于韩语中连接词是放在前一分句的末尾。另外,教师在讲授转折关系句时会遵循"由易到难"的循序渐进原则,先从简单的直接转折句"……但是……",再讲解让步转折句"虽然……但是……"因而,教师在讲解分析"虽然……但是……"句式时,应该与"……但是……"句式进行比较。这样学生在习得该两种相似的句式时,就能更清晰地知晓两者之间的区别。这是形式上相似知识点的对比分析,教师也应该从意义上相近的知识点进行比较。例如"但是"与"可是""却"之间的对比分析。

(四)加强转折复句的篇章教学

篇章教学是语言教学中的一个热点,它是把篇章作为一个整体来看待,而不仅仅只关注到具体的词或者是句子的分析,它不但能够提高学习者的书面表达能力,并且能够使学习者在口语交际中提高口语沟通的能力。在转折关系句的篇章教学过程中,就要求教师注重转折关系句运用的语言环境,以便于学习者在不同的语言环境中能够选择合适的转折句式,培养他们的语感,再者需要教师注重向学生传达各方面的知识以扩宽他们的知识面,增强语言理解能力。

四、思考与练习

(一)选择合适的关联词填空

1. 我以为走这条路近一点儿,没想到________更远了。

A. 但是　　B. 反而　　C. 然而　　D. 可是

2. 我只想吃蛋糕,________不想吃馒头。

A. 但是　　B. 然而　　C. 却　　D. 倒

3. 从后面用力推车,________它不会动。

A. 但是　　B. 可是　　C. 否则　　D. 其实

4. 机会是留给有准备的人的,________马云怎么能成功呢?

A. 然而　　B. 要不然　　C. 反而　　D. 但是

5. ________不吃饭,________要完成工作。

A. 哪怕……也……　　B. 虽然……但是……

C. 只有……才……　　D. 因为……所以……

6. ________困难再多,________不能放弃。

A. 无论……都……　　B. 不但……而且……

C. 宁肯……也……　　D. 虽然……但是……

7. 大家都很喜欢这个女孩，________她的话不多，________她很爱笑。

A. 不但……而且…… B. 因为……所以……

C. 虽然……但是…… D. 哪怕……也……

8. ________你肯向我保证以后不再犯这样的错误，________我是不会原谅你的。

A. 除非……否则…… B. 除非……才……

C. 只有……才…… D. 只要……就……

9. ________他都主动上门来了，您________见他一下。

A. 即使……也…… B. 既然…就……

C. 无论…都…… D. 固然……也……

10. ________我事先作了充足的准备，________还真不知道怎样应付这种突然出现的问题。

A. 只有……才…… B. 幸亏……才……

C. 如果……就…… D. 幸亏……要不然……

(二) 判断下列句子对错，并将错句改过来

1. 虽然他已经离开人世了，他的精神但是永远存在人们的心中。

2. 我舅舅虽然在香港工作很忙，他也跟他的妻子，小孩儿回家乡。

3. 现在，中国的适龄青年虽然很反感父母的包办婚姻，但是，在现实面前总是不得不妥协。

4. 刚刚，幸亏小明跑得足够快，货架上散落的物品要不然就砸到他了。

5. 即使你很有钱、很有爱心，因为那些留守儿童缺乏的是父母长期的陪伴，也不能用金钱去弥补他们对爱的缺失。

6. 春天来了，花园里的花儿都开了，这对于过敏性鼻炎的患者来说无疑是雪上加霜，哪怕长期呆在家中不出门，但是阻止不了像花粉等致敏物质的传播。

7. 我虽然不喜欢跑步，但是玛丽喜欢。

8. 尽管中国当前的新冠肺炎疫情得到了有效地控制，也不能掉以轻心。

9. 不管你明天来不来，我们都要去图书馆。

10. 虽然他没去过日本，他的日语却说得很流畅。

(三) 补全下列句子

1. ______________________________，反而她笑得很开心。

2. ______________________________，否则，我就将你的事情告诉你的父亲。

3. 虽然这块蛋糕看上去无比诱人，____________________________。

4. ______________________________，然而你的好心他并不能理解。

5. 爸爸，您工作忙我知道。不过，________________________________。

6. 哪怕是1%的不合格，____________________________。

7. 就算您不同意我们在一起，____________________________________。

8. 老爷子的脾气倔得很，即使____________________，他也不会说一句话的。

9. 这家商场宁肯“亏”顾客，____________________。

10. 幸亏我事先做好了准备，____________________。

（四）用所给词语造句

1. 虽然……但是……
2. 尽管……可是……
3. 不管……还是……
4. 宁可……也……
5. 即使……也……
6. 固然……偏偏……
7. 虽说……然而……
8. ……不过……
9. ……反而……
10. ……否则……

第十一章
因果关系句偏误分析

因果关系句中，前行分句说出原因或理由，后续分句说出由此产生的结果。分句之间的关系是“原因”和“结果”之间的关系。因果关系句有两种类型，说明因果关系和推论因果关系两类，是现代汉语中使用频率较高的句型，同时也是对外汉语教学中的重点和难点。

一、偏 误 类 型

（一）遗漏

遗漏是指句子中少了该出现的成分。这种偏误类型主要体现在关联词语的残缺。

（1）*你既然没有什么病，（就）应该来上班。

*既然你不愿意，（就）不要参加这场比赛。

例（1）遗漏了“既然……就……”的后分句关联词语“就”，使语义表达不连贯。

（2）*阿里之所以学汉语，完全是（因为）工作的需要。

例（2）使用的关联词语是“之所以……是因为……”，但是后分句遗漏了“因为”。

（3）*我之所以喜欢流行歌曲，是因为（它）能解决每天的压力和孤独感。

例（3）是“流行歌曲”能解决每天的压力和孤独感，而前面与之搭配的因果连词“之所以”连接的是“我”，前后主语不一致，所以不能省略后一分句的主语。

（二）错序

错序是指句子中某个成分的位置不当或顺序错了。这种偏误类型主要体现在关联词语的错序。例如：

（1）*以前，（之所以）男人看不起女人，是因为她们要靠男人生活。

以前，男人之所以看不起女人，是因为她们要靠男人生活。

（2）*之所以这件毛衣特别珍贵，是因为它是妈妈亲手织的。

这件毛衣之所以特别珍贵，是因为它是妈妈亲手织的。

(3) *之所以他是中国的老师，是因为我喜欢他。

我之所以喜欢他，是因为他是中国的老师。

(4) *之所以安娜取得这么优秀的成绩，是因为她平时努力学习。

安娜之所以取得这么优秀的成绩，是因为她平时努力学习。

当前分句有主语时，关联词语"之所以"应位于主语后边。但是有学生把关联词语"之所以……是因为……"的"之所以"位于主语前边，如例(2)—(4)。

(5) *因为我爸爸很喜欢中国，他所以要我来中国留学。

因为我爸爸很喜欢中国，所以他要我来中国留学。

后分句不管有没有主语，关联词语"因为……所以……"的"所以"都应位于后分句的开头。但是有学生把"所以"位于主语后边，如例(5)。

(三) 误代

误代偏误是由于学习者从两个以上语言形式中选取了不适合于特定语言环境的形式而造成的偏误。这种偏误类型主要体现在关联词语的误代。例如：

(1) *如果你们都那么爱吃花生，就把这块地用来种花生吧。

既然你们都那么爱吃花生，就把这块地用来种花生吧。

(2) *如果问题你都回答上来了，我就把你收下吧。

既然问题你都回答上来了，我就把你收下吧。

(3) *如果你不愿意工作，就辞职吧。

既然你不愿意工作，就辞职吧。

(4) *如果你不习惯，为什么还在这里？

既然你不习惯，为什么还在这里？

例(1)—(4)所表达的意义是推断性因果关系，不过因为受到母语的干扰，学生误用了条件复句的关联词语"如果……就……"。因此，这些例句应改用关联词语"既然……就……"。

(5) *因为她回国了，所以你不要再去找她了。

既然她回国了，你就不要再去找她了。

例(5)同样受到母语的干扰，这个句子表达的意义是推断性因果关系，但是误用说明性因果关系的关联词语"因为……所以……"，应以"既然……就……"来代替。

(6) *他的弟弟得了重病，所以一个星期都没来上课。

他的弟弟得了重病，以致一个星期都没来上课。

(7) *他的脚受伤了，所以几个月都不能起床。

他的脚受伤了，以致几个月都不能起床。

例(6)和例(7)的后分句是表示不良好的结果，不适合用关联词语"所以"，应改用关联词语"以致"才对。

(8) *我跟麦克在一起工作许多年了,以致很了解他的作风。

我跟麦克在一起工作许多年了,因此很了解他的作风。

相反,例(8)的后分句并不表示不良好的结果,不适合用关联词语"以致",应以"因此"来代替。

(9) *因为钱不多,所以我买不到贵的礼物。

因为钱不多,所以我买不起贵的礼物。

例(9)的"买不到"是可能补语,不过前后分句语义不当。"买不到"是在有钱的情况下,想买的礼物却卖光了。因此这种可能补语应该改为"买不起",即表示在想买礼物有的是的情况下,钱却不够。

(10) *我因喜欢太极拳,而想报名学习。

我因为喜欢太极拳,所以想报名学习。

关联词语"因……而……"使用于书面语的说法,在口语当中很少出现,因此例(10)不适合用这种关联词语,应以"因为……所以……"来代替。

(四) 杂糅

杂糅是指句子中存在着几个句法结构而不恰当地糅合在一起。例如:

*场上有侮辱裁判的行为,因而受到禁赛三个月的处罚。

因为在球场上有侮辱裁判的行为,他受到禁赛三个月的处罚。

他在球场上有侮辱裁判的行为,因而受到禁赛三个月的处罚。

"因为"和"因而"是不能搭配在一起的关联词语,因此只能选择其中一个,要么"因为",要么"因而",见上例。

(五) 逻辑关系有误

*既然他上学期的成绩很好,就不能申请奖学金。

既然他上学期的成绩很好,就可以申请奖学金。

上例中"既然……就……"属于推断性因果,由"他上学期的成绩很好",能够推断出来的应该是"可以申请奖学金"。

二、偏误分析及改正策略

第二语言学习时造成偏误的来源有多方面,主要是母语负迁移、目的语知识负迁移、文化因素负迁移、学习策略和交际策略的影响、学习环境的影响。因果复句学习过程中的以上五种偏误原因都存在,但主要有以下三个方面:

(一) 母语负迁移

母语负迁移是指学习者依靠母语知识来学习目的语并造成偏误。如以英语为母语的留学生,在使用因果复句时:

(1) *我喜欢爬山的原因有很多,最主要的原因是因为爬山可以放松我的心情。

我喜欢爬山的原因有很多,最主要的原因是爬山可以放松我的心情。

该偏误的原因主要是在英语中,原因从句的表达是"the reason why ... is because……"翻译为汉语是"……的原因是因为……",但是在汉语中这样表达是赘余,把母语中相近使用规则套用在了汉语上,所以造成了这种偏误。

(2) *既然这是他的问题,你没有必要拿别人的错误惩罚自己。

既然这是他的问题,你就没有必要拿别人的错误惩罚自己。

关联词"就"遗漏的频率较高,汉语的一个主要特点就在于,虚词是语法表达的主要手段。因为"就"在句中意义比较虚,在英语中没有与之相对应的关联词,学习者受到母语的干扰造成关联词的遗漏。

教师在备课阶段,要注重学生母语与汉语两种语言之间的对比,通过对比分析来发现教学的重点和难点,以及学生易错易混点,从而在教学过程中游刃有余;同时,学生在学习过程中,对于母语中没有的知识点要加强记忆。

(二) 目的语知识负迁移

目的语知识负迁移,也称为过度概括或过度泛化,是指学习者以他的有限的目的语知识来学习新的知识并造成偏误。"因为……所以……"是因果复句最典型的标志,因此学生对这个关联词语比较熟悉。在面对不熟悉的关联词语时,学生往往改用他们觉得肯定符合目的语的正确表达,即"因为……所以……"。例如:

(1) 因为他在球场上有侮辱裁判的行为,因而受到禁赛三个月的处罚。

在这个例子中,学生选了关联词语"因为……因而……",实际上这两个关联词语是不能搭配在一起的,但是因为学生不熟悉关联词语"由于……因而……",一看到包含"因为"的选项,学生就马上判断这是正确的答案,正确表达应该是:"由于他在球场上有侮辱裁判的行为,因而受到禁赛三个月的处罚"。

(2) 从此以后,在经历了那件事后,我变得更坚强、更努力了,以至于现在我的成绩在班里算是名列前茅。

在这个例子中(以致—以至于)关联词语"以至于"表示不良好的结果,不过因为学生还不熟悉或者不了解"以致"的用法,他们才改用"以至于"。

教师在教授过程中要对形式或者意义相似的词进行辨析,让学生认识到两者之间在意义以及用法等方面的相同之处与不同之处;同时,学生在学习过程中,要注意对于这种偏误的积累,注意近义词辨析的积累。

(三) 回避的交际策略

这里的交际策略影响主要是指来源于回避的偏误，学习者尽量避免使用还没有把握好的目的语知识，并以简单的说法来代替复杂的说法而造成偏误。例如：

(3) 他的医疗费很贵了，甚至他妻子把首饰都卖完了。

正确表达应该是：

他的医疗费很贵了，以致他妻子把首饰都卖完了。

学生明白原因造成的结果表示不幸的事，但是在表达上却不知该用哪种关联词语，因此他们回避使用特定的关联词语并改用他们所了解的另一个词语来代替，即“甚至”。不过“甚至”这个词语没有表达因果的关系，因此还缺乏连接分句的功能。

教师在教学过程中，可以设计具体的情境，引导学生使用因果复句。或者提供具体的对话内容，让学生自己设计情景，一方面提高学生学习的积极性，另一方面在轻松愉快的环境中提高对该语言点的使用频率。同时，学生在学习过程中要大胆使用新习得的语言点，在犯错中成长。

三、教学建议

针对以上所述的偏误，笔者提出了以下三个相应的教学建议：

(一) 循序渐进的原则

“循序渐进”的原则是指教学中的排列次序要从较容易的语法点逐渐过渡到较难的语法点的原则。在教授因果复句时，教师应适当地安排先教什么，后教什么。比如，先教说明性因果复句，后教推断性因果复句；先教前因后果的关联词语“因为……所以……”，后教前果后因的关联词语“之所以……是因为……”；先教口头上常用的“因为……所以……”，后教书面语的“由于……因而……”等。

(二) 注重交际性

语言学习的最终目的是用于交际。因果复句内说明性因果复句的使用频率最高，表示这种说法具有较强的交际性，因此教师应该先教这个语法点。此外，教师在教授时也必须考虑到学生所掌握的词语，尽量不要超过他们的词汇量，也不要过多涉及书面语的因果复句。教师可以通过设计情景，让学生造句；或者教师提供特定的话题，让学生自己设计情景对话。

（三）从意义到形式

教师在教授因果复句时要先让学生弄明白因果复句所表达的意义，再展示因果复句的格式。比如，在教授说明性因果复句时，教师先列出一系列情景较强的句子，让学生观察并了解其表达的意义，然后教师再归纳它的格式，接着补充解释因果复句关联词语的用法；在教授推断性因果复句时，教师同样先列出体现推断性比较明显的句子，让学生明白推断性因果复句的特征，再归纳格式。这种方法有利于帮助学生区分说明性因果复句和推断性因果复句的用法，并同时避免推断性因果复句常见的母语负迁移的情况。

（四）及时纠错

在第二语言教学中，学生所要达到的目标是习得第二语言。在这个过程中，学生也难免会出现各种偏误。因此，为了偏误僵化，在面对学生的偏误时，教师就要立刻纠正。在纠正错误的同时，教师也必须针对所存在的偏误提供更深入的讲解和练习。教师可以设计改错句的练习题加以巩固学生的理解，也可以通过正误句子的比较，让学生理解语言点的特征并自动改正，但一定注意纠正学生的场合及方式方法，切不可打击学生的学习积极性。

（五）主张"精讲多练"的原则

第二语言教学主张学生通过练习掌握语言点。教师在课堂上要尽量避免过多的解释，而要进行足够的交际性练习。当然，这不表示教师只讲因果复句的公式就让学生做练习。教师必须以实际的情况、用学生已掌握的生词进行解释，以归纳法来总结并让学生做一系列有效的练习。因果复句属于语言点，因此可以从形式上和意义上加以操练，先让学生进行机械性的练习，让学生对目的语规则有较基本的认识，教师需要让学生弄清楚每个关联词语的搭配和语序。之后再用理解性练习加以操练，加深学生对语言点的认识和理解。

四、思考与练习

（一）选取合适的关联词填空

1. 因为身体不舒服，________他没有来上班。

2. ________他不愿意当班长，你就不要勉强他。

3. 既然你不愿意，________不勉强你了。

4. ________外边下大雨，________我打算待在家里。

5. ________父母不同意，________你不要去参加这场比赛。

6. ________你对那部电影很感兴趣，________你买票去看吧。

(二) 将下列句子补充完整

1. 因为明天有考试，________________________。

2. 既然你不喜欢他，________________________。

3. 由于领导不允许，________________________。

4. 我爸爸很喜欢喝茶，因此________________________。

5. 她今天请假了是由于________________________。

6. 他考得很差，可见________________________。

(三) 找出下面句子的错误并改正

1. 因为我发烧了，今天所以没去上课。

2. 之所以他来中国，是因为他想学习汉语。

3. 他之所以到中国留学，完全是工作的需要。

4. 因为明天有急事，因而不能去参加小李的生日晚会。

5. 我俩要完成这个模型是不可能的，要求老师再让我加入别组。

6. 因为我的汉语很好，于是我可以做中泰间的导游。

第十二章
选择关系句偏误分析

选择关系句是由两个或两个以上的分句组成的，每个分句均说出一个可选择的选项，由听话人根据给出的选项进行选择的复句。它在现代汉语书面语中的出现频率较高，应用范围较广，本身也是第二语言教学的重点和难点。

一、偏误类型

(一) 误加

误加指的是根据表达的意思不该运用关联词语，但是多添加了，因为多添加了关联词语，造成了分句间的关系不明晰，表达的意思也容易发生歧义。例如：

(1) *时间过得真快，我来中国已经快一年了，才理解他为什么让我来这里，还是通过这一年的时间我决定了很多的事。

时间过得真快，我来中国已经快一年了，才理解他为什么让我来这里，通过这一年的时间我做出了很多决定。

(2) *现在的人无论是男女还是老少，很多人都在喝酒和吸烟。

无论是男女老少，都在喝酒和吸烟。

“还是”句主要用于表疑问或疑惑的句子，让对方在两个或两个以上的选项中任选一项。例(1)句中“还是”前后两个分句不存在选择的关系，更没有表示疑问的语气，所以句子中的“还是”应该删去。例(2)句中留学生注意到了“是A，还是B”关联词的搭配问题，但是没有考虑到“男女”和“老少”两者不是选择关系，应该删去“还是”。

(3) *如果大家想把国家重建起来的话，应该用本国人民的力量建起来，不要指望其他国家或帮助我国。

如果大家想把国家重建起来的话，应该用本国人民的力量建起来，不要指望其他国家帮助我国。

(4) * 从这一路看,将分成两种生活或,失败或者成功,我呢?

从这一路看,生活将分成两种,失败或者成功,我会选择哪种呢?

(5) * 这时若父母太唠叨,他会产生想从家逃脱的心理或甚至自杀。

这时若父母太唠叨,他会产生想从家逃脱的心理甚至自杀。

(6) * 有的人被男团女团迷住或,然后什么也不做一直追随那个团的明星。

有的人被男团女团迷住了,然后什么也不做一直追随那个团的明星。

"或"表示陈述性选择,各分句列出两种或两种以上可选择的情况,让人来进行选取。例(3)句中"或"的前后没有选择关系,不应该使用这一词。例(4)句中使用了两个"或(或者)",在有些情况下,句中只能用一个"或者",比如:连接两个宾语时。例句:问小明或小方都可以。例句中"失败"和"成功"都是"分成"的宾语,只选用一个"或者"就可以。例(5)句中"从家逃脱的心理"和"甚至自杀"两者的严重程度是逐渐加深的,"或"前后的两个成分并没有选择的关系,不应该使用。例(6)句中"或"前后两个部分是顺承关系,先被女团迷住,后追随明星,没有选择关系,所以不应该使用该词。

(二) 遗漏

遗漏指的是按照句子的意思本该使用关联词语,但是没有使用。由于遗漏了必要的关联词语,导致了分句与分句的关系不明晰,表达意义也不完整。例如:

(1) * 他经常告诉我们对一个事情的看法每个人都不一样,所以没有谁的看法对,或者不对的。

他经常告诉我们对一个事情的看法每个人都不一样,所以没有谁的看法对,或者不对的。

(2) * 现在的两个问题是或者接受环境污染用化肥和农药,或者先解决饥饿问题。

现在的两个问题是或者接受环境污染继续用化肥和农药,或者先解决饥饿问题。

(3) * 如果吸烟者是孩子,或者是孕妇,问题就更严重了。

如果吸烟者是孩子,或者是孕妇,问题就更严重了。

(4) * 人格形成的关键时期一般在初中,或者在高中。

人格形成的关键时期一般在初中,或者在高中。

例(1)句中前后两部分"对"和"不对"构成了选择的关系,应该使用"或者"连接。例(2)句中连接两个分句,主语不一样时,"或者"只能在主语之前,一般情况下要用两个"或者",此句应在前一部分增加一个"或者"。例(3)句和例(4)句中"或者"的前后可以构成选择关系,应当使用此关联词。

(5) * 不管是汉语综合课,还是中国文化课,都应该认真听讲。

不管是汉语综合课,还是中国文化课,都应该认真听讲。

使用含有"还是"的复句,其充当成分常用于表示情况不明的场合。(5)句中,对于是"汉语综合课"还是"中国文化课"情况不明确,所以应该使用"还是"。

(6) * 是的,虽然科技在发展,人们的需求也越来越多,但是我认为,与其将时间浪费在减少产量来制造绿色食品,还不如将精力放在如何使几亿人不挨饿。

是的,虽然科技在发展,人们的需求也越来越多,但是我认为,与其将时间浪费在减少产量来制造绿色食品,还不如将精力放在如何使几亿人不挨饿上。

(7) * 与其老吃使用农药的食品,感到身体不舒服,不如有利于健康的"绿色食品"。

与其老吃使用农药的食品,感到身体不舒服,不如吃有利于健康的"绿色食品"。

"与其 A,不如 B"表示先舍后取的已定选择,实际上说话人已经做出了选择,另一项可以看做选择之前的比较。例(6)句中缺少补语,例(7)句中缺少述语。在使用关联词时,要注意各选择分句的句子成分,注重句子的完整性。

(8) * 所以我宁可少吃,也不要失去自身的健康。

所以我宁可少吃,也不要失去自身的健康。

(9) * 宁可挨饿,也不吃用化肥和农药的东西。

宁可挨饿,也不吃用化肥和农药的东西。

"宁可 A,也不 B"表示在权衡利弊后选择其中的一项观点。一般用在动词前,也可以用在主语前。例(8)句和例(9)句中,都缺少应成对使用的后一部分的关联词,先取后舍类的选择复句要成套运用关联词语,不能只使用其中一个。

(三) 误用

误用,意思是按照句子的含义,本该使用关联词语 A,但运用了关联词语 B,导致了关联词语与句子所要传达的意义不相符。例如:

(1) * 我们在报纸上常看到政客不愿意负责任,或者还是政府官员在发生什么问题时互相推卸责任。

我们在报纸上常看到政客不愿意负责任,或者是政府官员在发生什么问题时互相推卸责任。

(2) * 我们走在大街上很容易听到流行歌曲,不仅或是在卖衣服的店里,而且在大型超市也能听到。

我们走在大街上很容易听到流行歌曲,不仅在卖衣服的店里,而且在大型超市也能听到。

(3) * 因此国家单位和或市政府机关规定,在公共场合吸烟的人将被处罚。

因此国家单位和市政府机关规定,在公共场合吸烟的人将被处罚。

(4) * 以后我想做导游,或者还是翻译,我对这两个方面很有兴趣,也有很多经验。

以后我想做导游,或者翻译,我对这两个方面很有兴趣,也有很多经验。

"或者"多用于表示选择的陈述句,"还是"多用于表示选择的疑问句,例(1)句是陈述句,应该用"或者"。例(2)句中相对于前一分句的意思,后一分句所表达的意思更进一层,没有选择关系,而是递进关系,涉及的范围由小到大,而且最后一个分句有关联词"而且",

所以此处不应该用关联词“或是”,应该用“不仅”。例(3)句中“国家单位”“市政府机关”都规定了“在公共场合吸烟的人将被处罚”,不存在选择关系,不是两者之间选择一个,所以不能用“或”。例(4)句是表示选择的陈述句,应该用“或者”。“或者”句主要叙述、说明两项或两项以上可供选择的情况,用于陈述句。“还是”多用于疑问句,让对方从两项及两项以上中选取一个,如果用在陈述句中,句子中要有表示疑问或者表示疑惑的成分。比如:我真不明白他是真不懂还是装不懂。

(5) *所以我还是认为宁可饿死,也就不能吃污染的食品。

所以我还是认为宁可饿死,也不能吃污染的食品。

“宁可”和“也不”是要成对使用的关联词,表示先选定其中一种,后舍弃另一种,不可以单独使用其中的一个。例(5)句中两个分句间是选择关系,应该将“就”改成“也”。

(6) *首先,到我们国家来的外国人最初见到的是导游,所以导游应该认真讲解,而且还是态度亲切。

首先,到我们国家来的外国人最初见到的是导游,所以导游不但应该认真讲解,而且态度要亲切。

(7) *无论父母思想开放,还是跟孩子思想开放,都可以减少一点儿代沟问题。

无论父母思想开放,还是孩子思想开放,都可以减少一点儿代沟问题。

例(6)句中“态度亲切”比“认真讲解”的意思更进一层,服务质量有所提高,分句之间有递进关系,而不是选择关系,要求选择其中的一种,此句应将“还是”改成“而且”。例(7)句中“跟”表示平等的联合关系,一般连接名词、代词。此句中“父母”“孩子”之间存在选择关系,两者中选择任何一个,如果“思想开放”,都可以减少代沟问题。

(8) *但是那时候我希望听的音乐不是古典音乐,而是就是流行音乐。

但是那时候我希望听的音乐不是古典音乐,而是流行音乐。

(9) *父亲不是只说正直,而是就是他自己也这样做。

父亲不是只说正直,而是他自己也这样做。

(10) *所以,可以说我的一生中对我影响最大的不是别人,而是就是我父亲。

所以,可以说我的一生中对我影响最大的不是别人,而是我父亲。

“不是A,而是B”表示对举关系又称对待关系,前后分句的意义相反相对,表示两种情况或两件事情对立,也就是用肯定和否定两个方面对照来说明情况或表达所要肯定的意思。

“不是A,就是B”表示未定选择,两种情况选一种,即限选关系,分句在含义上彼此排斥,语气较为肯定。例(8)句中,我希望听的音乐是流行音乐,不是两者中的一种。例(9)句中,强调父亲自己也这样做,不是“说”和“做”选择其中的一个。例(10)句中,所要表达的是“对我影响最大的是我父亲”,不是在“别人”和“父亲”中选择一个。以上例句中分句之间不存在选择关系,不是二者中选择一种,而是并列关系。

（四）错序

错序，是指在句子中关联词语的位置摆放不正确。

*国家应关心老年人的生活，或者给老年人安排专业人员到家服务或者，或者建立相关养老机构，让老年人安度晚年。

国家应关心老年人的生活，或者给老年人安排专业人员到家服务，或者建立相关养老机构，让老年人安度晚年。

"或"表示数者选一，是任选关系，说话人态度灵活。连接两个选项时，既能放在每个选项前，也能仅放在最后一项的前面。上例句中把"或"用在了第一项的后面，关联词语位置使用不当。

二、偏误分析及改正策略

（一）母语的负迁移

我们知道一般情况下一个人最先接触的语言就是母语。母语既可以影响学习者对第二语言语音、词汇及语法等方面的学习，也会影响学习者的思维和交际方式。因此，属于同一母语的留学生学习汉语时往往会出现同类偏误。母语的迁移分为正迁移和负迁移两种。

因此，我们在学习外语的过程中，应趋利避害，尽可能减少负迁移带来的影响。

（二）汉语复句本身的复杂性

复句分句间语义关系纷繁复杂，留学生要想正确地使用选择复句，首先，必须要熟悉复句中分句间的逻辑关系，掌握复句特定的语言形式及语法规则。其次，汉语复句关联词语数量大、意义比较虚化、使用频率高，而且经常与语境语用相联系，一些关联词语意义又不唯一，这给留学生学习复句造成了难度。汉语复句关联词语通常是搭配使用，并且搭配使用的对象不唯一。如"不是"可用在"不是……就是……""不是……而是……""不是……还是……"中，这些关联词中有些极为相似，我们中国人可以靠语感或经验来分辨，而对于外国人却难以辨别清楚了。

（三）目的语规则的泛化

来中国学习汉语的留学生基本上都接近成年人，已经有学习语言的经验，在学习母语的过程中培养了抽象思维能力、推理判断能力。他们懂得如何举一反三、归纳总结。刘珣曾提过"学习者把所学的有限的、不充分的目的语知识,用类推的办法不适当地套用在目的语新的语言现象上,造成了偏误,也称为过度概括或过度泛化。"在学习汉语的过程中,当留学生不理解目的语的规则时,就会用类推的方法把母语的语言规则套用在目的语上,就导致过度泛化的偏误发生。留学生习惯选用学习时间早、使用频率高、比较简单的关联词语。他们在使用时往往忽略这些关联词的使用范围、规则、条件等,就是说在新的语言情境和语义关系中过度地泛化了以前学过熟悉的关联词语。这种情况发生在无意识的状态下。

(四) 回避策略的运用

学习效果的好坏与学习策略的选择有着重要的关系。回避策略是学习策略的一种,属于学习者正常、无意识的表现。留学生为了避免错误常常会躲避新学的使用以前学的知识、躲避复杂困难的使用简单容易的知识、躲避陌生的使用熟悉的知识。如上文提到留学生为避免错误而使用自己熟悉的关联词语,使语义和逻辑关系紊乱,产生了一定的偏误。

三、教 学 建 议

(一) 句法、语义、语用相结合的原则

"外国学生学习汉语复句的最终目的是为了能够更加自由地表达思想,而不是研究语法规则。"所以,在教学过程中应该努力做到以意义理解为主,句法教学为辅,在充分埋解的基础上达到言语交际的目的。在学生掌握了语义和句法的基本意义的前提下,还应该进一步强调语用规则。语用规则不一定要专门讲解,而是在潜移默化中输入给学生。在选择复句的教学过程中,应该多举例,并且注意要举不同环境下选择不同句式的例子,有意地将这些句式进行对比,让学生明白在什么环境下应该使用什么句式来表达。

(二) 逻辑关系与语境相结合的原则

在选择复句的教学过程中,首先"要从逻辑关系入手,同时要结合语境,然后适当总结归纳出不同句式的功能和使用条件。"例如:"或者……或者……"从逻辑关系上看是相容命题,表示"或此或彼"的任选关系,各个选择项之间是相容的,可以一项为真,也可两项以上为真;但在一定的语境下,又常常可以表示"非此即彼,必选其一"的限选关系,这时各个选择项是不相容的,只能在选择项中选一个,而且必须选一个。由此可见,在分析选择复句时,不能只进行简单的逻辑关系分析,还应该结合具体的语境,才能够正确归纳出选择复句的语用规则。

（三）精讲多练，循序渐进的原则

循序渐进原则是对外汉语教学的基本原则之一。在教学中，教学内容应由易到难、有由简单到复杂、逐步深化、螺旋式提高。根据《汉语水平等级标准与语法等级大纲》，选择复句的教学顺序大致是：初级阶段出现表示“任选”的句式，中级阶段出现表示“限选”和“决选”的典型句式，到高级阶段综合归纳并深化。它同时指出：“在教学过程中，要贯彻精讲多练，讲练结合的原则，层层深入，反复讲解和练习，循序渐进。”例如：疑问句式“是……还是……”是选择复句最早出现的，一般出现在初级教材，教师可以采纳归纳法教学。首先进行大量的练习，如老师提问、学生提问、学生互答等方式；再引导学生对这一句式进行归纳，归纳出它的结构公式是……还是……，一般用于疑问句；然后再进行巩固练习。再如：“或者……或者……”不止一种用法，但在实际教学中，没有必要一次性将所有的用法都讲完，只要根据课文出现的内容进行讲练其中一种用法，另一种用法可以等到下一次碰到时在进行讲解，到时还可以用“依旧带新”的方法，先复习之前所学的用法，再讲练新的内容，最后将两种用法进行比较，以便于学生理解和掌握这一句式的用法。

（四）对比分析，纠正偏误的原则

对比分析在复句教学中也很重要，能够帮助学生全面而深刻地理解选择复句。在教学中，对比分析可以是选择复句内部不同句式的对比，也可以是选择复句与其他复句类型的对比，甚至可以是与学习者母语的对比。此外，在教学过程中，还可以通过收集学生的偏误语料，进行偏误分析，了解学生产生偏误的原因，从而通过调整教学策略和教学方法来提高教学质量。针对个别学生的偏误，可以进行适当的纠正，以减少学生的偏误。

四、思考与练习

（一）用所学的选择关联词造句

不是……就是……	与其……宁可……
宁可……也不……	或者……或者……
是……还是……	要么……要么……

（二）用所学的关联词完成句子或对话

1. A：你最喜欢的水果________________（是……还是……）

   B：我喜欢苹果。

2. A：让我猜一下你的职业，________________（要么……要么……）

   B：我是老师。

3. A：你一会准备去哪里，____________________（或者/还是）

B：我不去图书馆，去电影院。

4. A：小明去哪里了？

B：____________________（不是……就是……）

(三) 将下列句子补充完整

1. 与其在这么吵闹的环境里待着，不如____________________

2. 我宁可去游泳，也不____________________

3. 我和小明在一起，不是__________，就是__________

4. 你已经大四了，要么__________，要么__________，总要有自己的规划。

(四) 用所给的提示词完成对话

1. “与其……宁可/不如”

A：他要给你画张相，可以吗？

B：(去照相馆)

(五) 用所学的选择句去连接前后两个部分

1. 看书　看电视

2. 喜欢葡萄　喜欢苹果

3. 喜欢游泳　喜欢跑步

4. 明天去书店　明天去游乐园

5. 今天吃中国菜　今天吃韩国菜

6. 明天是晴天　明天是雨天

7. 不买车　出去旅游

8. 点外卖　自己学做饭

如：今天是周六，我们是看书呢，还是看电影呢？

第十三章
“把”字句偏误分析

“把”字句是汉语中常见的一种句式，是对外汉语教学中的重点和难点之一。它的典型语义是强调动词对宾语的影响，强调对宾语的处置，“把”字句的主要句法形式为“主语＋把＋宾语＋动词＋其他成分”。

一、偏 误 类 型

“把”字句是留学生学习汉语的一大难点，在学习“把”字句的过程中，学生有很多偏误，这里针对状语的偏误、与谓语动词有关的偏误、宾语的偏误、补语的偏误四类主要偏误进行分析。

（一）状语的偏误分析

1. 状语在“把”后的偏误

状语在“把”字后的偏误产生原因是学习者没有掌握“把”字句中否定副词、关联作用的副词以及助动词的用法，不知道除了一些熟悉的结构外，“把”字句中的否定副词“不”“没”一般应该放在“把”字之前。

（1）*我把这本书没看完。

（2）*因为最近太忙，我花了一个月把这幅画才画完。

（3）*明天老师讲第二课生词，你把生词应该预习一下。

我们知道，“把”字句中的否定副词“不”“没”应放在“把”字前。因学习者受“否定词＋动词”这一语法规则的影响，他们会把否定副词放在动词前，于是造成了(1)句的偏误。(2)句的偏误是因为不清楚句中表示关联作用的“就、才、便、再、又”等副词的用法，他们一般应该放在“把”字前，而不是放在谓语动词前。还有学习者不知道助动词要放在“把”字之前这一规则，因此造成(3)句这样的偏误。

2. 状语在“把”前的偏误

在通常情况下，“把”字句中的状语一般要放在“把”字前，但在特定的情况下，“把”字句的状语需要放在谓语动词前。于是会产生下面的偏误，例如：

(4) *他往左边把手指了指，说：“看！那就是个大超市。”

句(4)中的“往左边”应该放在“把”字后，因为表示处所的介词短语作状语时，若介词短语主要说明的是“把”后宾语的处所时，它应放在“把”字短语后。句(4)中的“往左边”说明的是“把”字后的宾语“手”。

(二) 与谓语动词有关的偏误分析

“把”字句中的谓语动词一般表示一种处置意义，它能使宾语受到某种作用和影响。因此，句中的谓语动词不能是单个的动词。它的偏误有以下五种：

1. 光杆动词作谓语造成的偏误。例如：

*他把课文看。

谓语部分只有一个动词，而没有任何附加成分，也表示不了谓语动词对宾语的处置意义。

2. 联系动词作谓语造成的偏误。例如：

*他们把这些书有。

“是”“有”“在”等联系动词的意义较为抽象，不表示具体的动作，也没有处置意义，因而不能作“把”字句的谓语。

3. 心理活动动词作谓语造成的偏误。例如：

*弟弟把那只小猫喜欢上了。

句中的“喜欢”属于表示心理活动的动词，没有处置意义，所以它不能作“把”字句的谓语动词。这类动词还有“希望、愿意、知道、后悔”等。

4. 趋向动词造成的偏误。例如：

*他们刚把上海离开。

句中的“离开”是趋向动词。趋向动词虽然是动作性动词，但只表示动作的方向，而不表处置意义。这类动词也不能作谓语动词。

5. 谓语动词缺失造成的偏误。

带有由介词“把”构成的介词短语作状语的动词谓语句。也就是说，在“把”字句中一定要有动词，如果句中没有动词，那就是错误的“把”字句。

*他很晚才把这些工作完了。

“完”是不及物动词，它不是句子中主语的动作或行为，而是主语做出的某个动作行为所产生的结果，因此这些不及物动词不能单独作“把”字句的谓语中心词，而常位于谓语中心词后作结果补语。

(三) 宾语的偏误分析

1. 宾语无定造成的偏误。例如：

*我把一个香蕉吃了。

一般情况下,“把”字句中的宾语必须是有定的。所谓“有定”,就是这个宾语必须是谈话双方都确定的。而上句中的“一个香蕉”为不确定的事物,因而不能用作宾语。

2. 宾语错序造成的偏误。例如:

*我把吃完了那些水果。

“把”字句的基本结构用公式来表示就是:主语＋把＋宾语＋动词＋其他成分,介词“把”之后紧跟的应是宾语,而在本句中,“那些水果”错被放在了句末,因而造成了偏误。

(四)补语的偏误分析

1. 可能补语造成的偏误。例如:

*他把这些功课做不完。

“不完”作为可能补语只表示一种可能性,不能表示确定的结果或变化。学习者没有遵循语义上的“确定性”这一原则,才出现了如此偏误。

2. 趋向补语造成的偏误。例如:

*请你把通知单送回来我家。

若“把”字句中的谓语部分是复合趋向动词,同时句中也有表示处所的词,那么处所词就应该放在复合趋向补语的两个词中间,像上述例句应改为“送回我家去”。

3. 语义指向错误造成的补语偏误。例如:

*大家把歌儿唱唱开心了。

在“把”字句中,状态补语是可以作谓语动词后的补语的,它的语义指向的应是宾语。而例句中的“开心了”的语义指向了主语“大家”。上述句子应该改为“大家唱歌唱得很开心”。

4. 处所补语造成的偏误。例如:

*他把午饭吃在那家川菜饭店。

这个句子从句式上看是“主语＋把＋宾语 1＋动词＋在＋宾语 2”,从语义角度看,句式是表示位移的,即“宾语 1”的位置因为“动词”动作而发生位移。但此句中的“午饭”并未因为动词“吃”而发生位移。这个句子应改为:“他在那家川菜饭店吃午饭”。

以上就是“把”字句的四大偏误类型分析,接下来我们就对偏误的原因进行分析。

二、偏误原因分析及改正策略

下面从学习者母语的负迁移、目的语知识负迁移、交际策略的影响、教师四方面来阐释。

（一）母语的负迁移

母语的负迁移是初级留学生产生偏误的最主要原因。学生在学习新的语法知识的时候，会潜意识地在自己的母语中寻找与之相对应或者相似的语法结构，依靠自己母语的语法规则来模拟新的语法规则，汉英之间为语法差异会导致学生在学习汉语的时候出现偏误。

汉英语法有很大的差异，这也是学生的母语负迁移影响学生产生偏误的最大原因。从语言形态学的角度来讲，汉语语序较为固定，属于分析型语言，而英语语序既相对固定又比较灵活，因此英语是以综合型为主向分析型过渡的语言。这一总特征的差异就会导致学生在学习汉语的过程中出现语序的偏误。从句式上来讲，汉语多用主动式，而英语多用被动式。但是英语中的被动式和汉语中的被动句在语法上又不是相对应的，因此学生在学“把”字句和“被”字句的时候容易产生各种偏误。从语言内涵上来讲，汉语注重达意而英语注重性数一致。在语法结构上来讲，汉语的修饰成分只可前置，而英语的修饰成分可前可后，这也导致学生语序及语法规范上的各种偏误。在汉英语法的差异以及学生在学习第二语言时对母语的依赖，都是学生造成偏误的原因。因为在英语中，没有与“把”字句相对应的形式，“把”字句对学生来说很陌生，因此“把”字句受母语负迁移的影响较前三个语法点来说比较少。

在“把”字句中，母语的负迁移影响的第一个表现是“把”字的回避。因为在学生的母语中，没有与“把”字句相对应的语法结构，因此学生在学习“把”字句的初级阶段会选择回避。另外，在英语中，宾语的前边可以加定冠词也可以加不定冠词，如“a book”“the book”，学生受到母语中宾语的这种无定、有定的负迁移的影响，会造成“把”字句宾语无定的这一偏误，造出“他把一本书拿来”类似的句子。而且英语中的状语可以放在所修饰的谓语中心语的前边也可放在谓语中心语的后边，受母语这一语法规则的影响，留学生会造成状语置后的偏误，如“我把功课给你明天”。

（二）目的语知识的负迁移

留学生在接触新的汉语语法点的时候难以对语法点完全掌握。因此，学生会用所学的目的语知识来类推到其他的语法点上，这种不适当地套用就会导致目的语的过度泛化。

初级阶段的留学生最先接触的是主谓句，所以留学生在写作文的时候会经常回避“把”字，造成“留下了帽子在我的车里面”等偏误。“把”字句表示谓语动词对宾语的处置，即动词使宾语产生某种结果、发生某种变化或处于某种状态，因此“把”字句中往往有补语的成分。学生在学习“把”字句的时候，会认为一切补语都可以作“把”字句的补语，从而造成补语的过度泛化的偏误。

（三）交际策略的影响

交际策略是学习者为顺利进行语言交际活动有意识采取的计划措施或方法技巧。造成偏误的交际策略有很多，但对于“把”字句来说，学习者常用的交际策略是回避。学习者回避大多用已学过的简单句来代替复杂句式，有时也采用沉默的办法。很多学习者在学了“把”字句后，不用“把”字句来表达。如要表述往书架上放书时，应该用“把”字句来表述：“我把书放到书架上。”而有的学习者说的却是“* 我放书到书架上”，这样表述的句子既不通顺也不准确，造成了该用“把”字句却没用“把”字句的偏误。不适当的交际策略，如回避，会使学习者更依赖先前学过的句式，在交际中止步不前。学习者应学会采取积极良好的交际策略，使自身在交际过程中不断自我纠错、自我总结、自我提升，以促使汉语水平不断提高。

(四) 教师

“把”字句的对外汉语教学较为复杂，若对外汉语教师对“把”字句的语法规则了解不全面、掌握不准确、教学方法不适当，都有可能误导学习者。对外汉语教师不但要掌握汉语语法特点，也要有针对性地了解学习者母语的基本语法特点。如在教授以英语为母语的学习者“把”字句时，就要预先强调“把”字句中的宾语一般情况下是已知的、有定的。使学习者从一开始就知道“把”字句宾语的限制条件，在学习过程中尽量避免因母语知识的负迁移而造成的偏误。

三、教 学 建 议

“把”字句是汉语特有的一种句式，在对外汉语教学中取是令众多学习者困惑不已的难题。“把”字句教学应采取什么样的教学对策以尽量减少偏误的产生，这是值得探讨的。

(一) 循序渐进教学法

在对外汉语“把”字句教学中，应根据学习者的学习阶段、水平、国别，遵循学习者对“把”字句的认知规律，采取从易到难、从简到繁、从具体到抽象的循序渐进的方法进行“把”字句教学。

“把”字句句式较为复杂，有些句子中包含多个语法难点，在教授这样的句式时，首先要把句式中简单的语法点解释清楚，然后再对较难的语法点进行讲解，在弄清各种语法点的基础上，再将其组合到一起综合练习。如可以从基本形式：“我把论文写完了”，到加入限定的形式：“我已经把论文写完了”，然后到否定形式：“我还没把论文写完”，最后到疑问形式：“你把论文写完了吗”。由此可以看出，句式结构由简单到复杂，由一般陈述句深入到否定句、疑问句，呈现递进式教学，符合学生的接受规律。

(二) 注重语义教学

“把”字句的偏误分析表明，学习者对语义理解不透也会产生偏误。因此，应该注重

“把”字句的语义教学。“把”字句的语义抽象、语义类型较多，教师在讲解语义同时，要依托具体的句式结构。例如，“把”字句表示使某人或某物处于某种状态的意思，需要借助“S＋把 N＋V＋着”的句式结构。

为了将抽象的语义化为学生可知的意义，教师可以通过动作、设置情景等。例如，教师做出把书递给某个同学的动作，学生可以通过动作发现物体位置的移动。这样容易让学生理解“把”字句的位移义。教师还可以制做一些教具（如实物、图片、幻灯片、flash 等等）或者必要的语料方面的准备，例如：当讲“把门关上、把纸捡起来、把这束花给她”等这样的句型的时候，就完全可以用相对应的图片或充满动感的动画来向学生展示，这样做将能够更有利于学生具体理解抽象的概念，并且加强对抽象句子的语义的解读。

（三）正确纠正偏误

学习者在“把”字句学习的起始阶段，是“把”字句语义概念和句法结构的形成阶段，这各阶段应该及时纠正学习者所犯的错误，严格要求，以避免学生养成错误的语言习惯，对之后的学习起到阻碍作用。

在学生学习了一段时间“把”字句以后，无论程度好还是程度不好的同学都还会存在一个共性的问题，就是不能确定在什么样环境下正确使用“把”字句，而在什么样的环境下错误使用“把”字句。针对这个问题，教师可以搜集一些学生在日常生活中经常容易出现错误的句子来以课堂练习题的形式出现，让学生在教师的帮助下能够一起对这些句子进行准确地分析和有效地改正。例如：

（1）*他去上课把衣服穿。

（2）*父亲把花送。

（3）*我把雨伞应该放这里。

（4）*他把牛奶昨天才放到冰箱。

学生在课堂上分析自己在日常生活中常见的句子，找到其中出现错误的地方，认识到这些错误产生的原因，并能够在以后的学习生活中尽量避免。和其他练习方式相比，这种练习对留学生来说是不容易的，但是这种练习却也是必不可少的，因为这样的练习有助于留学生减少甚至避免再次出现类似的错误。

四、思考与练习

（一）把下面句子改成“把”字句。

1. 雨水淋湿了小飞的衣服。

2. 同学们交给我一项任务。

3. 姐姐送给我一件最有意义的礼物。

4. 妈妈，晚饭我已经做好了。

5. 一座堤坝被凶猛的洪水冲垮了。

(二) 替换练习。

a. 把	空调	打开	吧	。	
	窗帘	拉开			
	门	关上			
b. 我	把	鲜花	送给	那位美女了。	
		父亲节礼物		父亲	
		开题报告		老师	
c. 他	把	那一蓝苹果		吃光了。	
小李		衣服		洗完了	
莉莉		电影票		买到了	

第十四章 被动句偏误分析

被动句作为汉语的一种既特殊又重要的句式，是汉语语法研究中的一个值得深入讨论的问题。被动句可以分为两种类型：一类是有标记的被动句，被字句是有标记的被动句的典型句式，如：饭被小王吃了。一类是无标记的被动句（意义被动句、概念被动句），例如：饭小王吃完了。汉语被动句一直以来受到语言学界的关注和重视，对外国学生而言汉语被动句是汉语语法中的突出难点。

一、偏 误 类 型

（一）“被”字句的偏误

1. 语序的偏误

① 施事与受事语序的偏误

（1）*那个电影被我感动了。

（2）*那个孩子的话被我哭笑不得。

（3）*食堂的菜被我们闹肚子。

这些例子来自韩国和日本的学生。汉语的主动句的基本语序是主谓宾，而韩语和日语的基本语序是主宾谓。想表达被动意义，他们却受母语的影响，将主语放在了宾语的位置上，将宾语放在主语的位置上。于是造成了语序的偏误。要用被动句来表达误例的意义，那么就必须遵从汉语被动句的结构将受事提前作为句子的主语。可改为：

（1）我被那部电影感动了。

（2）我被那个孩子的话弄得哭笑不得。

（3）我们被食堂的菜弄得闹肚子。

② 状语位置的偏误

表示否定、能愿的状语，汉语一般要放在“被”字之前。如：“汽车没有被人开走”“我不愿被他看见”。

“被”字句中，否定词和能愿动词位于标记词“被(叫、让)”前是被动表述的重要特点。否定副词和能愿动词在有标记被动句中位置与主动句不同，主动句中否定副词和能愿动词位于动词前，留学生往往根据主动句的语序，把它们放在了动词前，而不是标记词前，这样就造成了语序的偏误：

(4) *他的钱包被小偷很可能偷走了。

(5) *杯子被没有打破。

(6) *那件事被她会知道。

例中“很可能”没有”“会”应位于“被”前。所以上列句子应改为：

(4) 他的钱包很可能被小偷偷走了。

(5) 杯子没有被打破。

(6) 那件事会被她知道。

2. 成分偏误

① 主语的偏误

汉语“被”字句的主语应是确知的事物，一般要求是定指成分而不能是不定指成分。人称代词，专有名词、这/那(+量词)+名词是定指的典型形式。即使没有有定标志的，在具体交际中也是确知的某一事物或某些事物，如：“(书呢?)书被拿走了”。句中的“书”一定是确定的书，而不是泛指的。

在韩国等国家，受事可以由不确定的体词性单位充当。所以留学生会犯以下错误：

(7) *两张电影票被她扔了。

(8) *一个人昨天被砍掉了一只胳膊。

汉语在缺乏语境的情况下，“两张电影票、一个人”是不能作“被”字句的主语，除非在前面加上定指成分。改正如下：

(7) 那两张电影票被她扔了。

(8) 有个人昨天被砍掉了一只胳膊。

② 谓语偏误

A. 遗漏介词“被”

留学生在用“被”字句时，会遗漏“被”，造成偏误。如：

(9) *小王打了。

(10) *小吴责怪了一通。

(11) *因为他破坏纪律，他学校开除了。

B. 误用形容词作谓语

与不及物动词一样，因为不能对受事产生影响，形容词不能作“被”字句谓语，但有的留学生在造句时谓语常用形容词：

(12) *今天他家才被干净了。

(13) *我的衣服被小孩儿脏了。

(14) * 交通秩序被乱了。

例中形容词"干净""脏""乱"对主语是不带处置意义的，是不能作"被"字句的谓语的。例(12)(13)可在"干净""脏"前加及物动词，让"干净""脏"作补语，如：

(12) 今天他家才被打扫干净了。

(13) 我的衣服被小孩儿弄脏了。

例(14)我们可以去掉"被"，让形容词直接作谓语，改正为："交通秩序乱了"。但若要强调事实是由于外界的原因而造成的，我们也可以用"被"字句来表达，加上意思相近的及物动词，让原形容词作补语，可改正如下：

(14) 交通秩序被扰乱了。

③ 误用某些及物动词作谓语

由于汉语中动宾结构作谓语的特殊性，不少留学生错误地进行"类推"，如：

(15) * 我们被领导讲了学校的情况。

(16) * 她被医生告诉了重病。

就句子的主语与动词的关系而言，这些句子的主语不是后边动词的直接受事对象，二者之间不存在直接的受—动关系。例(15)(16)中的谓语"讲、告诉"这类可带双宾语的动词，前边的主语"我们""她"在意义上是动词的间接受事，不是直接受事。讲了学校的情况""告诉了重病"不能作"被"字句的谓语。这些例子都不能用"被"字句来表达，而该用主谓句，可改为：

(15) 领导给我们讲了学校的情况。

(16) 医生告诉她得了重病。

④ 误用光杆动词作谓语

在所收集到的误例中，"误用光杆动词作谓语"这一类数量最多。汉语的"被"字句必须表示受事主语所受到的影响，因此谓语动词后要体现这种影响所产生的结果。"被"字句的动词后面常带些后附成分，这些成分就是说明受事受到影响之后的结果的。由于这个原因，"被"字句的谓语动词在通常情况下不能是光杆儿动词。这是"被"字句受语义内容制约而产生的一个结构上的特点。动词后边通常有：补语、宾语、动态助词"了""过"等。如："那些旧杂志被扔了(动态助词'了')""他们被老师批评过(动态助词'过')""他被父亲打了一顿(数量补语)"。

动词前边如果有某些状语(能愿动词、时间词语等)，动词后可以没有后附成分，如："一切丑恶的现象[应该]被消灭"。

我们来看以下偏误：

(17) * 那件雨衣被我父亲买。

(18) * 昨天他被批评。

这些"被"字句中的谓语都是动词的简单形式，即光杆动词。其中例(17)的动词"买"是单音节动词，无后附成分，不能体现受事主语受到这一动作的作用或影响的结果。动词后要有表示完结、结果的成分，不能是光杆动词。应改为："那件雨衣被我父亲买了（加动态助词）"或"那件雨衣被我父亲买下了（加动态助词和趋向补语）"

例（18）的动词"批评"是双音节动词，在现代汉语，除了具有结果意义的双音节动词如"解散、消灭、推翻、扩大、打倒、分开"等可在"被"字句中单独作谓语，如："地主被打倒"，其他的双音节动词不行。要纠正例句，我们可以在动词后加上附加成分，如："昨天他被批评了/一顿（加动态助词或者动态助词和数量补语）"或者在动词前加上状语，如："昨天他已经被批评"。

（二）无标记被动句的偏误分析

根据偏误的不同类型，我们将无标记被动句的偏误归纳为以下五类。

1. 主语使用偏误

这类偏误主要体现为主语无定造成的偏误，以母语为英语的学生为主。"有定"就是要求主语是谈话双方都知道的，或者是确指的某一个；"无定"是指主语所表示的人或事物属不确定的，是任何一个或者任何一些。在我们的调查问卷的同一道改错题，学生的改错方式有如下四种：

一件衣服买贵了。

（1）* 一件衣服买太贵了。

（2）* 一件很贵的衣服买了。

（3）* 一件衣服买了贵。

汉语的受事主语的一个重要特点是句子的主语一般是定指或已知的。所以主语前一般不出现"一个，……"这种不定指的词语，而学生犯这样的错误说明对这一语法点学生还是没有完全明白汉语被动句的受事主语的定指问题。

除了主语有定，无标记被动句的主语还有另外一个特点即一般是无生命体。主语是无生名词时，留学生们很好理解，它们本身不可能发出谓语动词所表示的动作，整体语义已经含有被动含义，所以不再需要添加"被"等表被动的标记词，如："信写好了。咖啡煮好了。"按照母语为汉语的人的使用习惯，主语是无生命的名词时，我们不会在动词前加上"被"而成为被字句。调查证明，这类误添加"被"的偏误也是少数的。

可主语是有生命的名词时，它一定具有不会被认为施事的特征，如："小偷抓住了。病人治好了"。在这里，我们不需要说"那个病人治好了"，"那个小偷抓住了"，这样的句子不存在偏误，也不会产生歧义。但是我们将"病人""小偷"换成同样的有生名词"张三抓住了"，句子却不能成立，必须在前后加上语境，提供别的信息，我们才能判断其到底是施事还是受事。

"小偷""病人"是一类有特殊身份特征的词语，并且在我们的语用习惯上它们分别对应于"警察"和"医生"，小偷一般是被警察抓住的，病人般是被医生治好的，所以在这里施事和"被"字的不出现，并不会影响我们对句子的判断。

2. 谓语使用偏误

在无标记被动句中，主语是谓语动词的受事。在形式上，“被”字句一般不能由光杆动词担任。为表达结果语义，汉语常用的方式就是在动词后带上各种补语。

① 遗漏后面的补语或者助词。如：

(1) *咖啡煮。

(2) *工资发。

如果给前两个句子分别加上助词“了”，或是在前两个动词后分别加上“好了”“完了”作为结果补语，句子就完整了。

② 谓语动词的位置错误。如：

(3) *洗衣服已经干净了。

改句：衣服已经洗干净了。

③ 误用形容词作谓语。如：

(4) *我不小心把手机摔在地上，手机坏了。

改句：我不小心把手机摔在地上，手机摔坏了。

3. 宾语使用偏误

这类偏误主要体现为残缺宾语或者多余宾语的现象如：

(5) *如果跟现在一样，女孩子穿得乱七八糟，头发也染上了，就会……

改句：如果跟现在一样，女孩子穿得乱七八糟，头发也染上了颜色，就会……

我们可以说“头发染红了”，不需要再加宾语，但是“头发染上了”后面要加上宾语才能使句意完整。

4. 状语使用偏误

状语使用的偏误一般体现在位置的错误。在无标志被动句中，状语的位置一般位于主语之后，谓语之前。

(6) *这款手机卖的很快应该。

改句：这款手机应该卖得很快。

5. 补语使用偏误

① 补语的遗漏

留学生使用补语时常常遗漏位于谓语动词后面的补语成分，如：

(7) *煤气快用了。

(8) *窗户打了。

如果在后面分别加上“完”“开”，这些句子就完整了。

② 补语的误用及其位置的错误

(9) *汉字写得很难。

改句：汉字很难写。

学生把该用作状语的成分用成了补语：

(10) * 衣服已经洗了干净。

改句：衣服已经洗干净了。

学生明显对无标记被动句的结构“受事主语动词其他成分”还缺乏了解。助词“了”应该放在句尾表示动作或者状态的结束。

③ 补语与谓语动词搭配的错误

汉语中定界成分非常丰富，留学生在使用补语时，常常犯搭配错误，如：

(11) * 我不小心把手机摔在地上，手机摔倒了。

(12) * 妈妈下班回来的时候发现，晚饭做得完。

这两个句子说明学生懂得补语的结构和位置，但是由于基础不扎实，搭配有误，正确句子应该是“手机摔坏了”和“晚饭做好了”。

二、偏误原因分析及改正策略

第二语言学者偏误的来源是多方面的，是由多方面因素造成的。以下我们从母语负迁移、目的语知识负迁移和交际策略的影响三个方面来分析被动句的偏误来源。

(一) 母语负迁移

母语负迁移在无标记被动句的各个方面都有表现。英语中的受事主语可以是无定的，不一定要定指，母语为英语的学生曾在改错题中将“一件衣服买贵了”改成：“一件衣服买得很贵”。这就出现了主语使用的偏误，属于母语负迁移。另外，母语负迁移还表现在“是……的”句式中误添“被”。学生会出现以下偏误：

(1) * 这本书是去年被出版的。

(2) * 这篇论文是什么时候被发表的?

这些错句的学生大部分有着英语母语背景，我们认为这跟英语中的强调句负迁移有关。英语强调句的结构为“被强调部分句子其他成分”，如：“这个决定是做的”。当翻译成汉语时，我们使用“是……的”来表达强调作用，却不用“被”字句。

(二) 目的语知识负迁移

目的语知识的负迁移是指学习者把他所学的有限的、不充分的目的语知识，用类推的办法不适当地套用在目的语新的语言现象上，造成了偏误，也称为过度概括或者过度泛化。类推和泛化是很多第二语言学习者使用的一种学习策略，特别是对中高级的学生来说，他们已经慢慢形成对目的语的语感，对目的语的知识也日趋增长，受其影响也越来越大。在无标记被动句的学习中出现偏误最多的莫过于留学生在无标记被动句中加入标志词“被”。

一些中高级学生在学习了有标记型被动句后，记住了有标记被动句的固定格式，于是认为只要表达被动意义，就应该使用被动标记，于是出现了这样的例句：“那所房子是被他们盖的”。这一例句表示被动意义但句子的主语是无生命体，不具有施事能力，所以不需要用被字句。这是新学知识对已有知识的渗透，造成“被”字句的泛化现象。

(三) 交际策略的影响

第二语言学习中的交际策略是指学习者在交际活动中遇到困难时，为了顺利利用目的语进行交际活动而采取的措施。造成偏误的交际策略有很多，在无标记被动句习得方面中体现得最多的是回避策略的使用。

回避的方法有很多，沉默不开口，或者在交际中以简单句式代替复杂句式，尽量避免使用自己没有把握的某一语法或者句式。我们调查发现，留学生回避使用无标记被动句的方法有将有标记被动句代替无标记被动句，既有直接添加“被”字的，也有添加“让”“受”的，如：“工资被发了。工资让他发了”。

学生这样的处理，说明他们其实明白受事主语与谓语动词之间的语义关系，但是不确定该如何表述这种被动关系，变误加“被”字。

三、教 学 建 议

(一) 正确纠正偏误

母语负迁移对二语习得产生的影响甚至造成的偏误在所难免，但是错误的出现也未必不是件好事。认识和改正偏误的过程即是留学生不断加强学习目的语规则、内化自身知识结构不断向目的语靠拢的过程。作为教师，母语负迁移的影响既然无法回避，就应该对其加以利用，做好对比分析和偏误分析工作，对部分可能产生的偏误通过语言对比加以预测和纠正，以便在教学过程中掌握主动。对差异大的地方给予更多重视，从一开始就提供正确的示范，并辅以严密的引导和更多的操练，让学习者正确地模仿、记忆和运用，从最大程度上避免偏误的发生。

(二) 注重操练

目的语知识负迁移出现的原因有被动句本身就是难点这一因素。因此，教师要重点讲解“被”字句的结构和被动句本体知识。首先从“被”字句使用情况开始设计。对学生解释“被”字句的基本结构(NP_1＋被＋NP_2＋VP)。让学生了解“被”字句的意义和基本的语法结构。对初级阶段的学生来说,尤为重要。另外,教师要强调练习操练、培养语感。注重操练,做练习时注意培养“被”字句的语感。通过游戏的操作来培养学习者的兴趣和语感。因为在教语法的时候,教师最害怕学生感觉到枯燥。所以教师教语法时,尽量用游戏的方式练习。这样学生感觉到很轻松,而且在有条件的情况下进行游戏,这样对培养和提高语感都有帮助。

(三) 运用情景教学

学习者之所以采取回避等交际策略,有如下原因:比如,无标记被动句,一般都可在不改变谓语动词的情况下经过适当调整加工,改变为意思基本相同的主动句,这是他们回避使用此句型的原因;另外,无标记被动句和“被”字句在某些情况下可以互换,并且在表达依然能为母语是汉语的人所接受是导致留学生将无标记被动句误用为“被”字句的主要原因之一。

高级阶段的学习者已经超过了理解“被”字句的程度。高级阶段的学习者希望恰当的情况下运用恰当的“被”字句格式来表达。但“被”字句对他们来说,还是挺难的汉语特殊句式。很多高级阶段的学生故意回避使用“被”字句来表达。因此,教师应该尽量给学习者运用“被”字句来表达的情景,运用情景来进行被动句教学。

四、思考与练习

(一) 判断改错题。

1. 那棵树被倒了。 (　　)
2. 小王被妈妈骂。 (　　)
3. 我的书被脏了。 (　　)
4. 家里的门给锁起来了。 (　　)
5. 晚饭做好了。 (　　)

(二) 选择题。

1. 下面句子不是被动句的是(　　)

A. 你怎么让人打了?　　B. 王警官中弹了。

C. 小猫晒太阳。　　D. 爸爸让我烧开水。

2. 下面被动句正确的是(　　)

A. 考试被我考好了。　　B. 这辆车被我推了。

C. 坏人被警察抓走了。　　D. 小明被找不着了。

第十五章
比较句偏误分析

比较句是对外汉语教学中一个重要的语法点,《汉语水平等级标准与语法等级大纲》中明确地指出了留学生需要掌握的比较句句式,"比"字句、"有"字句、"没有"句、"跟……一样"句等等。比较句中一般包含四个部分:比较前项X、比较后项Y、比较词、结论项W,我们从这四个部分,并从四个方面来探讨比较句的偏误。

一、偏 误 类 型

(一)遗漏

在语言交际中,人们在保持语言交际畅通的前提下,力求用最小的符号来包含最大的信息,常常会省略句中的一些成分,但汉语学习者在语言掌握不够熟练的情况下,往往会主观的省略自己认为的不必要的部分,从而造成遗漏偏误。

1. 比较项中的遗漏

(1) *我比你的头发长。

(2) *我的头发比你长。

例(1)例(2)两句省略前的比较前项是"我的头发",比较后项是"你的头发",比较前后项本是相同的句法结构和语义范畴。而"你""我"则因不当的成分省略而使比较对象造成了差异,应加上"的"构成"的"字短语,才能保持相同的语义范畴。在"比"字句中,人们习惯省略比较后项的成分,保留比较前项的完整性,因此正确的省略表达应该是"我的头发比你的长"。

(3) *我喜欢电影跟你的不一样。

例(3)比较前项为"我喜欢电影",属主谓结构,而比较后项"你的"是定中偏正结构,是由于比较前项"的"的遗漏,所以在句法结构上不能构成比较,正确表达应该是"我喜欢的电影跟你的不一样"。

(4) *俊杰有那么高。

(5) *山本比别人的多。

例(4)例(5)两句的句法结构完整,但语义指向不明确,缺少了语义环境或者比较对象,不能知道“俊杰”有多“高”,“山本”比别人“多”什么,应根据实际情况将句子补充完整,使语义清晰,例如“俊杰有门框那么高”“山本的书比别人的多”。

2. 比较词中的遗漏

(1) *我不你高。

(2) *听说你们国家的水果价格这里一样。

(3) *这个房间三个教室那么大。

这几句的偏误就是比较词的遗漏,在学习者刚接触比较句时,对比较句式掌握不熟练,会出现该类遗漏偏误,正确表达应该是“我不比你高”“听说你们国家的水果价格跟这里一样”“这个房间有三个教室那么大”。

3. 结论项中的遗漏

(1) *今年的天气没有去年的。

(2) *这个字没有那个字。

(1)(2)两句主要是缺少了结论项中心语,无法确定比较项所比较的方面、范围,应根据实际情况补充完整,例如“今年的天气没有去年的热”“这个字没有那个字难写”。

(3) *这个电影比那个电影有意思多。

“比”字句的比较结论中心语可以连接程度补语或数量补语。程度补语多不能独立进入句中作补语,必须在前面加上“得”或者后面加上“了”,例(3)表达应该是“这个电影比那个电影有意思得多”或“这个电影比那个电影有意思多了”。

(4) *山本汉语说得比马克一点。

(5) *我的听力比刚来中国的时候很多。

例(4)例(5)这里误把比较项的补语当作比较项,而使句式缺少了比较项,“比”字句中这种补语应紧跟比较项后,应根据实际情况补充完整,例如“山本汉语说得比马克熟练一点”“我的听力比刚来中国的时候好很多”。

(6) *马克没有山本看书。

(7) *我没有玛丽那么看电影。

(8) *山本比我唱歌。

“有/没有”句,“比”字句中的比较项可以是动词性成分,但这个动词性成分必须具有程度变化的区间,一般是表示度量的动词,在形式上可以受“很、非常”等程度副词的修饰,一般是心理活动动词或能愿动词,例如“爱、喜欢、能、会”等。所以规范表达可以是“马克没有山本喜欢看书”“我没有玛丽那么爱看电影”“山本比我会唱歌”。

(二) 误加

误加偏误会造成结构上的冗余,表达上的偏误,误加存在于结论项中较多。

1. 结论项中的误加

(1) *哈尔滨的冬天比上海的冬天很冷。

(2) *日本的水果比中国的太贵。

充当"比"字句的结论项的主要是形容词,而且应该是能表示程度差异的性质形容词。虽然性质形容词能受副词的修饰,但充当"比"字句的结论项时不能再用"很、非常、太"等副词来增强表义。因此例句中充当状语的副词成分都属于误加偏误,应当去掉。若要表示比较项之间的差别程度,可在结论项后加"一点儿""一些""得多"等补语修饰,例如"哈尔滨的冬天比上海的冬天冷得多""日本的水果比中国的贵一些"。

(3) *马克有山本非常喜欢唱歌。

(4) *他没有我很高。

"有"字句和"没有"句,表示的是比较前项达到了,或未达到比较后项所具有的某个特征,不表示比较对象之间的差异,因此一般用"这么、那么"来突出程度,而不适用其他程度副词。所以要将句子的程度副词"非常、很"改成"这么、那么",例如"马克有山本那么喜欢唱歌""他没有我这么高"。

(5) *她有我高一点儿。

(6) *首尔的人没有北京多一些。

(7) *这本书不比那本书贵十块钱。

有的比较句结论项中心语后可以连接数量补语、程度补语,例如"比"字句,"她比我高一点儿",但"有"字句、"没有"句、"不比"句后不可以连接补语成分,这里"一点儿""一些""十块钱"为误加成分,需要删去。

2. 句尾"了"的误加

(1) *吃蔬菜水果比吃垃圾食品健康了。

(2) *晴天的月亮比阴天的月亮明亮了。

句尾"了"表示新情况的出现,起成句煞尾的作用,有的学习者喜欢在句尾加上"了"表示句子的结束,但是"比"字句表示的是"已然"的比较,不需要在句尾加"了"表示结束,应删去。

(三) 误用

1. 比较项中的误用

(1) *身体健康比哪儿都重要。

比较句中,疑问词可以表周遍义充当比较项,而疑问词的选择则与它所指代的功能有关,例(1)的"身体健康"作为一件事情不能用表示地点、处所的"哪儿"指代,而应该使用"什么",正确表达为"身体健康比什么都重要"。

2. 比较词中的误用

(1) *那座山比 5 000 海拔那么高。

（2）*他不比我那么努力。

这里两句话都是“比”字句和“有”字句的误用，将比较词“有”误用成了“比”，主要是由于学习者对比较句句式掌握不牢造成的偏误。

3. 结论项中的误用

（1）*小丽的脸有苹果那么通红。

（2）*山里的夜晚比城里的夜晚漆黑得多。

一般情况下，比较句的结论项用来表示比较的差异，但比较项需要由具有程度变化区间的词来充当，“通红”“漆黑”属于状态形容词，本身就表示特定的状态和程度，且程度较深，不能再加程度副词或补语来修饰，可改为相应的性质形容词，“红”“黑”。

（3）*马克的身体比山下的重。

（4）*日本人口比中国人口小很多。

（5）*我弟弟比我少五岁。

“比”字句的这里的结论项的误用使结论与比较对象不匹配。我们一般说“身体健康、身体好”，而不用“轻重”修饰；“人口”使用“多少”来描述，而不用“大小”来判断，而“年龄”则用“大小”来表述。例句的正确表达可为“马克的身体比山下的好”“日本人口比中国人口少很多”“我弟弟比我小五岁”。

（6）*我的房间有他的房间那么小。

（7）*王明跑得没有马克那么慢。

《实用现代汉语语法》中指出：“表比较的‘有’字句中所用的形容词，一般都是长、宽、高、粗、大、深等，而不用短、矮、细、小、轻、浅等”。①可见在“有”字句中，结论项总是选择表积极义、褒义的词语来充当，而在强调等特定语义中才会使用消极义、贬义的词语。因此在没有特定语境的情况下，应将“小”换成“大”，“慢”换成“快”。

（8）*我的汉语比你好多少。

（9）*我的汉语不比你好得多。

“比”字句和“不比”句中常出现结论项补语的误用。“比”字句的补语用来突出程度，常会用“得多、多了、一些”，“不比”句中结论项的补语是用来弱化程度，常选用“多少”。正确表达例如，“我的汉语比你好一些”“我的汉语不比你好多少”。

（四）错位

1. 比较项中的错位

（1）*跟你的头发一样长她的头发。

（2）*马克的汉字写得好比我。

（3）*我的汉语水平提高了很多比刚来中国的时候。

---

① 刘月华：《实用现代汉语语法》，北京外语教学与研究出版社 1983 年版，第 839 页。

一般情况下，在比较句中，比较前项是比较主体，比较后项是比较客体，例句正确表达应该是，“她的头发跟你的头发一样长”“马克的汉字写得比我好”“我的汉语水平比刚来中国的时候提高了很多”。

2. 结论项中的错序

(1) *他不比你唱歌更会。

(2) *他那么有马克高。

(3) *山本这么跟我一样喜欢汉语。

比较句中的能愿动词和程度副词常位于结论项中心语前，因此例句正确的语序是“他不比你更会唱歌”“他有马克那么高”“山本跟我一样这么喜欢汉语”。

(4) *山本的汉语学得比我一点儿好。

(5) *我比他两岁大。

(6) *马克比我五厘米高。

补语是用来补充说明比较差异程度大小的，结论项中的程度补语、数量补语要放在中心语后面，正确的语序应该是“好一点儿”“大两岁”“高五厘米”。

(7) *你有她学习汉字那么喜欢吗？

比较句中出现两个动词，根据语义关系可知比较的结论项是“喜欢”，那么“学习汉字”应作为其后的宾语存在，正确的语序应该是“你有她那么喜欢学习汉字吗”。

二、偏误原因分析及改正策略

(一) 教材、教师的原因

比较句的内容庞杂，而关于比较句的分类，《汉语水平等级标准与语法等级大纲》中明确地指出了留学生需要掌握的比较句句式，如：(1)形容词＋(一)点儿，(2)A跟B一样/不一样，(3)“比”字句，(4)A不如B(＋形容词)，(5)最＋形容词，(6)更＋形容词/动词，(7)A有/没有B(这么/那么)＋形容词等等，甲级3种，乙级4种，丙级3种，丁级6种，可见比较句在汉语学习中种类多、数量大。

比较句有共同的特点，每一种句式又有其自身的句法规则和语义范畴，而在教材中对每一种句式的切分不够细化，例如“比”字句，《汉语水平等级标准与语法等级大纲》将其切分为四个等级，而在一般的对外汉语教学中，“比”字句只出现在基础阶段，甚至将“比”字句的所有形式都集中在一个较短的时间教授给学生，不分难易、忽视繁简，学习者难以掌握完全，在初级阶段出现的偏误，到中高级还会出现。

比较句的肯定与否定形式在句法、语用上不对称，增加了学习者的学习量。对于“比”字句的否定式，大部分教材只是简单的指出“不比”句、“没有”句和“不如”句，而这三种否定式之间语用规则、语义范畴之间的差别却很少有详尽的解释，只有在教师指导时才能体会其中的不同。如果教师在讲解时再忽略这一点，那么学习者只会生搬硬套句式，容易造成语用偏误。这就要求在讲解时需要结合具体的例子，培养学习者辨别和分析的能力，不仅要搞清楚句子的句法、语义关系，还要符合语用规则。

有的比较句之间可以相互转化，教师也喜欢做这种转化训练，目的是让学习者掌握不同句式的用法。但是这种训练做多了，容易让学生产生误解，认为在任何场合都可以使用任意句式，这其实就是忽略了语用规则而产生的偏误。

（二）学习者的原因

1. 母语的负迁移

母语对学习者目的语的学习既有正迁移，也有负迁移，而母语的负迁移又是学习者偏误产生的重要原因之一，在语言学习初期表现得尤为明显。学习者的头脑中已经形成了母语思维和表达习惯，而这些都会影响学习者汉语的学习。其中表现最明显的偏误就是语序错位。

例如英语中比较句式有“X＋W＋than＋Y”，“than”来引出比较客体，汉语则用“比”来引出比较客体，但英语中的比较结论项在“than”前，而汉语“比”字句的结论项在句末。英语母语学习者受母语负迁移的影响就会造出“*马克高比我”这样的句子。

日语中的比较句式是“XはYよりWです”，其中“より”是表示比较的黏着语素，附着在比较客体后面，所以日语母语学习者受母语负迁移的影响就会把比较词“比”放在比较客体后面，造出“*中国的水果日本的比便宜”这样偏误的句子。

教师在教学过程中要注意加强汉外对比，要提醒学生对句式的整体把握，注意不能按照母语直译的方法学习目的语。

2. 目的语知识的负迁移

例如在“比”字句中的结论项可以是动词性成分，但这个动词性成分必须具有程度变化的区间，如果不掌握这一点，就会出现“*他比我听音乐”这样的偏误，形成了动词的过度泛化。再比如“比”字句结论项前不能用程度副词来修饰、增强表意，但可以在结论项后面加补语来表示程度差异，例如“日本的西瓜比中国的贵很多”，但如果没有弄清楚这一规则，就会出现“*日本的西瓜比中国的很贵”这样的句子，形成程度副词的过度泛化。另外，“比”字句中比较项后可以加程度补语或者数量补语，但当学习到其他类型的比较句式时，学习者会将这一规则进行类推，从而形成补语的过度泛化。

3. 学习策略和交际策略

相对于肯定的比较句而言，否定形式的比较句的理解过程要更复杂，学习者掌握起来较困难。语言使用中害怕出错的心理就会使学习者选择回避、依赖母语等消极策略。或者是避免使用否定句式，或者夹杂母语甚至依靠母语直译的手段来达到交际目的。虽然使用这种手段有时也能达到交际的目的，但如此循环往复，否定句式得不到锻炼，就会陷入恶性循环，始终无法真正掌握比较句的否定形式。

三、教学建议

（一）改进教材，提高教师水平

由于比较句句式复杂，句法规则、语义内涵多样，因此其教学不能集中在某一较短的时间内，而应该由浅入深循序渐进的传授，将不同句式的比较句划分成不同等级，进行分层次的教学。加强汉外对比，提高教学的预见性，有针对地处理学习者因母语负迁移产生的偏误。

另外，不能只教语法规则，语义、语用也要成为教授的一部分。教师在进行教学时，除了将比较句句式教授给学生，还要提醒学生注意对话所表达的语境与上下句之间的联系，例如在比较句的否定句式“不比”句、“没有”句、“不一样”句的教学中，要结合相应的语用规则和具体语言环境进行教学。

（二）引导学生正迁移

对于母语中有相似语法的学习者的教学，不应当完全回避其母语，利用语言对比，及时纠正学习者的偏误，强化正确的内容，从而克服母语负迁移造成的影响。营造适当的学习环境，在合适的语境中使用恰当的句式。

四、思考与练习

（一）将下列句子中的错误找出来并改正。

1. 你的妹妹比我五厘米高。
2. 这个语法比那个语法太难。
3. 我的汉语不比你好太多。
4. 马克的汉字写得好比我。
5. 山本这么跟我一样喜欢汉语。

（二）选择正确的选项放入括号中。

1. 我的口语不比你好________。

A. 很多　　B. 多少　　C. 得多

2. 马克________山本高5厘米。

A. 跟　　B. 一样　　C. 比

3. 我的听力比刚来中国的时候好________。

A. 多　　B. 多少　　C. 得多

4. 我家比你家________。

A. 一点儿小　　B. 小有一点儿　　C. 小一点儿

5. 打游戏比看电影________有意思。

A. 很　　B. 非常　　C. 还

（三）将下列词语按正确语序排列，组成比较句。

1. 她　更　画画　你　会　不　比

____。

2. 他　一样　跟爸爸　长得　帅

____。

3. 没有他　唱得　我　好　那么

____。

4. 这本　没有　的　好　书　想

____。

5. 今年的　没有　的　多　学生　去年

____。

第十六章
双宾句偏误分析

双宾句是现代汉语种普遍存在的句式，在黄伯荣、廖旭东《现代汉语》（第六版）中指出：有指人和指事物的双层宾语的句子叫双宾句，双宾句的动词必须是三价动词，双宾句有三个必有成分：施事、与事和受事。其中离动词近的较近宾语（与事宾语、间接宾语），一般指人；离动词远的远宾语（受事宾语、直接宾语），一般指物或事。

一、偏误类型

（一）遗漏偏误

1. 主语的遗漏

（1）*我家离得很远，给我足够的生活费。

例(1)后半个分句缺少主语，动作发出对象不明，这属于主语的遗漏，这类偏误出现较少，可以改成“我家离得很远，父母给我足够的生活费”。

2. 谓语的遗漏

（1）*这样的问题能我一个准确的答案吗？

（2）*学校每个班两个新盆栽。

这两句属于谓语的遗漏，缺少了动作，可以改成“这样的问题能给我一个准确的答案吗”“学校送每个班两个新盆栽”。这种偏误也是较少出现的。

3. 间接宾语的遗漏

（1）*我上个星期借了十块钱。

（2）*舅舅给一本《西游记》。

（3）*今年我出来留学，没办法送给生日礼物。

（4）*回家的时候奶奶给一个红包。

以上句子都是缺少了间接宾语，间接宾语又叫近宾语，一般指人，常由代词、名词充当。遗漏了间接宾语，造成语义模糊，应该加上恰当的间接宾语，使句义明确，可以改成

“我上个星期借了马克十块钱”“舅舅给我一本《西游记》”“今年我出来留学，没办法送给妹妹生日礼物”“回家的时候奶奶给我一个红包”。

4. 直接宾语的遗漏

(1) * 马克告诉我们。

(2) * 山本下周过生日，我们要给他。

(3) * 老师交给我。

这里缺少了直接宾语。直接宾语也叫远宾语，一般指事物，也可以指人。遗漏了直接宾语造成了语义不明，应加上合适的直接宾语，构成完整的语义，例如改成“马克告诉我们一个好消息”“山本下周过生日，我们要给他准备个惊喜”“老师交给我一个任务”。

5. 直接宾语前数量词的遗漏

(1) * 昨天玛丽遇到一只野猫，那只猫抓了她印子。

(2) * 一不小心，我碰了头上包。

(3) * 这个难题急了我汗。

这里缺少了直接宾语前的数量词，导致双宾句不能成立。如果直接宾语是个结果宾语，那么这个宾语一定要带数量词才能成立，例如“那只猫抓了她一道印子”“我碰了头上一个包”。如果间接宾语有致使义，那直接宾语也要加数量词，例如“这个难题急了我一身汗”。双宾句对数量词的要求复杂，因此容易出现偏误。

(二) 误加

双宾句偏误中的误加是指双宾句使用时句子中出现了本不该出现的语言单位，外国学习者出现误加偏误相对来说较少。

1. 动词的误加

(1) * 大家称给他大英雄。

(2) * 我吃给他一个桃子。

(3) * 王老师教给我们唱戏。

“给”字常常出现在给予类双宾句的动词后，例如“送给、拿给、递给”等等，这里也可以去掉“给”。而在非给予类地双宾动词后，一般不出现“给”，因此这里的“称给、吃给、教给”的“给”属于误加，需要删去，正确表达应该是“大家称他大英雄”“我吃他一个桃子”“王老师教我们唱戏”。

2. 介词的误加

(1) * 山本告诉我让他最爱吃的中国料理是北京烤鸭。

(2) * 这个案件提醒了给我们很多注意事项。

(3) * 这次暴风雨给对小朋友给很深的印象。

在双宾语结构中不需要用介词引出对象，这里的介词“让、给、对”属于误加偏误，需要删除，正确表达是“山本告诉我他最爱吃的中国料理是北京烤鸭”“这个案件提醒了我们很多注意事项”“这次暴风雨给小朋友很深的印象”。

3. 状语的误加

(1) * 她送昨天我很多书。

双宾句谓语后、宾语前不能停顿，因此不能加入状语，这里的“昨天”属于误加，应该删除，或者放在主语或谓语前，正确表达是“她送我很多书”或者“她昨天送我很多书”。

(三) 误用

1. 谓语的误用

(1) * 老师一直强迫我们注意安全。

这句话从句法结构上来说没有错误，但在语义范畴上有问题。“注意安全”是一个表积极义的词，而“强迫”是个贬义词，可以改成“提醒”，即“老师一直提醒我们注意安全”。

(2) * 班主任报告我们明天放假。

“报告”是下级向上级作的陈述，而且是不及物动词，后面不能再接宾语，正确使用例如“把会议总结向领导报告”，这句话可以改成“班主任通知我们明天放假”。

(3) * 李老师教导我们汉语口语。

“教导”一般不能作为谓语动词使用，可以改成“教”，即“李老师教我们汉语口语”。

2. 直接宾语的误用

(1) * 我拿他几个它。

(2) * 他介绍我一个她。

直接宾语可以是疑问代词、指示代词，但不能是人称代词，这里的直接宾语使用人称代词，造成了语义模糊，失去了想表达的意思，可以根据语义改正为“我拿他几个苹果”“他介绍我一个新朋友”。

(3) * 大家的关心和鼓励给了我力气。

(4) * 班里的同学总是给我很多帮忙。

以上句子直接宾语选择不恰当。“力气”使用不当，可以改为“勇气”，正确表达“大家的关心和鼓励给了我勇气”。“帮忙”使用不当，可以改成“帮助”，正确句子可以是“班里的同学总是给我很多帮助”。

(四) 错位

1. 宾语的错位

(1) * 山本我教日语。

(2) * 告诉你的电话我们。

(3) * 我一个事情要通知你们。

这几句话主要就是宾语的错位，双宾句的语序应该是“实施＋动作＋与事＋受事”，正确语序应该是“山本教我日语”“告诉我们你的电话”“我要通知你们一个事情。”

二、偏误原因分析及改正策略

（一）母语的负迁移

英语中的双宾句的语序和汉语双宾句语序基本相同，都是“主语＋谓语＋宾语＋宾语”，例如“他给我一本书”，“He gave me a book”，在语序这方面英语母语学习者会产生正迁移，是有利于汉语双宾句学习的。但英语中有的动词可以带双宾语，在汉语中却不能带双宾语，例如“Tom wrote me a letter”“He left me a message”。“write、leave”可以带双宾动词，但“写、留”不能。受英语母语的影响，学习者就会造出“汤姆写我一封信”“他留我一个消息”这样的偏误句子。

日语母语学习者在学汉语双宾句的时候，常常用介词将宾语提到动词前，造成偏误。例如“山田さんは私に本をあげた”“彼は私に日本語を教える”，语序是“主语＋宾语＋谓语”，并且每部分都有对应的黏着语素提示成分，其中“に”类似汉语的“给、向、对”这样的介词，用于提示对象。如果日语母语学习者对汉语双宾句结构掌握不好的话，就会造成“*山田向我给书”“*他就对我教日语”这样的偏误。

韩语句子的基本结构和日语相似，也是“主语＋宾语＋谓语”，在造句时也会受母语的影响，将宾语提到谓语前面，产生偏误。

减少母语负迁移对汉语双宾句教学的影响，这就需要加强双宾句的对比研究，通过对学生母语中的类似语法点的剖析，对学生可能会产生的偏误进行预测，有针对性地进行指导教学。例如对英语母语学习者要强调谓语动词地使用，分析英汉双宾结构的异同，对英语中可以带双宾语而汉语中不能带双宾语的动词进行对比，以减少该类型的偏误；而对于日语、韩语母语学习者，则要去强调语序的重要性。

（二）汉语双宾句本身的复杂性

关于双宾句的定义，学术界已达成共识，但是关于双宾句分类的界定，还存在较大争议。就双宾句的类型划分就有好几种，朱德熙分了三类，马庆株分了十四类，李临定分类了十一类。可见双宾句本身的复杂性。

双宾句和相似结构的语法的区分对留学生来说是一大难点。例如双宾句与兼语句，“大家夸他大英雄”与“大家夸他是大英雄”，前句是双宾句，后句是兼语句。双宾句与主谓短语作谓语的句子，“我送给他一本书”与“我知道他有这本书”，前句是双宾句，后句是主谓短语作谓语的句子。这些结构的句子看起来很像，但句法结构却不同，所以学习者掌握起来有难度。

对此我们需要加强双宾句的理论研究，才能在教学方面有根本的突破。要弄清楚，什么是汉语的双宾句，并确定能进入双宾句各个成分的特点和范围，什么样的成分能进入，什么样的成分不能进入，要有明确的划分及解释。

（三）大纲与教材的原因

现代汉语双宾句式的研究比较充分，但对于对外汉语教学的双宾句的研究还不够完备，在教学大纲和汉语教材上涉及较少，在语法编排上也比较简略，所包含的双宾句内容较少。因此，双宾句的语法教学是片面的，不利于学习者完整系统的学习与掌握。

因此，我们需要提高汉语双宾句在对外汉语教学的地位，完善教学大纲，在教材中要突出双宾句的形式和特点，加大对双宾句的重视力度。

（四）教师的原因

对外汉语教师在教授双宾句时，总是碰到一个讲解一个，又可能担心学生听不懂复杂的双宾句，在课堂上尽量避免使用，从而主要讲授简单的类型。大多数老师在分析双宾句的时候没有针对学生母语进行详细的语言对比，因此还难以破除不同语言语法形式之间存在的简单对应关系，也没有设置适当的练习来强化训练。如此零散教学固然不利于学习者对双宾句的掌握。

教师要有针对性地对不同国家、不同目的、不同水平、不同阶段的学习者进行个性化的教学设计，以提高教学质量。教学中循序渐进，螺旋式提高，这就需要遵循重现原则。

三、教 学 建 议

（一）加强语言对比训练

通过母语与目的语之间对比，加深学习者地理解。

英语双宾句和汉语双宾句，在索取动词构成的双宾句形式一样，但是意思相反。例如“My mom bought me a new hat.”“＊我妈妈买我一顶新帽子。”英语中指的是“为我买一顶新帽子”，而中文是从“我”这里买，“我”发出的动作是“卖出”，同样的句式，用英语和汉语表达的意义不一致。

在对日语、韩语母语学习者训练时，要注意强调语序，可以通过做词语排序的训练强化练，排序是为了让学生有一个整体感知，对双宾句的构成有一个明显的认知思维过程。

（二）加强相似结构对比

前面讲到双宾句与兼语句、主谓短语做谓语的句子在结构上有相似之处，同时在讲到双宾句的时候，提到应该把相似结构的句子提出来进行对比讲解，通过举例来让学习者加深对双宾句的理解，以免混淆，减少出错。

例如：大家称他大英雄。

大家称他是大英雄。

谓语后两名词之间有动词的句子是兼语句，没有动词的是双宾句。

例如：我听说山本汉语很好。

马克告诉我山本汉语很好。

第一句的谓语动词“听说”后面的两个成分“山本”和“汉语”具有主谓关系，是主谓谓语句；而第二句“告诉”后面的两个成分“我”和“山本汉语很好”之间没有主谓关系，是双宾句。简言之，主谓短语作宾语的句子只有一个宾语，其宾语是由主谓结构充当的，而双宾句有两个宾语。

(三) 强化课堂课后练习

除了教材所涉及的训练外，还要结合实际，关联日常生活中会用到的例子，设立一定的情景，让学习者“学有所用”，要求学习者用所学的双宾句做对话练习，教师关注学生所犯的错误，在练习后统一纠错。

另外，除了在课上的教学训练以外，还要重视课后的练习。双宾句的课后练习不仅仅要反映课堂内容，更要加强与实际交际的联系，扩大双宾句的使用语境，并且综合形式、语义、语法、语用等方面，不断完善。

四、思考与练习

(一) 选出下面的双宾句。

1. 妹妹不小心洒了我一身水。
2. 领导派我出差。
3. 我知道他有很多传奇故事。
4. 山本告诉我他考了第一名。
5. 为了感谢他，我敬他三杯酒。

(二) 判断下列双宾句语法是否正确，如果不正确，请改正。

1. 马克告诉一个消息。
2. 王阿姨租给一间房我。
3. 李老师给我们教汉语口语。
4. 我吃给他一个苹果。

5. 爸爸交给我一个重要的任务。

(三) 将下列词语按正确语序排列,组成双宾句。

1. 问题 问 我 一个 田中

____。

2. 吃 了 我 你的 蛋糕 一块

____。

3. 小偷 自行车 王爷爷 偷 一辆 了

____。

4. 他 动物 是 告诉 他最喜欢 熊猫 的 我

____。

5. 电话号码 我 你的 能不能 你 告诉

____。

第十七章 连谓句偏误分析

"连谓句"是谓语由两个或两个以上在逻辑上有关联的动词或动词词组组成的句子。实际上就是指用连动短语充当谓语的特殊句式。该句式的突出特点是:动作施事者发出连续的动作,因此在一个句子结构中含有两个或两个以上的谓语核心。例如:

(1) 他上街买菜。

(2) 他脱下鞋子躺在床上。

(3) 他撸起袖子打了她一个耳光。

连谓句至少要满足两个条件:一是谓词性短语的顺序固定,一旦发生变化将导致语义变化;二是谓词性短语一定要连续使用,是连续的谓语。

连谓句式中几个连续谓语之间是互不影响,彼此独立的,可以拆开来说也可以合在一起。但是谓语之间也存在着空间远近、目的因果、时间先后等逻辑关系。例如:

(1) 我去公园玩耍。(目的)

(2) 他用左手写字。(方式)

(3) 他因为雨下得太大不想回家。(因果)

(4) 他推开门走了进来。(先后)

(5) 她拽住我不肯放手。(否定)

(6) 他没有这个本事做这件事。(具有)

连谓句古已有之,是汉语中较为独特的一种句法结构,我们在具体使用和学习过程中还需要注意其独有的语法特征:

1. 谓词位置

句子中两个谓词的位置不能颠倒,否则就会出现错序等问题,从而导致逻辑关系矛盾或句义被改变。例如:

(1) 我回家喊他。——我喊他回家。(意思改变)

(2) 我点了一杯饮料来喝。——我来喝点了一杯饮料。(句子不成立)

2. 时间状语

时间状语不能放在第二个谓语前,否则整个句子就不通顺。例如:

(1) *你来图书馆明天找我。(误)

(2) *他带东西后天来给我。(误)

3. 否定词

否定词“不”“没有”“未”等所加的位置不同可能会影响到句义，所以在具体使用时要根据想要表达的意思来确定否定词应当添加的位置。例如：

(1) 他不回家吃饭。(否定整个谓语部分)

(2) 他回家不吃饭。(否定后一个谓语动词)

4. 副词

副词在一般情况下都放在第一个谓语动词的前面。例如：

(1) 她紧紧地拽住我的衣角不放。

(2) 她深情地看着我哭了。

5. 动宾短语

表手段、方式的动宾短语要放在前面。例如：

(1) 他用双手捧着水。

(2) 他用剪刀剪开了快递。

6. 联合词组

还有值得注意的一点是，连动句和联合词组作谓语的句子是不一样的。前者的谓语次序不能更换，中间不能加关联词语和停顿，而且彼此之间是说明与被说明的关系；后者的次序可以颠倒，中间可以加关联词语和停顿，彼此之间是并列的关系。例如：

(1) 他一边写字一边唱歌。(联合词组作谓语)

(2) 我沾墨水写字。(连动句)

一、偏 误 类 型

连谓句比起单个动词作谓语的句子来说更经济、简练，但是对于第二语言学习者来说也更加难以掌握。通过对 HSK 动态作文语料库的分析，我们可以将留学生经常出现的偏误归纳为以下几种：

(一) 错序

连谓句构句的一个重要原则是临摹性的时间顺序原则，即根据事件发生的先后顺序来构句，形成以下几种结构：序列动作、趋向——动作、工具——动作、对象——处置、处所——动作，构成连动句的几种主要语序类型。但是在许多情况下这种时间顺序并不明显，只是表现在逻辑、概念等认知层面上。再加上母语负迁移的影响，很多外国学生出现了词序混乱的现象。

错序偏误具体还可以再分成以下几种情况：

1. 谓语错序

如果句子中的某一个动词是用来表示另一个动词的处所、方式、手段、工具等，那么这个动词应确保放在前面。但外国学生对这一点掌握不牢，经常会把两个动词谓语的顺序弄颠倒，比如：

(1) *我看到一棵树、兔子，就抓兔子去那棵树下面。

(2) *我们练了一个月多终于可以唱了用两国的语言，我们都很高兴。

(3) *有钱人可以给穷人一些食物或帮他们用别种方法。

(4) *我的同屋每天用来 mp3 听韩国流行歌曲。

以上这种偏误有可能是受到学习者母语负迁移的影响，因为在英语等印欧语言中表示处所、方式的词可以放在后面，比如“He drinks water in theatre.”所以这些地方的学习者还是习惯性地沿用母语中的语序。例(1)语义关系简单，表示动作的持续。应该按照时序原则排列，先“去到树下”然后“再抓兔子”；例(2)例(3)的错误都是把表方式的动词短语放在了后边，“用两国语言”是“唱”的方式，“用别种方法”是“帮他们”的方式。在汉语连谓句中，先发生的动作和表示动作的方式要放在前面，这都是时序原则在逻辑层面上的投射。从逻辑上讲，运用手段之后再产生结果，所以先有手段、方式后有结果，这样的逻辑投射在连谓句中就是“手段/方式——目的”的顺序安排语序。例(4)虽然是把表方式的动词放在了前面，但是“用”后的宾语位置错误，正确语序应该是“我的同屋每天用 mp3 来听韩国流行歌曲。”

2. 动宾错序

有时学生没有掌握好动宾语序，会将某一动词的宾语跟在其他动词后面。例如：

(1) *我出去门吃饭。

(2) *他散步着和我们说话。

(3) *我爱“绿色食品”买吃。

(4) *我来北京到学习汉语已经三年多了，一直在语言文化大学学习。

上例中，例(1)句中，宾语“门”应该跟在动词“出”的后面，而不是“出去”后面。偏误来源是“出去”一词是复合词，所以学生习惯把它看成是及物动词，后面要跟宾语。例(2)中的“散步”是离合词，此处应该写作“散着步”；例(3)例(4)应改为“绿色食品”吃。“去中国学习”，这应该与学生的母语负迁移有关。

(二) 遗漏

句子成分遗漏在任何语法偏误句中都是常见的，连谓句遗漏主要出现在动词或动词性短语中，例如：

(1) *他左手拿笔。

(2) *你筷子来吃饭。

以上两例遗漏了前一个表示方法、手段的动词“用”，分别应改为“他用左手拿笔。”“你用筷子吃饭。”

(1) *他出发南京。

(2) *我想哈尔滨学习。

(3) *我要图书馆看书。

(4) *先学校报到,然后才能上课。

在以上四例中,学习者由于不习惯于汉语中两个谓语相连的特殊的结构形式,所以当句子中出现表处所的宾语时,往往下意识地将一个动词看成是表场所的状语,把句子理解为一个简单的主谓句,遗漏动词“去”或“到”,这种偏误是学习者的学习策略引起的。

(三) 误加

连谓句中的误加常常表现为句子中过多地出现“来、去、到、回”这类动词。例如:

(1) *很多人都来这里来吃饭。

(2) *我下课后来宿舍去看书。

(3) *我想去国外去工作。

(4) *我们来中国到学汉语已经三年多。

汉语中存在“到……去”“回……来”的结构,所以第一个谓语动词应该是“到/回”,而不能用“来/去”。学习者没有掌握好这一知识,生造出了“来……来”“去……来”等不正确的结构。以上应改为:

(1) *很多人都到这里来吃饭。

(2) *我下课后回宿舍来看书。

(3) *我想到外国去工作。

(4) *我们到中国来学汉语已经三年多。

(四) 误代

误代是用同义或近义的语言形式代替应该出现的语言形式,不符合语言习惯或特定的语境。连谓句中有两个或两个以上的动词结构,并且连谓结构对动词选择的限制少,很多动词都能组合成连谓结构,所以,留学生在动词的选择上常常会出现偏误。例如:

(1) *他是日本人,我们互相用汉语交往。

(2) *母亲给我说“在北京待多一点,用这次机会去旅游的地方,多看中国是怎样的国家。”

(3) *应该由政府来担任这个问题。

(4) *先给饥饿的人提供食物让他们生存下来,然后再考虑绿色食品的问题。

(5) *我们都是一样的人,应该互相支持来做一个更新的更好的社会。

上例中，例(1)中的“交往”改为“交流”。“交往”是“互相来往”的意思，不能用语言互相来往，应该是用语言交流。例(2)中的“旅游”改为“游览”。“旅游”是不及物动词，后面不能有宾语。例(3)(4)(5)都是属于动宾搭配不当，应分别改为“解决问题”“提高产量”“建设社会”。

这类偏误出现的情况很多，主要体现在学习者使用动词的不当，这是因为学习者没有掌握好词汇搭配的用法，和连谓句本身的结构并没有非常必然的关系。

留学生会有偏误主要是由于他们对连动式的结构、特征、用法还不够了解，对汉语的语感不强，除了词汇用法不当引起的偏误以外，其他偏误都可以通过加强连动句的教学得以纠正。随着他们汉语水平的提高，偏误会渐渐变少。

二、偏误原因分析及改正策略

连谓句的偏误原因既受本体影响也受学生在具体学习过程中目的语知识的影响，同时教师、教材与教学等外部力量也不可忽视，找到并归纳偏误原因既有利于优化学生的学习策略，有利于促进教学方法的改善。具体来说，连谓句偏误原因有以下几大类：

（一）本体复杂性与母语负迁移

作为一种特殊句式，连谓句首先具有汉语无标志性的特点，给学生掌握造成困难。连谓句的动词是否带宾语，在什么情况下带宾语也给学生学习带来困惑。在语义关系上，各种如“方式—目的”“处所—动作”等带有先后顺序的语义结构类型需要学生掌握，排列混乱往往会造成错序偏误。连谓句与其他特殊句式的异同要注意区分，与其他语法知识(如助动词、重叠式等)的联系又比较紧密，对学生的综合运用能力有较高要求。母语负迁移主要表现在学习者认为目的语某个语言点与母语中的某个语言点相同上，而实则两者不同。这种负迁移在初级阶段较多发生。在初级阶段，学习者对汉语语法掌握还不透彻，将母语的语法规则用在连谓句中，难免出现各种偏误，特别是在结构和词性的误用与混用上。

（二）目的语知识的泛化

目的语知识的泛化是指在第二语言学习中，把已经学到的某个目的语语法项目强加到另一个语法项目中，而这个强加是不符合语法规则的，是个人错误地归纳概括，是由于学生对目的语语法规则掌握不够全面或不够扎实造成的。在连谓句偏误中这种泛化主要表现在误加偏误上，对动词或动词性短语的适用范围掌握不清，盲目改变句子内部结构等。例如，误加助动词“了”，认为凡是表示动作完成的都加“了”，造出了“他去了学校学了汉语"的句子;动词重叠式的误加造成"我去去体育场跑跑步"的偏误;认为所有动词都可以带宾语,造成"我去旅行哈尔滨"这样的偏误。因此,需要学生区别记忆母语与目的语的语法规则,强化新学习的语法规则的适用范围,避免过度泛化。

(三) 课堂教学的局限性

在初级阶段,学生没有任何第二语言学习经验,在学校的第二语言学习主要依靠课堂教学,依靠教师讲解。教师的综合能力及教学水平在一定程度上影响着学生的学习效果。关于课堂教学的局限性,主要可以总结为这样几点:

一是教师教学思路有待提高。在教学实践中,我们发现有些教师过于注重讲授连谓句的基本结构,忽略了对逻辑关系、语义关系的讲解,这会造成学生只掌握简单的结构,碰到结构较复杂的生疏句子易出现偏误。例如,学生特别喜欢用"去……"结构,愿意用简单的动词排列去表现含义复杂的句子,这正是教师教学的局限性造成的学生造句的局限性。

二是教师容错度过高。在课堂练习中,教师通常会有意识地让学生运用连谓句表达,而学生不会主动用连谓句回答问题或出现偏误。面对这样的情况时,有些教师没有适当地引导学生改正错误,而是只要不影响交流即可。例如,学生口语中依然愿意使用短单句回答问题,如"我去学习,我要去图书馆",认为连谓句较复杂,这样时间一长,就会造成偏误化石化,更难纠正。

三是教师不太注意语法关联。有些教师只重视连谓句中动词教学,没有把动词放在句子整体中分析,而更多的偏误恰恰由各部分的相关规则掌握不牢造成。因此,强化讲解连谓句各个部分间语法知识的联系,明确它们的区别规则,能较大程度上避免一些偏误的发生。

(四) 日常交际的随意性

在在华学习汉语的留学生实际生活中,如果学校里来自相同国家的学生较多,那么日常交际可能较多地使用母语,反之,则需要更多地使用汉语进行交流。由于学生所学知识有限或个人心理因素的影响,时常出现说出的话表意不明或根本不知道如何表达的情况,这就需要学生注意一下自己的交际策略。交际策略适当能让学生找到正确的表达方式,失当的交际策略会对交际造成不良影响,而交际随意就是一种交际失当的表现。学生为了完成交际目标,随意回避一些重要交际项目和语言点,用其他简单句子代替或者用根本不相关的不合语法规则的句子回答。例如:

——你去干什么啊?

——我到报告厅。我要听演讲。

答句可以用"我去报告厅听演讲"代替,虽然连续单句在理解上没有问题,但是这样学生应用连谓句的机会就会越来越少,同时,造成的偏误问题也会越来越明显。

三、教 学 建 议

连谓句是由相连的两个或两个以上动词或动词短语构成，句子结构特殊，往往被看成是特殊句式的一种。学生在习得该语言点的过程中容易出现对语法特征掌握不明确，判断模糊等问题，需要有正确的教学思路作指导。

(一) 定义是核心，特征要记牢

要不断向学生强化连谓句的定义，具体说就是分析连续谓语的结构，可以有这样几种：一是动词短语加动词；二是动词加动词重叠式；三是两个连续动词短语。简单的例子如：

(1) 他去学校上学。

(2) 我出门走走。

(3) 老师走进教室开始上课。

根据以上例子，在教学中要强调连谓句的特征：结构紧凑，连续的动词或动词性短语不能有标点隔开，没有语音上的停顿却做共同的主语的谓语。更要通过例句交代连续谓语的内部逻辑关系，用大量的练习培养学生灵活应用汉语思维的能力，有利于学生巩固语言点学习。

(二) 重视比较，举一反三

在学习汉语过程中，有两个或两个以上的动词或动词短语的句子并不都是连谓句。教师必须要指出连谓句和非连谓句之间的区别，例如连谓句与并列结构作谓语的动词谓语句：

(1) 他周末下楼吃饭。

(2) 他周末看书看报。

区分这两个句子的方法，一是看看两个谓语之间能不能换位，调换之后句子意思较原句发生改变的是连谓句，反之没有改变的是动词谓语句；二是是否可以加表示并列的关联词，如“并且”“和”“而”等，如果添加之后句子不合语法则此句是连谓句，反之是动词谓语句。在比较两种语言点过后，教师要通过课堂练习进行强化。教师要积极利用演示文稿和图片，设计练习让学生判断例句是否为连谓句且一定要让学生说明判断理由，学生回答完成后教师要进行恰当评价。教师要合理布置作业，让学生记忆更加扎实。

(三) 分层设课，系统分析

分层教学也是连谓句教学中一种重要手段。初级阶段教师讲解最基本的定义和句子结构，建议采用看图说话或者看视频造句的方式，用句子描述图片或视频内容，引导学生使用连谓句；中级阶段要讲解连谓句的复杂形式和否定形式，要求学生更好地根据一些标志来判断连谓句；高级阶段要能让学生明确连谓句与其他特殊句式的区别，在合适的场合正确、自由地使用连谓句。像这样次第深入，循序渐进，提高掌握知识的效率。教师要将教材例句、学生水平与偏误分析相结合进行系统分析，采用各种手段并结合实际交际需要，强化学生对连谓句式复杂难点的理解，强化语序教学，可以利用英汉语言对比分析，着力强调连谓句的特点和汉语语言逻辑，以此降低母语负迁移的影响。

要想全面扎实地习得连谓句，教学初级阶段至关重要。在语法教学大纲与语法教材中，连谓句作为语言点讲解都是在初级阶段。在各种偏误原因中，很大程度上是对句子语法规则，语义逻辑理解不够透彻，这也从一个侧面说明了对外汉语教学连谓句教学研究还有发展空间，连谓句课堂教学还有提高空间，对外汉语教师水平还有提升空间。

四、思考与练习

(一) 正确排列词语组成句子

1. 下午　商店　我们　去　东西　买
2. 过　他们　晚饭　去了　吃　散步
3. 明天　广州　坐　我　飞机　去
4. 看了　高兴　他　那　了　封信　极
5. 没　他　有　休息　时间

(二) 修改病句

1. 他经常不起来躺在床上。
2. 大家激动得哭了听到这个消息。
3. 他想去到上海看朋友。
4. 他跟我说再见笑着。
5. 他打篮球去了篮球场。

第十八章 兼语句偏误分析

兼语句是指由兼语短语充当谓语或独立成句的句子。兼语短语是由一个动宾短语套合一个主谓短语从而构成的短语结构，在这个结构中，动宾短语中的宾语是后半部分主谓短语的主语。兼语句的最基本结构是"N1＋V1＋N2＋V2"，其中"V1＋N2"是一个动宾短语结构，"N2＋V2"是一个主谓结构。

兼语句在使用时有多种限制条件。在兼语句"N1＋V1＋N2＋V2"的基本结构中，N1 是事件的施事，也就是动作的发出者，N2 是事件的受事，也就是事件的承担者。N1 和 N2 在语义上有着明确的分工，如果位置调换，那么语义也将有所变换。同时，在这个结构中，V1 和 V2 的使用也是有许多限制的，并不是任何动词都可以进入这个结构充当 V1、V2 的成分的，具体要求如下：

1. "N1＋V1＋N2＋V2"中 V1 的类别

(1) 表示使令意义的兼语句：在兼语句的结构中，动词 V1 通常具有表示"让、要求、禁止"等的意义，也就是说表示"使某人怎样""让某人怎样"以及"禁止某人怎样"等，这类动词通常包括"要求、请求、邀请、怂恿、鼓励、强迫、领导、组织"等带有"使动意义"的词。在具有这种动词语义出现的兼语句中，它的否定形式通常是在动词 V1 前加"不""没"等否定词。

(2) 表示称谓和认定意义的兼语句：动词 V1 通常是具有认定和称谓之义的，比如"我们选他做班长。"这里的"选"就有任命某人做某事的含义。"我们拜他做老师。"这里的"拜"就具有认定的意义。这类词语在汉语中有很多，比如"称、叫、选举、认为"等。

(3) 表示领属意义的兼语句：在这种语义条件下，动词 V1 一般具有领属义，以"有"为典型代表，其他如存在、出现等也可以出现在"N1＋V1＋N2＋V2"中的 V1 位置当中。

(4) 表示喜好、厌恶意义的兼语句：表示人的心理活动、情感意义的动词也可以出现在兼语句中，通常情况下这类动词可以展现对事物的喜爱与称赞，也可以表现出对事物的厌恶与讥笑。这类动词有"爱、恨、喜欢、嫌、佩服、欣赏"等。

2. "N1＋V1＋N2＋V2"中 V2 的类别

在兼语句中，N2＋V2 是一个主谓结构，在主谓结构中，动词 V2 可以由许多结构充当，比如：状中短语、连谓短语、主谓短语以及形容词等，但是需要注意的是，这里的动词不能受表示时间的副词"已经""正在""将要"等词的修饰。

一、偏 误 类 型

在使用兼语句的过程中，留学生表现出了不同方面、不同程度的偏误状况。以下是基于北京语言大学汉语语料库的材料，从中挑选出具有代表性的偏误类型，总结出外国留学生在兼语句使用中普遍出现的偏误的情况，主要有遗漏、误加、误代、错序、杂糅等情况。

(一) 遗漏

遗漏是指在词语或句中缺少了某些成分。兼语句中的遗漏主要表现在遗漏 N1、遗漏 N2、遗漏 V1、遗漏 V2。

(1) * 由“三个和尚没水喝”的故事，使我想到一个问题。

(2) * 刚看完这个故事，真使我忍俊不禁，人少有水喝，人多倒没水喝。

(3) * 后来发生了一点意外，让我转到汉语班。

(4) * 由于我没认真听老师讲课，使老师不高兴了。

(5) * 红映在教室哭了，使我觉得奇怪。

以上几个例子都遗漏了整个句子的主语 N1，从语义上来说，N1 是施事，是动作 V1 的发出者，一般情况下不能省略，但是在一些特殊的情况，比如兼语句的动词 V1 由“有”字充当，而“有”字后边的信息又不确定的时候，N1 是可以省略不说的；或者是依据上下文的情境，这些成分内容可以补充出来，这时的 N1 也是可以省略的。在以上的例句中，学习者显然是想要补充主语成分的，只是在这个结构中，“由……的故事”“刚……故事”“由于……听课”在句子中是状语，而不是主语，而在语句的结构中，是不具备省略 N1 的条件的，所以造成了使用上的偏误。

(1) * 护士，这个工作不但身体劳累，而且精神的压力也很大。

(2) * 因为困难和挫折人们往往变成废人，所以很多人都想避免这个可怕的东西。

(3) * 这个方法不但我很早起床，而且也有了很好的生活习惯。

(4) * 从书本上学到的本领，他发了一笔大财。

(5) * 早上点去跑步，能够我轻松、健康等等。

在兼语句的基本结构“N1＋V1＋N2＋V2”中，核心动词要属 V1。动词 V1 不仅承担着主语发出的动作，而且支配着受事成分 N2 的行为。在兼语句中，核心结构是不可以省略掉的，一旦这个动词省略掉，那么，小则句子不再被称为兼语句，大则句子结构不成立，形成错句。在以上的两个例句中，都需要在动词 V1 的地方分别加上动词“让”和“使”，从而使句子成为一个完整、独立的结构。

(1) *学好了汉语它的乐处是无穷,如:一,它会使[你]了解了中国历史文化。

(2) *一个孩子希望当一个画家,可他的父母希望成为科学家。

(3) *我对城市生活"不愿放手"的心情并不使厌恶乡村。

(4) *他们很热情地帮了我不少的忙使能更快适应。

(5) *王老师给予我的鼓励和期盼使成为现在的我。

兼语句"N1+V1+N2+V2"的结构中,V1+N2是动宾结构,N2在这里做的是动词V1的宾语,N2+V2是主谓结构,N2在这里做的是V2的主语。由此可见,在兼语句中,N2的成分是不可以省略的,如果省略掉,那么动宾结构、主谓结构都将不能成立,句子的意思也就不能准确表达出来。在以上例句中,因为缺少N2成分,使得"父母希望谁成为科学家""不使谁厌恶乡村"变得语义模糊,同时语句表达也不符合汉语表达习惯。

(1) *说得不好,让大家没意思。

(2) *所以我们鼓励病人勇气。

(3) *对吸烟者采取严厉的惩罚措施,是为了保持市容整洁,并帮助青少年成良好的习惯。

(4) *迈克常常帮助我汉语。

(5) *"我的父亲"这个题目让我很深刻的记忆。

在兼语句中,V2的成分结构比较开放,受到的限制也比其他成分少。但是,并不是说V2的成分可以省略不说。在句子结构中,如果省去V2成分,往往会导致句子语义内容发生改变。以上的5个例句都遗漏了V2成分:例(1)中,"大家"和"没意思"是一种感觉上的接触,单纯将两个词放在一起,是不符合汉语语法规则的;句子(2)中,"病人"与"勇气"是两个名词性成分,它们之间不能直接联系在一起,一定需要有动词V2的出现,整个句子才是正确的,其他例子亦然。

(二) 误加

误加偏误是指由于在兼语句中误加了某个或某几个成分导致的偏误,从对语料库筛查的结果看,误加兼语动词的情况较多,例如:

(1) *因为老师不允许让我回日本,所以我只好写信回去。

(2) *他常常带邀请中国朋友来我们家交流,所以我还是渐渐对外国有兴趣了,而且我也特别喜欢中国了。

(3) *她对什么都无所谓的态度给整个小组带来困扰,也使造成了小组内的争论。

(4) *很多人不明白越南的情况,使产生了对越南的一些误解。

(5) *爬山虽然很累,但一家人一边登,一边谈谈最近的生活情况,使得促进了我们家人的互相深刻了解。

以上五例都是误加兼语动词造成的偏误。其中例(1)属于兼语动词重复,去掉其中一个即可;例(2)既可以使用动词"带"构成一般主谓句,也可以使用兼语动词"邀请"构成兼语句，二者去掉一个即可；例(3)(4)(5)属于不需要兼语动词而误加了兼语动词的情况，去掉兼语动词"使"，句子就通顺了。

误加动态助词"着""了""过"也是常见的兼语句偏误类型，例如：

(1) *这些方法会让了学中文学习省去一些时间，且会更容易些。

(2) *她就叫了我到她房间去。

(3) *这个故事让过我想起从前。

兼语句的第一个动词后一般不能带"着""了""过"，有的表示使令意义的动词在特殊情况下后面有时也可带"了"，但兼语动词"使""让""叫"后不可带"着""了""过"，上例中将"了""过"删掉即可。

除了常见的误加兼语动词和动态助词"着""了""过"外，兼语句中也会有一些其他成分误加造成的偏误，例如：

(1) *我有困难时他经常帮助我，使到我有美满的生活。

(2) *这样才能鼓励自己，让自己奋发精神，有力量克服困难。

(3) *如果让我们的孩子在分男女教育的学校去学习，他们可能变成爱两性的人，这种情况比他们早恋更不好。

以上三例中，例(1)中兼语动词后面的"到"字赘余；例(2)中 V2 为不及物动词，应删掉其宾语"精神"；例(3)中地点状语(在分男女教育的学校)已经点明了"学习"的地点，表趋向的"去"是多余的，应删去。

(三) 误代

成分误代是指用不合适的词语或句法成分代替正确的词语或句法成分的一种偏误。产生这种偏误常常是因为学生难以分辨同义、近义词的搭配功能所导致。在兼语句的使用中，常常会出现动词 V1 的误用，即本该使用某词，却用了另外的词。这在兼语句中主要表现的是动词"使""让"和"叫""给"的混用。例如：

(1) *天就要黑了，我使他们先回家去。

(2) *妈妈使女儿每天晚上喝一杯酸奶。师使我不要理他

(3) *我的妈妈为了使我们坚持学古典音乐而努力赚钱。

(4) *老师为了使我们学好汉语而认真工作。

"让"和"使"都有致使义，一般的情况下，"使"字兼语句都可以用"让"字替换，可是并不是所有"让"字兼语句都能换成兼语词"使"，二者的侧重是有所不同的："让"侧重于人，而"使"侧重于事件；"让"经常表示某人致使了某种动作，"使"则总是表示由于某个事件而引起了什么结果；"让"常和人的主观意志相联系，"使"则不和人的主观意志相联系。从语义角度上来分析，"使"表示"致使"和"迫使""派遣"等含义，而"让"字不仅包含"使"字所具有的意思外，还表示"要求""允许""听任""表示共同愿望或号召""委婉请求"等含义。对于"使"和"让"之间的区别如果没有掌握清楚，在使用上容易出现偏误。

(1) * 由于我的过失给她伤心。

(2) * 虽然他爸妈没有什么钱，但他想要什么，爸妈都给他满足。

(3) * 家长应该从小培养孩子独立，从小给他们对生活的了解。

(4) * 帮助其他人给她们更加喜爱生活。

这四个句子应该把“给”改为“使”“让”。“给”做动词时，可以表示致使、容许的意思，例如“给我想得吃不下饭”，也可以表示使对方遭受或得到，例如“给妈妈节日礼物”；“给”做介词时，常常引出动作的对象和行为的目的，例如“给学生批改作业”；“给”也可表示被动，相当于“被”，例如“好心情给大雨破坏了”。以上例句中都用到了“给”字，但使用得不恰当，与“使”“让”混用了，应该更改。

(四) 句式杂糅

句式杂糅偏误是指不恰当地将两个甚至多个句法结构糅合在一起造成的偏误，兼语句句式杂糅主要有“把”字句与兼语句杂糅、“被”字句与兼语句杂糅，其中“把”字句和兼语句杂糅的情况较常见，例如：

(1) * 开始是爸爸让我和妹妹送来中国。

(2) * 他们大声的吵闹使他吵醒了。

(3) * 吸烟把身体的抵抗力大幅度地降低。

(4) * 眼前的场景把我想念爸妈和亲人。

“把字句”和“兼语句”都含有由于某个原因致使某种结果的意思，而且结构上有存在相似之处，所以很多学生会将“把字句”与“兼语句”混用。主要是没有分清楚这两者之间的不同之处。两者的主要区别为：“把字句”的“把”后一定会出现“动作”，这个“动作”就是引起后面结果的原因。而“兼语句”中的原因是放在致使动词“使”“让”等的前面，其后只有结果。例(1)(2)“让”和“使”后面的“送”“吵”不是结果，而是引起结果的原因，是句子想强调的动作，应该用“把”；例(3)(4)中的“抵抗力大幅度降低”“我想念爸妈和亲人”都是出现的是结果，应该把“把”改为“使”，使用兼语句。

“被”字句和兼语句杂糅的情况如：

(1) * 它不仅让非吸烟者无缘无故地呼吸烟气，而且其烟头处理得往往不妥，影响市容，甚至被儿童受伤。

(2) * 因为有几次因为这些人发生了事故，那些人拿的烟，被小孩子受伤了，所以现在所有路上都设置了小型的烟灰缸。

(3) * 她令人称作“音乐天才”。

以上三个例句，是兼语句与被字句杂糅导致偏误。例(1)(2)“儿童受伤”是导致的结果，改成兼语句为妥；例(3)中“称作音乐天才”是谓语，“令人”在这里作状语，应该改“令”为“被”。

遗漏、误加、误用、杂糅都是兼语句常见的偏误类型，其中，遗漏的成分存在于各个成分中;误加是指多余的成分重复出现,这种情况多发生在动词 V1 上;误用是指不该用某词却出现了某词,兼语句中的误用主要涉及动词“使”“让”和“叫”;而句式杂糅则是指各种句法结构同时出现,造成语义不明、结构混乱的现象。

二、偏误原因分析及改正策略

第二语言学习者的偏误来源是多方面的,也是由多方面的因素造成的。刘珣(2000)认为留学生偏误的来源主要是母语的负迁移、目的语知识负迁移、文化因素负迁移、学习策略和交际策略的影响、学习环境。具体到兼语句,其偏误原因主要表现在以下几个方面:

(一) 母语负迁移

语言学习实际上是一种习惯养成的过程,在新的习惯的形成过程中,以前的旧的习惯必然会对新的习惯的产生造成一定的影响。在初级阶段,由于学习者对于目的语的语言知识掌握程度较低,使用目的语进行交际的能力有限,在遇到困难时,他们往往会也只能借助自己的母语进行交际造成母语负迁移,例如:

(1) *科长使田中转到北海道的分公司工作。

(2) *有点儿急事,使小李马上到这儿来。

(3) *对不起,请使我用一下你电话可以吗?

以上三例都是以日语为母语的留学生产生的偏误,汉语中的兼语句,特别是表示使役类,在日语中也有同样的表达形式。从语法形式上看,日汉两种语言的这种相似的使役表达并不复杂,但从语法意义和使用上,却并不那么简单。日语中大部分使役表达的普通形式可以与汉语兼语句中的“使令类”直接对应,对应的兼语动词为“使令类”,一般是“使、叫、让、令”这几个动词。但虽然日语中都是通过动词的使役变化来完成使役要求的,但是对应汉语兼语动词不同,日本学生很有可能受到母语的影响,简单地认为“使、叫、让、令”都是能够完成使役要求的,忽略这些动词之间细微的差别,从而造成上文提到的成分的误代,特别是“使、让”的混用。

(1) *常聊天跟中国朋友使我学习很快汉语。

(2) *她不断练习唱歌让动听歌声。

(3) *我们打扫让很干净教室。

以上三例都是越南留学生产生的偏误。越语与汉语的限制性状语排序不一致,因而常出现状语后置偏误;越语和汉语定语与中心语的排列顺序正好相反,易产生定语后置偏误。

学习第二语言的过程中，或多或少都会受到母语负迁移的影响，汉语兼语句本身也具有一定难度，容易导致语法上的错误。对于母语迁移，我们不能简单对待，而是要正视它的存在，在尽量减少其负干扰的前提下，充分利用母语迁移的正面作用，帮助学生更好地学习第二语言。

（二）目的语知识语负迁移

学习者把他所学的有限的、不充分的目的语知识，用类推的办法不适当地套用在目的语新的语言现象上，就会造成由目的语知识负迁移所产生的偏误，也称为过度概括。

(1) *她令人称作“音乐天才”。

(2) *绿色的食品是全世界都需要的，让所以应该消除一切存在的问题。

以上例(1)是将兼语句与被字句混用，应该改为“她被人称作‘音乐天才’”；例(2)句式结构完整，不需要再用兼语句来表达句意，应去掉“让”。以上都是因为学生掌握了兼语句这一结构，却没有弄清兼语句具体的特点造成的。

兼语句本身是一种特殊的句式，从提出开始各家就对其名称、存废、V1 和 V2 的句法功能等有所争论，一直没有定论，这都归结于兼语句本身的复杂性。首先，我们知道各家比较承认的兼语句结构是“N1＋V1＋N2＋V2”，观察这个结构，两个名词成分、两个动词，每个动词都有其特定的要求，如：充当 V2 的成分很多，动词、形容词、甚至连动结构、主谓结构都能做 V2，学生对于任何一个成分掌握不好都会出现“遗漏”“误加”的偏误，从而造成句子的不合法性。其次，对于兼语动词的语义掌握上，上文中我们对 V1 和 V2 的语义进行了分类，按照 V1 的分类就有四种大的类型，每种类型还可以根据具体含义进行细分，对于学生而言很难弄清楚各种兼语动词之间的细微差别，所以会造成学生在造句的时候出现兼语动词 V1 的混用等偏误。最后，对于兼语句来说，V1 与 V2 之间的因果关系。兼语句结构与汉语中“连动句”等的相似性，都给学生学习兼语句增加了难度，如果这些细节没有理解清楚，那么就很容易出现与其他句型的混用。

（三）第二语言交际的回避策略

交际策略是学生为顺利进行语言交际活动有意识采取的措施或方法技巧，是语言使用者交际能力的一部分。西方学者认为一般是在交际中遇到困难，没有办法按照原来的目的去实现交际的目标，才会采取交际策略。交际策略最为明显的一种方式是“回避”，这是第二语言学习者经常采取的策略。当学生们需要使用兼语句时，更多的是采取代替的方式，用其他简单的句式来代替复杂有难度的兼语句。例如：

(1) *这样就能实现双方满足。

相对比兼语句结构的复杂性，主谓句更简单一些，所以学生试图回避较难的句子，就造成了偏误。

三、教学建议

偏误的出现是学习过程中的正常现象，对学习者目的语系统的形成不仅是无法避免的，而且也是十分必要的。偏误能够反映出学习者学习的心理过程，同时也能够给教师在教学中启示，从而更好的改进教学方式。根据上文对于留学生习得兼语句产生偏误的原因进行讨论，我们发现对于留学生来说，影响较大的是母语的负迁移和兼语句本身的理解难度，如何让学生清楚地掌握兼语句的句法结构，并能够理解“使、让、令、叫”等容易混淆的词之间的细微差别，都需要教师在实际的教学中不断摸索改进。

（一）循序渐进把握重点

兼语习得是一个循序渐进的过程教学组织应由浅入深，由易到难，从已知到未知。教学次序要合理，尽量在回忆旧知识的基础上引出新知识。前面的学习是基础和准备，后面的学习是发展和提高。“请”“叫”“让”等有使令意义的动词构成的兼语句结构是留学生的习得起点，在教材中放在最前的部分。汉语中能带兼语结构的动词类型是有限的，教材和教师在讲解这些动词的时候应该向学生展示兼语动词的分类、在兼语句结构中的位置以及用法。对兼语句这个句型进行讲解时，教师有必要对每个兼语动词对应的解释有准确的区分。例如使令类兼语动词在意义上很多释义相近，但用法差距却比较大。教师应该跟学生说明释义通常是单向的，而非是对等的。从对语料的分析来看，留学生最容易出现的错误是“使”“让”“叫”的混用。在汉语教学的过程中，这个难点需要教师在课堂教学中重点讲解。

（二）善用对比策略

有相关实践证明，留学生的母语对汉语的学习有很大的促进作用。在对外汉语教学活动中，要注意恰当地运用母语，发挥母语的正面影响。张灵芝在《对外汉语教学心理学引论》谈道：“教师要引导学生通过仔细观察，认真分析，反复比较，积极思考，找出两种语言知识的相似的内容，辨别语言差异，寻找实现正面迁移主题关联内容，充分利用学生原有的语言知识促进新的语言知识的掌握，将新知识纳入语言系统之中，从而促进母语向汉语的正向迁移”。对比策略有助于促进汉语学习的正向迁移。从前文的分析我们知道影响留学生习得汉语兼语句的重要因素之一是汉语的语法特点和留学生母语语法特点的差异。因此，教师要注意运用留学生母语与汉语的对比研究成果，有效地进行教学。

（三）巧妙设置教学情境

兼语句的偏误集中出现在初级阶段留学生。对于初级阶段的留学生，教师不可使用大量的语法术语。如果教师用汉语解释，往往会事倍功半，甚至没有什么意义。在讲解兼语句这个语法点时，要用深入浅出的例如情境法。黄晓颖定义情境法为教师先设定一个情境，让学生据此说出一个带有某个语法点的句子。如前所述，"致使"类兼语句引导的结构主要是求达到某种目的或具有表达致使某种结果两大语义功能。通过语境，可以设置"怎么样"结构建立话题。例如：

问：冬天洗冷水澡会怎么样？

答：冬天洗冷水澡会使有些人感冒。

　　冬天洗冷水澡会让我直跳脚。

问：不参加体育活动会怎么样？

答：不参加体育活动会使人容易变胖。

　　不参加体育活动会令我感到不舒服。

问：素质教育对孩子起到什么作用？

答：素质教育能使孩子全面发展。

　　素质教育让孩子增加了学习负担。

此外，还可以用"为什么"结构来建立话题，例如：

问：小孩子为什么喜欢比较妈妈？

答：因为妈妈让他们感到快乐。

　　因为妈妈使他们觉得安全。

问：人为什么要喝水？

答：因为喝水让人解渴。

　　因为喝水使消化好。

诸如上述的设问可以是多种多样的。在采用各类设问法教学时一个问句应该请多位学生回答不同的答案，同类型的问题也应该一次性提出若干个，这样才能有效地加深学生对致使类兼语句运用背景的认识与理解，强化其产出致使类兼语句的运用能力。设置具体情景来进行教学，通过具体的使用环境，学生可以通过具体感知加深对句式使用语境的了解，从而降低兼语句使用的偏误率。

四、思考与练习

(一) 选词填空

（让　逼　请　是　有）

1.（　　）我们永远生活在一起。

2. 他昨天（　　）我吃饭。

3. 我没有(　　)你做那件事
4. (　　)他救了我的命。
5. 中国古代(　　)个诗人叫李白。

(二) 选位填空

1. A 他	B 我今天下午	C 去开会	D。(叫)
2. A 公司	B 我	C 来中国工作	D。(派)
3. A 历史上	B 称	C 这一时期战国	D。(为)
4. A 究竟	B 谁当班长	C 他们早就心中有数了	D。(选)
5. A 中国	B 古代	C 个文学家叫司马迁	D。(有)
6. A 我们这	B 没有人	C 金智恩	D。(叫)
7. A 他	B 救了	C 我的命	D。(是)

(三) 修改病句

1. 老师给我们参观画展。
2. 听到这个消息,有这个人笑起来了。
3. 这件事叫他不会感到为难。
4. 大家请了她跳舞。
5. 下雨的时候,使我们不能出去。

第十九章 存现句偏误分析

存现句是指说明某处(某时)存在、出现、或消失某人或某物的句子,例如:

(1) 河里两个飘着两只船

(2) 前面来了两个客人

(3) 昨天走了两个陌生人

存现句大都可以分为三段:A段处所/时间背景+B段动词+C段存现主体。

A段是表示时间或处所意义的名词性成分,如上例中的"河里""前面""昨天";B段是表示"出现""存在""消失"意义的词语,如上例中的"漂""来""走",叫做"隐现动词";C段通常是实体名词,如上例中的"两只船""两个客人""两个陌生人"。

存现句是世界上所有语言中都普遍存在的语言现象,同时又是一种特殊而复杂的句式。对存现句的偏误进行系统分析,有利于了解学生习得在习得存现句中存在的问题,提高学习和教学效果。

汉语中的存现句可以根据句中动词的种类分为"存在句"和"隐现句"两种,"存在句"表示什么地方或什么时间内存在什么人或什么事物。其基本结构是"某处+存在动词+某人、物",主要有以下特征:

1. 表存在的动词通常具有"安置"义,如"挂""摆""放""刻""插""堆""写""画"等,动词后通常附带"着"表存在,或附带"满",表"尽是、全是"等意义。如:

(1) 天空缀满了星星。

(2) 条案前立着一张红木方桌。

2. 存在句的宾语通常是无定的,而且通常不是简单名词,一般由"一个""几个"等数量短语修饰,如:

(1) 墙上挂着几幅画。

(2) 四周围着几十个人。

"隐现句"是表示什么地方或什么时间内出现或消失了什么人或事物,隐现句都为非主谓句,是说明某时、某处出现或消失了某人、某物的句子,有以下特征:

1. 隐现句中的动词通常含有"出现""消失"义,有两类,一是"位移性隐现动词",指句子动词或动词所附带的趋向补语具有位移性意义。如:

(1) 对面来了两个人。(位移性出现)

(2) 门洞里飞走了一只鸟。(位移性消失)

二是"原点性的隐现动词",指的是动词及其所带补语都不涉及空间变化,如:

(1) 脑海里浮现出一幅画。

(2) 村子里死了两个人。

2. 隐现动词后面通常要带趋向补语或者助词"了",如:

(1) 荒地里走出几个人。

(2) 老张家昨天来了几个人。

3. 宾语通常是不指定的名词性词语,常常有"一个""几个"等数量词语修饰。有时宾语不含数量短语,但末尾语气带语气词"了",如:

(1) 来客人了。

(2) 张家丢钱了。

一、偏 误 类 型

根据北京大学 HSK 动态作文语料库的分析,存现句的偏误类型主要有以下几种

(一) 遗漏

遗漏偏误是指句子中丢失了必要成分,导致句子表达不完整。遗漏偏误在存现句中出现较多,留学生在存现句各个位置出现的遗漏现象不同,主要包括以下几种。

1. A 段方位词遗漏

(1) *电视有很多节目。

(2) *网络有很多广告,游戏,查资料。

(3) *这条线有陕西省的西安和华山,还有河南省的洛阳,郑州和开封。

(4) *在我住的楼的大厅有一家按摩馆,所以我每次回家的时候,我要走过。

(5) *在电脑有一把椅子,还有在大方桌放在一块桌布。

在存现句中 A 段处所词最常用的有四种,方位词、名词、名词加方位词和代词。如"前面有一辆车"、"大连有三条地铁"、"桌子上摆着两盆花""那里有一只小鸟",其中纯名词做 A 段的包括时间名词和处所名词,A 段为纯名词和代词的存现句不需要加上方位词来表示具体的位置。留学生对于方位词的忽略源于对存现句结构掌握得不熟练,但同时也有留学生因为不能准确分清处所名词和普通名词,导致不了解什么时候该加方位词,将 A 段为处所名词的存现句使用方法迁移到名词加方位词上了。由于存现句 A 段表示的是事物存在的背景,在处所名词做 A 段的存现句中,处所名词自己可以准确的表达 C 段名词所存在的位置背景,如"大连有两个海洋馆"。但在名词加方位词作 A 段的存现句

中,单独的名词不能准确表达事物具体的存在位置,如“* 桌子有个足球”,人们在接收信息的时候并不知道足球的具体位置,只知道在桌子的附近,所以需要用方位词来给C段名词的存在限制在一个合理的范围内,如“桌子上有个足球。”A段方位词不仅限于“上、下、左、右、前、后”,同时也包括“西北、中间、外面、对面、这边”等复合的方位词。

2. C段遗漏,主要是数量词遗漏,例如:

(1) * 我没写因为上个月我有越南朋友来旅行,所以我带他们去玩。

(2) * 这里有大湖。

(3) * 印尼乌有公司。

(4) * 然后我们就选从左边走在分岔路的前面有很大的河。

(5) * 看前面有很大的河,很热的水,蒸发相气球一样。

存现句用于表述客观存在的事实,但C段宾语在泛指或不确定的情况下并不能直接连着B段动词进行使用,通常情况下要在C段前面加上一定的修饰成分。因为存现句中的C段内容一般情况下是说话者双方都未知的信息,是一个刚进入双方谈话内容新话题,前面需要一定的成分对C段名词进行限制和修饰。

3. “都”的遗漏

(1) * 每天上课的时候有一个特别的女孩子。(中下,哥伦比亚)

(2) * 每天早上有一个男孩儿先早点来学校用焦炭燃火。

(3) * 我知道,大部分的这种地方有一位小姐。

(4) * 我们每天有晚会,韩国的人去我家玩儿。

(5) * 所以每地方有很清真寺。

在这种遗漏中,句子本身的存现结构并没有发生错误,但当A段存现背景中加入了“每时、每处、每次”这样的词语或者表示大多数情况下的含义时,该句子仍然表示存现,只不过在C段存在的背景外加上了经常、一直这种状态,但在加入这种状态之后,单纯的B段动词并不能准确表达语义,整个句式并不连贯,缺少“都”来使整个句子更加顺畅,但差不多所有教材中的存现句教学都没有提到这一点,在练习中也基本没有在A段中加上“一直、经常”这种词语的练习题,所以当留学生在实际使用中想运用时,遗漏了“都”,使整个句子变得不连贯。

4. 动态助词和补语的遗漏

(1) * 他走了之后出现一个隐士,这个隐士原来是罗波那。

(2) * 当树跟别的女生讲话的时候,庄她眼里出现“吃醋”这种感觉。

(3) * 偶尔看见一棵高大的树,身上穿黑色的衣服,圆圆的脸,头戴上绿帽。

(4) * 他上面穿的白色的衬衫,还穿白色的鞋子。

(5) * 车到了,周围还挤热闹歌迷,阿杰好不容易钻进去。

在存现句中,除了“有”和“是”,B段存现动词通常情况下不能单独使用,需要搭配动态助词或补语来辅助构成B段,也就是“着”“了”“过”和补语,留学生在习得“有”和“是”之后，由于“有”和“是”的后面不需要添加任何成分，可以直接作为B段来存在，在使用其他B段处所词的时候会遗漏动态助词，究其原因是留学生对存现句结构掌握不够熟练。在“着”的遗漏中“着”表示某件事物存在的状态，表示一直处于这个状态中。在例句“* 穿白色的鞋子”中，动词本身的语义表示动态的动作，也就是穿上鞋这个动作过程，但实际想要表达的是一直穿着“白色鞋子”的这种状态，这时需要加上“着”来表示鞋子已经存在于身上的持续性状态，同样，没有“着”“过”和补语的非“是”“有”存现句无法完全表达应有的语义。

（二）误用

误用偏误是指在句子的同一个位置上选取了不适于当时语言环境的词或短语。存现句常见的误用有以下几种：

1. “着”和“了”的误用

（1）* 过了一首歌，在想跟她跳舞虽然在伊凡后面站了一个男生。

（2）* 湖中间建着一座泰国古典的楼房。

（3）* 路两旁都种满着树木。

这种偏误需要结合语境进行分析，“伊凡后面站了一个男生”的背景是“伊凡”想跟“她”跳舞的同一个时间段，这时想表达的是“一个男生”站在“伊凡”后面的一种状态，这种状态是静态的、没有变化的，表明的是一种动作状态的持续，而“了”表示的是动作完成后持续的状态，比如“我们家昨天死了两只小鸡”“中国发生了新文化运动”，“死”和“发生”都是已经完成的动作，“了”表示的是该动作发生之后的状态。在例句中同一个时间段里“站”这个动作是一直持续的，而不是完成后的状态，所以应该用“着”而不是“了”。同样在剩下两个例句中的“建”和“种”都是已经发生过的动作，“建了”“种了”表示的都是在建成之后楼房的状态和种树之后树木存在的状态，所以应该用“了”。“V＋了”在语义表达上表示完成，而“V＋着”在语义表达上表示状态的持续，也就是该动词的影响正在进行，这是两者使用上的首要区别。

2. “是”和“有”的误用

（1）* 泰国的南方有海边，北方有山有水。

（2）* 很多人去巴理岛旅游，因为在那边是一个很漂亮的海。

（3）* 地面是自动电梯，让客人能够很舒服地欣赏美丽的风景。

在动词误用偏误中，有一部分偏误是“是”字句和“有”字句混淆，两者的区别主要有两个方面，一是“是”字句语义更多倾向于判断，“有”字句更多起到陈述的作用；二是“有”字句C段的内容所占空间要比A段处所词语描述的空间小，A段的背景空间在说话人心目中大于C段内容并能包含C段内容，而“是”字句中C段所占空间和A段相同或差不多，更多的含义是C段充满了A段，如“桌子上有一台电脑”和“教学楼旁边是食堂”。除了这两点区别，“是”字句中的C段一般是处所短语中已知、唯一并且确定的存在，也就是在进行判断后肯定了C段名词,在肯定该C段名词的同时也否定了其他事物在A段处所词中存在的可能性。而"有"字句中的C段是不确定的物体或人。所以在使用中,即使老师已经强调了两者使用上的区别,但还是会出现问题。对留学生而言,最主要的区别方法就是C段名词是否是确指、已知并且唯一的,是否对C段名词进行进一步肯定及说明。

3. B段其他动词误用

(1) * 牙齿放着牙套。

(2) * 动物园里放着很多动物。

(3) * 场地两边堵着墙。

留学生对存现句B段动词的语义理解不够,导致这些存现词存在误用情况,B段存现词误用导致动词不能很好的连接A段处所词和C段之间的语义关系。"牙齿上"应该用"戴着",但留学生平时在练习中可能没遇到过"牙齿上"和"牙套"这种词语,也并不清楚应该搭配哪种B段存现词,而老师在教学中时常用这样的例子:"桌子上放着一根铅笔",一部分留学生习惯性地用"放着"来代替合适的B段存现词。

(三) 杂糅

杂糅偏误是指在一个句子中同时出现两个或两个以上的句式,如:

(1) * 以前我读过在报纸上有一些长寿的方法。

(2) * 右边是商场卖很多东西有纪念品,装饰品等等。

(3) * 去联华的路上有一位妇女抱一个孩子,我给她一点钱。

(4) * 然后走河中间有个岛。

(5) * 晚上七点我去学校东门口前面有一家饭店。

大部分杂糅偏误是存现句和一般主谓句之间的杂糅,在初级水平的汉语学习者中出现的较少,大部分是中高级留学生,在掌握一定句式之后,想在一个句子中同时表达两种意思,或者是为了尽可能多的使用表达方式。很多句子是前一个分句的句末直接当成了下一个分句的句首,但中间没有标点符号的语义停顿;或者是后面的分句中缺少主语。

(四) 误加

误加偏误是指在句子结构已经合理并能准确表达时在句子上添加了额外的错误句子成分。误加偏误是在调查中出现次数最多的偏误,其中"在、从"等介词的误加占比最多。

1. "在""从"的误加

(1) * 在钱包里有你照片。

(2) * 在龙门石窟有很多佛的雕刻。

(3) * 去年夏天,在天安门广场有一对母子。

(4) * 从第一间教室拐右边有一台乒乓球桌。

(5) * 从群人里有一个年轻人很大声说。

在误加偏误中大部分偏误是介词“在”的误加。在存现句中，A段一般由处所词或时间词来充当，用来表示和限制C段存在的范围，这时处所词是作为主语存在于整个句子中的，但如果在处所词前面加上介词“在”，整个结构在句子中是作为状语出现的，这种句子不符合存现句的结构和语义，属于错句。在《国际汉语教学通用课程大纲》中对存现句的语法特点也有如下规定：“句首一般是处所词，前面一般不能用‘在’、‘从’等介词”。

2. “了”和“着”的误加。

(1) *那天有了期中考试。

(2) *学校里很大，有了很多的楼。

(3) *客厅里的圣诞树下有了一件很大的礼物。

(4) *宝墨园正门有着大型石雕牌坊。

(5) *两栋楼之间有着一个走廊通道。

在存现句中“是”和“有”可以不用添加其他成分直接进入B段充当存现词，但在调查中出现了不少在“有”和“是”后误加“了”和“着”的情况。除了“有过”表示过去曾经的存在状态，一般情况下“有”和“是”表示单纯的存在和判断，并没有其他附加语义。几乎所有的教材中教学顺序都是先学习“有”和“是”，再学习“V＋了”“V＋着”和“V＋补语＋了”，也都有相对应的练习，但练习只针对“有”“是”的辨析和“V＋了”“V＋着”的辨析，没有针对整个存现句的对比练习，导致留学生在学习“了”“着”后，在使用“有”和“是”的时候也不自觉地在后面误加上“了”和“着”。

3. 方位词误加

(1) *广州里有很多公园跟树。

(2) *广州里有其他的地方菜。

(3) *广州里有很多人，很多自行车，还有很多小汽车。

(4) *张家界里有张民放。

(5) *在一棵树之下有一只小小的，毛全湿的，快要饿死的小猫。

在存现句中，一般A段名词后面要加上“上、下、里、外、这儿、附近”等词语组合成处所词，但在专有名词，如中国、大连、交通大学等专有名词的后面不需要加上方位词。在例句中“广州”属于专有名词，在其后面不需要加上方位词，可以直接作为A段存在。例(66)里，“在一棵树之下”中误加了“之”，一般A段名词后面直接加方位词，不需要在中间加入其他成分。例(67)中“校园的周围”，“周围”已经表示方位，不需要在后面添加方位词“里”。在调查中存在着方位词遗漏的现象，也有方位词的误加现象，说明留学生对存现句A段什么时候应该加方位词存在着疑问，在使用中也出现了很多问题。

(五) 错序

错序是指句子中几个成分由于顺序颠倒或混乱导致的错误。

1. C段语序错误

(1) * 因为中午在食堂里有人很多。

(2) * 这个学期有很多越南学生新来,大部分是从北边来的。

(3) * 信的后面有简历一份和我的获奖证书。

(4) * 路的两边有卖水果的人很多。

C段错序主要是C段名词和前面的修饰语顺序错误。C段前的定语多数为数量词和“很多”,在以上例句中,“有简历一份”“有钱包褐色的”“有卖水果的人很多”,全都是在写出C段主要名词后再在后面加上修饰性的定语。在一些语言中定语的位置在中心语的后面,通过后置定语的方式来对中心词进行描写,留学生在写存现句的时候受母语影响先写中心词再写修饰的定语。留学生在造句时首先想到的是处所词+B段动词+C段名词,在脑海中形成了一种定式,在写完B段后直接接上C段名词,而把修饰用的定语放在了后面。

2. A段错序

(1) * 贸易中心大楼的下楼有电影院还有很多各种各样的产店和饭馆。

(2) * 我看到里边在湖水都有很多鱼。

在A段错序中有方位词和名词的顺序错误,(1)中“大楼的下楼”应改为“大楼的楼下”;(2)“里面在湖水”应改为“湖水里面”。

(六) 冗余

冗余偏误是指句子中出现了相同的成分,有两个或三个成分在句子中表达同一个概念。

1. 动词冗余

(1) * 原来那边有是五个男生站着。

(2) * 去年学校里也有搞了一些活动就是打排球比赛。

(3) * 我的家前面是开加油站。

(4) * 在蛋糕上有二十个支蜡烛都点了。

(5) * 那里是有很多东西。

存现句B段冗余是指有多个存现词存在,其中有两个或三个存现词都适用的情况,也有只适用于一个存现词的情况。“有”“挂着”同样适用于挂历,这时两个B段存现词都成立,问题是不能同时出现在句子中。“* 那里是有很多东西”中只有“有”适用于此存现句,“是”单独放在这个句子中并不成立,在“* 里面是有小蕊”中“是”和“有”产生冗余,但该句中“是”是适合该句子的存在词。说明留学生在存现词的使用方面存在问题,有些留学生由于不确定哪个B段存现词更合适,便将两个都写上,造成冗余错误。

2. 其他冗余

(1) * 在那里坐着了一位在等他的顾客。

(2) * 衣柜里有很多衣服和毛衣。

(3) *湖边儿周围有很多人。

在其他冗余中有“着”和“了”的冗余，产生该错误说明留学生对“V＋着”“V＋了”的使用掌握不熟练。以及A段和C段词义的冗余，这种错误出现较少，但仍然存在，说明对词义的理解不够，“边儿”和“周围”同样表达附近的含义，“衣服”已经包含“毛衣”的含义。

二、偏误原因分析及改正策略

(一) 母语负迁移

留学生在学习汉语的同时会不自觉的受到母语语法体系的影响，包括正面的影响和负面的影响，正面的影响可以通过相同的语法结构或相同的语法规则对第二语言的学习产生促进作用，但两种语言中的差异会产生母语负迁移，使留学生在习得汉语的时候不自觉的使用母语的语法体系或语法规则，对留学生的汉语学习产生阻碍作用。例如一些留学生对介词“在”的误加就是受到了母语思维方式的影响。“在”可以作为动词可以作为介词，“电脑在桌子上”中“在”是动词，但由于该句并不是存现句结构，所以不属于存现句。将该句从图形——背景理论的角度来解释，图形是相对较小的，居于中心位置的，而背景是较大的，静态的，也可以说是图形存在的容器，但对两者的存在关系进行描写时，“电脑”作为图形先于作为背景的“桌子上”进行介绍，位于人们认知顺序的第一位，其次认知的才是作为背景的“桌子上”，同时这也与说话者要强调和突出的主要因素有关，针对该句需要突出强调的是“电脑”的位置。在标准的存现句“桌子上有一台电脑”中，“桌子上”作为背景是认知的第一位，“一台电脑”是次位的认知内容，同时“桌子上”也是该句所强调的主体。与“电脑在桌子上”不同的是，存现句“桌子上有一台电脑”并没有前提背景，并不需要优先强调电脑，只是单纯就电脑的位置进行描述，但不同国家对事物存在的背景描述有区别，在汉语中人们的认知顺序通常是从大到小，在写地址时通常是省、市、区、家庭住址，而在一些语言中，是从小到大的来表示，也就是以那些语言为母语的学习者在认知过程上是先图形后背景。先认识C段再接触A段，由于母语的影响习惯性的先说C段，英语中的“There is a bird in the tree”，德语中的“Es gibt ein Computer auf dem Tisch.”在后面的事物前一定会加上介词，但对应到汉语中的句式是存现句，而不是“电脑在桌子上”的主谓句，因为在该句中，“电脑”是主要强调的因素，这句话背后的前提是“电脑在哪儿?”对应英语中是“The computer is on the table.”而“there is”的句式和汉语中的存现句一样，同样是表达客观事物的所处位置和背景，只是由于认知顺序的不同导致句子成分的顺序不同，但同时并没有像主谓句那样的前提背景，所以留学生习惯性的在汉语存现句的处所词前面也加上介词。

（二）目的语知识泛化

目的语知识泛化是指留学生对汉语知识了解不够充分，使用不够得当，用先前学过的汉语知识套用到未知或者理解不够充分的句式中，产生偏误。留学生在之前学过“谁/事物＋在＋处所词/名词加方位词”的句式，如“水杯在桌子上”或“颐和园在北京”，留学生在运用存现句的时候不自觉的将之前习得的主谓结构中的“在”迁移到存现句的使用当中，在更换主语宾语顺序变成A段C段后将“在”也加入到A段中，形成如“*在桌子上有一个水杯”“*在北京有颐和园”这样的错句。又如在例句“*学习方面里有遇到很多困难”中，留学生想表达的意思为在学习上遇到了很多困难，但由于留学生已经习得了存现句，便将存现句的句式套入到该结构中，将“学习方面里”定义成存现句的A段处所动词，将“很多困难”定义为C段内容，这时存现句B段动词“有”与“遇到”生语义重复，动词冗余。在“从”的误加中，在留学生习得“一个人从前面走过来了”这样的句子后，跟“在”字句一样，会将“从”字迁移到隐现句中，如“*从前面走过来一个人”，造成“从”的误加。

（三）第二语言交际的回避策略

当留学生现有的汉语水平不足以表达想要的含义时，会选择用比较简单的句式来替代，这样留学生会更加有把握，降低了句子的复杂性，但同时也降低了句子表达的丰富性。在调查中很难发现动态存现句，隐现句出现的频率也很低。通过与本族语者存现句使用情况的对比我们可以发现，留学生“有”字句的使用频率要大大超过本族语者，而“V＋着”的使用频率要比本族语者低很多，因为“V＋着”虽然句式结构不难，但需要掌握更多存现动词，相比之下，留学生选择“有”字句来表达简单直接的存现关系，但同时也舍弃了对存现方式的表达。留学生在例句“牙齿放着牙套”“以前有一个大的蛇”中会采用简单的动词和数量词来代替合适的词语。为了避免出错而一直用已经熟悉的句式来表达，这样复杂的句式一直没有练习的机会。合理运用交际策略可以达到一定的交际目的，如通过转述、回避或者手势语等，但这也导致了学生习惯使用交际策略，汉语水平得不到发展，对存现句的使用也缺乏准确度和流利性。

三、教学建议

（一）先易后难，循序渐进

在留学生使用的存现句中，“有”字句和“是”字句占了绝大部分。但其中使用频率最高的是“有”字句，“有”字句也是最容易习得的存现句，单纯的存在关系是最容易理解的。

我们建议存现句应按"有"字——"在"字——"是"字——"V＋着"——"V＋了"——趋向动词/动趋短语——出现/消失——光杆动词和"V＋(补)＋了"的顺序进行。"有"字句是最容易接受的存现句，因为"有"字最基本的含义是表示领有，是留学生接触的比较早的词，一般"有"字的教学都是从"我家有三口人"这样的句式开始，比较方便留学生学习，同时也贴近留学生生活，由"我家有三口人"转到"桌子上有一个苹果"，A 段由"我家"转到名词加方位词的"桌子上"，C 段由"三口人"转到物体"一个苹果"，过渡很自然。

"在"字句比"是"字句更容易学习。人类的认知具有共性，当对一个场景进行描述时，可能会产生先图形后背景和先背景后图形的差别，但当一个句子中有一个突出的主题时，认知会优先于该主题。"电脑在桌子上"的背景是"在桌子上"，"电脑"是已知的，需要强调的，而其他语言中也会先叙述"电脑"，有着共同认知背景的"在"字句要更容易接受。而"在"字句也使之后所衔接的"是"字更好理解，因为两者的共性是"已知的"，而"有"字句并没有这种特点，"是"字句所具有的更多特性是"唯一的"和进一步需要强调确认的，这两点可以在练习中将"是"字句与"在"字句和"有"字句进行辨析练习。之后进行"V＋着"的教学，因为"V＋着"也属于存在句的范围，但特点是比之前的存在句表达更多的存在方式，但仍然表述一种 C 段存在于 A 段的一种状态。之后进入隐现句的教学，隐现句相对较难，由于在认知上从原来的 A 中有 B，变成了 B 进入到 A 段和 B 从 A 段中离开，需要留学生在空间认知上有一定思考，可以通过"V＋了"中的隐现句引出趋向动词/动趋补语和出现/消失两类，因为"V＋了"可以表示存在也可以表示隐现，通过一个句式从存在过渡到隐现，学生也更容易理解，而趋向动词/动趋短语和"V＋了"都可以表示 C 段从 A 段处所范围外进入到内部或者由内到外的隐现过程，比单纯的在处所内部的出现和消失更好理解。光杆动词的运用比较抽象；"V＋(补)＋了"句式中补语一般是"满"，更多是表示"都、全部"的含义，在使用上跟"V＋了"没有区别，但需要强调的是，带补语"满"的存现句由于表示全部，所以 C 段存现主体前面不能随便加数量词，如"篮子里装满了苹果。""苹果"前不能加数量词，这两个句式因为使用频率很低，放在最后进行介绍。

(二) 突出重点、加强比较练习

要根据上文的偏误类型分析，挖掘存现句的重点和难点，有针对性地加强练习。例如"有"和"是"是现代汉语中最常用的两个存现动词。在调查中存在"是"和"有"的误用情况，教师在教学过程中可以有意识地加强区别练习。两者最大的特点是 C 段名词是否是确定、已知和在 A 段处所中唯一存在的。由于"是"字句带有判断和进一步肯定的含义，且是有定的，"是"字句前面可以省略数量词、形容词等定语。两者用法上还存在一些区别，"有"字句可以进行连续描写，"是"字句不能进行连续判断。针对以上区别，我们可以利用多媒体设备设置情景展示来加以练习。方位词的遗漏和误用也是留学生在学习过程中经常出现的偏误。在一些语言中，并不是所有方位词都是一一对应的，"桌子上放着两本书"和"墙上挂着一幅画"都用方位词"上"来表示，但在德语中"Es gibt zwei Bücher auf dem

Tisch", "Es gibt ein Bild an der Wand",对应的"上"分别成了"auf"和"an",因为一些教材将方位词进行对应翻译,而没有强调"上"还具有附着义。在中高级阶段留学生可能会使用到抽象的存现句如"心里有个疑问""脑海里有个想法""经济上存在三个问题"等,当面对这些方位词时,留学生更加无从下手,产生误用现象或干脆回避使用。通过多媒体介绍方位词会更加清晰。教师在用多媒体给出场景后,将存词现给出,但将方位词遮住,一个场景对应一个方位词,先让学生填,再公布答案,学生先在心里想出母语中的对应方位词,再和老师给出的方位词进行对比,这样比教材上直接翻译更符合学生的对方位词的认识。

(三) 教材要注重内容的针对性和重现性

存现句作为初级和中级的教学内容,在教材中加入学生的母语对语言点进行解释有利于学生对该语言点的理解,但要有针对性。不同语言中存现关系的表示方法不同,一味的将韩语中的"에"翻译成"在",会造成存现句使用中"在"的误用;由于各国语言中对方位词的使用和认知存在一定偏差,所以对方位词的解释也应该有针对性的翻译;教材应该及时更新,与时俱进,搭配上有时代感的动画课件,可以贴近学生生活,让学生对汉语课更感兴趣,同时用动画来展示存现关系和各方位词使用范围和引申义,要比老师直接讲解和教材上的文字解释更加直观具体。

另外,教材的编写要增加内容的重现率。提高教材中知识点的重现率一直是教材编写的强调点,但本文在调查中发现很多"了"和"着"在"有"和"是"后面的误加,"有"和"是"作为最先学习的、最基础的、最容易理解的存现句,会出现这样的偏误说明学生在学习了"了""着"后,留学生将知识泛化到"有"和"是"的用法中。《国际汉语教学通用课程大纲》中"有"字和"是"字是二级语法项目,其他属于三级和四级语法项目,在教材如《新实用汉语课本》中,"有"和"是"的教学在第二十一课,其他存在句和隐现句在第二十九课和三十课,这样安排教学很合理,但在留学生具体使用中却出现偏误,说明在这几课中间练习上的重现并不够,在整体存现句学习过后也没有小章总结和练习,而是学过一课是一课,并没有对之前的学过的内容进行有效的回顾,所以要增加教材中有效的知识点的重现,在整体学习后对存现句进行总结和集中练习,在高级阶段可以加入图片和课件动画,让学生进行自我表达,之后由老师进行修改,培养留学生在实际运用中的能力。

四、思考与练习

(一) 选词填空

(了　挂　是　着　在)

1. 当我走进教室的时候,桌子上放(　　)一本书。

2. 马路两边全(　　)麦田。

3. 墙上(　　)着很多彩色的画。

4. 立秋以后，夜里下(　　)一场雨。

(二) 选位填空

1. A 楼道里	B 十几个	C 学生	D。(站着)
2. A 桌子	B 上	C 摆	D 一台电脑。(着)
3. A 门上	B 一个	C 书包	D。(挂着)
4. A 书包	B 里有很多	D 书。(装着)	

(三) 修改病句

1. 有一只小鸟站着在他的窗台上。

2. 桌子放着一个蛋糕。

3. 教室门前站着他爸爸。

4. 在前面来了一辆车。

第二十章
“是……的”句偏误分析

现代汉语中的“是……的”句无论在书面语还是口语中都是出现频率较高、使用范围较广的句式之一。作为对外汉语教学中的重点和难点之一，“是……的”句一直备受关注。在《汉语水平等级标准与语法等级大纲》中，“是……的”句被列为对外汉语语法教学中最重要的特殊句式。《国际汉语教学通用课程大纲》中，也多次提及“是……的”句型。分析留学生使用“是……的”句式的常见偏误，有助于深入了解留学生学习过程中的难点，有效提高教学效果。

在现代汉语中，“是……的”这个句式可用于表示强调。这一句式是汉语为突出信息焦点采用的最常见、最基本的语法手段之一，它将信息焦点框于其中重点突出，使人一目了然。“是”字一般在谓语和主语的前面出现；“的”一般在句末出现，有的时候也会在谓语动词的后面或宾语的前面出现。“是……的”中间放置所需要的强调的内容，一般是状语短语、主谓短语以及动词等。例如：

(1) 她昨天在医院碰见了他同班同学。

(2) 是她在医院碰见他同班同学的。(强调的是主语)

(3) 她昨天是在医院碰见他同班同学的。(强调的是地点)

(4) 她是昨天在医院碰见他同班同学的。(强调的是时间)

“是……的”除了用于表示强调，还可用于表示事件已经发生或者完成。此类句子的强调内容是交际双方有共同认知的同一事件。

“是……的”句式可以分为(A)、(B)两种类型。“是……的”句(A)是动词谓语句的一种，表示强调过去发生或完成事情的各种情况，且这一情况是双方已知的事实。其说明的重点，并不是动作本身，而是动作相关的时间、处所、条件、方式等等。其中“是”为动词，在肯定句中可以省略，在否定句中不可以省略，经常出现在谓语前，有时也出现在主语前。其中“的”为动态助词，常出现在句尾，有时也在谓语动词之后或宾语之前，“的”字不可以省略。常见语法结构有：

主语是状语动词/动词性词组的；做状语的时间、处所、方式、目的、对象、工具等是焦点信息。例如：

(1) 我是从美国来的。

(2) 我们是坐火车来苏州的。

主语是主谓短语的；主谓短语中的主语是焦点信息。句首的名词或名词短语是受事，宾语由于前面已提及而被省略了。例如：

(1) 这花是谁买的

(2) 这幅画是我画的。

主语是动词宾语重复动词的；通常强调“是”和“的”中间部分，即产生这种现象的原因。原因是全句的焦点。例如：

(1) 他脸红是喝酒喝的。

(2) 他眼圈黑是熬夜熬的。

“是……的”句(B)表示肯定语气，是说话人对主语的主观看法、态度和评价等等，也可以表示对主语的描写和说明。其中的“是”和“的”都表示语气。具体来说，“是”为加强语气的副词，一般情况下能省略；“的”为语气助词。否定式是把“是……的”中的部分改为否定形式。常见语法结构有：

主语是动词短语。例如：

(1) 经常锻炼是有益健康的。

(2) 跑步是有助于减肥的。

主语是能愿动词。例如：

(1) 这种事是不能乱说的。

(2) 这些话是会伤人的。

主语是动词可能补语。例如：

(1) 你的梦想是可以实现的。

(2) 你的愿望是能成真的。

主语是形容词短语。需注意的是，这种格式可能和判断词“是”作宾语的“的”字短语相混淆。例如：

(1) 海豚是很聪明的。

(2) 她是很漂亮的。

主语是成语的。例如

(1) 这么做是合情合理的。

(2) 这是理所当然的。

一、偏误类型

根据北京语言大学的数据库研究和分析，可以总结归纳出留学生在学习汉语“是……的”句式时常见偏误有以下四种类型：

（一）遗漏

遗漏偏误是指使用“是……的”句式时省略了“的”或者“是”，在需要使用“是……的”的句式时没有使用。遗漏偏误包括“是”的遗漏、“的”的遗漏、“是”和“的”同时遗漏三种情况。这三种情况在“是……的”句式(A)和“是……的”句式(B)里都有体现。

1.“是”的遗漏

“是”的遗漏在“是……的”的两种句式中都有出现，“是……的”(A)用来强调时间、地点、方式等状语。出现偏误的例子如下：

(1) 我在学校学习汉语的。

(2) 我在老师的帮助下完成调查的。

(3) 防止二手烟，这个活动最近在学校开展的。

(4) 我在美国学过修车，但是不专门学的。

在此类句子当中，在口语中有时会把“是”省略不说，但是用于书面语的时候，为了避免没有停顿所产生的歧义，一般不能省略“是”。而且不是所有的情况都可以把“是”省略掉，例如(3)中出现了代词“这”，(4)是否定句，这些情况下，“是”都不能省略。

“是……的”(B)主要强调作者的观点、叙述和评论。出现遗漏偏误例句如下：

(5) 每年，这些人由于抽烟引起的病去世的。

(6) 童年的日子当中，一个孩子周围的环境被她的父母控制的。

(7) 从小吸烟的话，孩子在精神方面也好，在身体健康方面也好，绝不利于他们的。

句式(A)与句式(B)的相同点为：并不是所有的“是”都可以省略。以下几种情况中，“是”不能被省略掉：第一，主语中出现了“这”“那”一类的代词，例如(3)；第二，句中出现“原来”“其实”等表示限定的词语，如“他其实是很有潜力的”。第三，在句子的逗号具有阻隔作用时，“是”要保留，例如(5)；第四，当句子是否定句式时，“是”也不能够省略，例如(4)(7)。

2.“的”的遗漏

“的”的遗漏在“是……的”句式(A)和(B)里也都有体现，但是与“是”的遗漏不一样，“的”的遗漏在句式(A)和句式(B)里分别很大，例如：

(1) 我是跟朋友们一起去北京。

(2) 流行歌曲是受到年轻人爱戴。

以上是句式(A)遗漏“的”的偏误，这种偏误的比率并不高，原因是“是……的”也是一个固定句式，和英语强调句式互相对应，学生容易理解和辨识此类句子。相比之下，句式(B)中遗漏“的”的偏误发生率非常高，例如：

(1) 所以在法律的观点上，是很难证明。

(2) 在美国也有很多私立的男校、女校，可是在校生与其他学校异性谈恋爱的也是屡见不鲜。

(3) 在加州我们的法律是比较严格。

(4) 古代时候,重男轻女思想在英国、中国两个国家是很严重。

(5) 而且吸烟对公众利益是有影响。

“是……的”(A)在英语中没有直接对应的句子,很多母语为英语的学生在套用这个强调句子时可能会受到一定的影响。“是……的”是一个固定结构的强调句式,其中“的”“是”搭配使用,是不能被省略的。特别是句式(B)(用于表示说话人对主语的评价的时候)出现了“是”,那么“的”就起到了一个让对方接受或者信服的肯定语气。此时,如果缺少了“的”就会显得头重尾轻,失去了使人接受或者信服的语气。而且“的”字还有强调时态的功能,强调的内容是已经发生而且说话双方都彼此对说话的内容有共同认知的,如果缺少了“的”就会产生时态上的变化,会由过去式变成了一般时或者将来时。例如:

(1) 你是什么时候回家?(等同于问你将来准备什么时候回来。)

(2) 你是什么时候回家的?(等同于知道你已经回到家了,问已完成的回到家的这个事情是什么时候发生的。)

可见,在“是……的”句式当中,“的”起着关键作用,不能随便被省略。

3. 句中的“是”“的”同时遗漏

同时遗漏“是”和“的”的情况总体占比较少,例如:

(1) ——你是什么时候回家的?

——我昨晚回家。

(2) 我的朋友叫 Anthony,他的年龄比我大,他二十八岁了,我上个星期认识他。

上述例句由于遗漏“是……的”而出现了偏误。根据语境可知,例(1)中要强调回家的时间,句(2)中要强调的是“我”认识“他”的具体时间,因此句中要加上“是……的”,其中“是”的作用主要是为了强调它后面的成分“昨晚”和“上个星期”,“的”的功能是表明动作已在过去发生或完成。如果把“是”和“的”同时省略掉,就会改变句子原本的肯定和强调语气,而变为一般陈述句,那么就失去了句子原本的说服力度。

(二) 错序

“是……的”句式错序偏误大致有三种:“的”的错序、“是”的错序以及主语的错序。

1. “是”的错序

(1) 我骑自行车是去学校的。

(2) 谁是做的蛋糕?

以上是“是……的”(A)中“是”的错序偏误,这种偏误率比较低,理论上使用者可以把“是”放在他们想要强调的内容前面,从到达到突出重点的目的,所以出错率不高。

(1) 可是,我觉得父母和子女之间“代沟”问题是当然有的。

(2) 两代人之间存在的“代沟”问题是在我们这个社会里不能避免的。

以上是“是……的”句式(B)中“是”的错序偏误，这种偏误率较高，因为句式(B)强调的是说话者的想法或论述，在“是……的”中间出现的内容要复杂一些，经常会出现一些动词短语或者形容词短语，当一个句子中焦点多的时候，对于句法的掌握就需要一些语感了。而且当句子中焦点较多的时候，状语一般不太突出，因此会出现焦点不明确的情况，例如(1)，学生会错误使用“是”。此外，有一些修饰词与“是”有强烈的粘连性，例如“当然”“完全”等等，当与这些词语一起使用的时候，“是”会紧跟其后，例如(2)。

2. “的”的错序

(1) 我是在苏州的大学学汉语。

(2) 他是去年的结婚。

以上是句式(A)中“的”的错序偏误，这种偏误比率较低，有些错误可能是说话人的口误。需注意的是，有时候汉语学习者会把句子说成“我是在苏州大学学的汉语”“它是去年结的婚”等。如果出现这种情况，我们认为以上两个句子都没有错误，只是“的”字的位置不同了。一个“的”字出现在了宾语的前面，一个出现在了宾语的后面，但这两种情况表达的是同样的意思，强调的也都是同样的内容，只不过在口语中，更加倾向于把“的”放在宾语的前面或放在离合词的中间。

句式(B)“的”的错序偏误和“的”的遗漏偏误往往会同时存在，例如：

(1) 其实，在某些西方国家，安乐死是得到法律上的认可。

(2) 因此，学习汉语是有一定的困难。

例(1)如果改为“其实，在某些西方国家，安乐死是得到法律上的认可的”，属于“的”遗漏偏误，如果改为“其实，在某些西方国家，安乐死是得到法律上认可的”，则属于“的”错序偏误。同样(2)可改为“因此，学习汉语是有一定的困难的”，属于“的”遗漏偏误，也可改为“因此，学习汉语是有一定困难的”则属于“的”错序偏误。

3. 主语的错序

在语料库中，主语的错序的偏误情况只出现在“是……的”句式(B)中。因此只对句式(B)展开分析。例如：

(1) 对吸烟的看法是每个人不一样的。

(2) 对每个人的态度他都是一样的。

在语料库中，这种主语的错序非常罕见，母语为英语的汉语学习者把原本“主语形容词短语的”混乱搭配了，主语不能确定。这种句式表示的是说话人对主语的看法和态度，因此在这里“看法”是主语，前面是修饰“看法”的定语，因此，如果按照“主语是形容词短语的”将定语放在“是”的后面是有误的。

(三) 误加

误加偏误是指在不需要用到“是……的”句式时，却使用了。此类偏误占比较高，也是一种需重点关注的偏误。

误加“是……的”句式(A)

(1) 我的妹妹是下个星期去中国的。

(2) 我儿子明年将成为是警察的。

句式(A)和英语的强调句可以相互对应,中文的“是……的”句式是强调已经发生了的事情,强调的是过去式。但是英文的强调句式可以是任何时态。在(1)和(2)句子中,作者陈述的是将来时态,即在英文的强调句式中是成立的,但是在汉语中却不能使用“是……的”句式。

误加“是……的”句式(B)

(1) 流行歌曲是普遍受到年轻人的爱戴的。

(2) 我认为最重要的是克服困难的。

(3) 但我认为那个结局是太过分的。

汉语学习者知道“是……的”是一个强调句式,但由于教学方法不当,导致学生会误认为只要是想强调的内容或者加强语气地论述观点,就必须使用“是……的”的句式。但是前面提到过关于“是……的”的句式结构,对于“是……的”中间部分是有结构要求的,不是任何结构的内容都可以放在“是……的”的中间。而且,在表达某些意义时简单地使用一个“是”或者直接使用动词谓语句式可以更好地表达出作者的意思,就如(1)和(2);(3)虽然看上去结构是对的,但是由于使用了“太”“这么”和“那么”这些加强语气程度的主观性很强的副词,不需要再和“是……的”互相搭配,以免句子显得过于繁复。

(四) 误代

“是……的”句式误代偏误主要是用“了”来代替“是……的”句式中的“的”,这种偏误比率较低,例如:

(1) 我们是九月份去看了表演。

(2) 我是从高一开始戴了眼镜。

“的”和“了”都表示过去式,因此汉语学习者会误认为它们之间可以替换。但是“是……的”句中的“的”和“了”是不能替换的。“了”字句的使用,是把新的信息传递给听话人,是陈述一件事情。比如,“我去了北京”所蕴含的信息是听话人不知道说话人之前曾经去过北京。如果“了”与“是”搭配使用,则表示事情发生了变化。如“我是医生了”这句话的本意是我原本不是医生,但现在是了。“了”除了可以用于过去时态,还可以用于现在时态。例如:

(1) 过去时:我昨天买了一本书。

(2) 现在时:你们看,这里的花开了。

相比较而言,“是……的”句中的动作已经发生,而且交际双方对此动作都已达成共识,整个句子强调的是过去。在疑问句当中,只有问主语、谓语、宾语、定语以及补语时采用“了”,如果问的是状语那么就要使用“是……的”句式。

二、偏误原因分析及改正策略

学习者在习得第二语言的过程中会出现各种各样的偏误现象，这是多方面的因素促成的，具体到“是……的”句式，可以从语言本体、学习者、教材和教学这四个方面来探究其偏误原因。

（一）“是……的”句式本身用法的复杂性

“是……的”句(A)和“是……的”句(B)所强调的焦点信息不同，使得“是……的”句式的适用语境也存在差异，留学生不了解当前语言环境就会在使用中产生偏误。同时，在不同类型的“是……的”句式中，“是”和“的”的位置以及“是”和“的”的省略情况也不同，如果留学生不能明确“是”和“的”的位置以及“是”和“的”的省略情况，极有可能在使用中造成偏误。比如“那场辩论会参加了有几十人，比赛的规则很是特别的”这句话，留学生对“是”的位置不明确就造成了“是……的”句式的错序偏误。除此之外，由于“是……的”句式的否定形式不同，在交际中所传达的信息焦点也会出现差异。比如“你相信我，我不是会害你的。”这句话，“不”该用在“会”前，留学生曲解了交际中传达的焦点信息，将“不”错误地用在了“是”前，这是由否定不当引起的错序偏误。

此外，语气词“的”与结构助词“的”及动态助词“了”用法相似。在现代汉语中，“的”的用法非常广泛，“的”字可以与语气副词“是”构成“是……的”句，“的”还可以单独用在句尾。在“是……的”句式和“是”字句中，尽管“的”字都可以直接置于句尾，但“的”的功能特点不同，留学生如果在学习的过程中没有区分出“是……的”句和“是”字句之间的差别，就会把“是”字句当作强调句来使用。比如“这种水果是酸的。”这句话是判断句不是强调句，用来表示归类关系，断定这类水果属于酸性水果。“是……的”句(A)中“的”的功能是强调谓语动词所表示的动作已在过去发生或完成，动态助词“了”的功能是表示动作的完成、实现或事件的变化。韩国留学生在习得过程中不能正确区分出表示实现或完成的“的”和“了”的差异，就容易出现“的”和“了”的误用现象。比如“我们是星期六早上从学校出发了”这句话，就是由于留学生没有把握“的”和“了”的细微差别，在该用“的”的地误用了“了”而产生的误用偏误。

（二）母语负迁移

第二语言习得者在习得目的语的过程中，因对目的语的使用规则掌握不熟练而使交流出现困难，转而依赖母语，希望运用母语知识去理解并掌握目的语的使用规则。当借助的母语知识对目的语知识的学习产生消极作用时，就容易出现偏误现象，这就是母语负迁移的影响，一般发生在目的语习得的初期阶段，之后会随着第二语言习得者习得水平的提高而逐渐减少。汉语属于孤立语，缺少形态上的变化，主要通过语序和虚词表达词与词之间的语法关系。而一些欧美语系的语言大多都具有非常丰富的形态变化，对助词的依赖没有那么强，语言中没有出现“是……的”这样的表述方式，因此，在学习汉语的初期阶段往往会因为没有注意到汉语和其母语系统的差异，在使用“是……的”句时出现了“是”或“的”，甚至“是……的”的遗漏偏误。

(三) 目的语知识负迁移

二语习得者在学习目的语知识时，为了解决当前语言学习上的难题，采用类推的方法将先前学习的目的语知识不恰当地套用到其他语言现象中去而造成了偏误。与汉语水平处于初级阶段的留学生相比，汉语习得水平处于中级或高级阶段的留学生则容易出现由目的语知识负迁移引起的偏误现象。

“是……的”句(A)中的“是”有时可以省略，处于基础汉语学习阶段的习得者在学习汉语时接触到的主要就是“是……的”句(A)，在之后的汉语学习过程中，留学生开始学习“是……的”句(B)。留学生掌握了“是……的”句(A)中“是”的省略情况后，在后期的汉语学习过程中就会将前期所学的关于“是”的省略情况直接套用到“是……的”句(B)中，由此产生了偏误。比如“蔬菜示范种植园很不错的”这句话，是表示肯定语气的“是……的”句(B)，留学生在表达中省略掉了“是”，则造成了“是……的”句的遗漏偏误。

(四) 回避策略的影响

回避策略是二语习得者在语言学习的过程中，对某一生词或句式的用法掌握不牢固，为了避免在使用中出现错误而采取的一种策略。“是……的”句式中“是”可以在主语前也可在主语后，“的”可以在宾语前也可在宾语后。留学生刚学习“是……的”句时会因无法明确“是”和“的”的位置，避免出现偏误而选择采用回避策略。比如“朴先生去年来中国”这句话，留学生想要强调“朴先生”来中国的具体时间，但是由于没有掌握“是”和“的”的具体位置，就在使用中采取回避策略，从而造成“是……的”句的遗漏偏误。“是……的”句(B)中“是”和“的”不能省略，留学生因对该句式的用法掌握不熟练，常常在使用时省略掉句中的“是”和“的”。比如“大气污染很严重的在当今社会中”这句话，学生将状语置于句尾，同时又省略掉了“是”，使“是……的”句在使用中出现错序偏误和遗漏偏误。

(五) 教材编写不当

教材是教师和学生接触知识点的直接来源和参考依据，教材内容安排恰当能减轻教师的备课负担和上课压力，提升学生的学习效率。反之，则不利于教师的授课，进而影响学生的学习效率。

从我国目前使用率相对较高的《汉语教程》《汉语会话 301 句》《新实用汉语课文》和

《发展汉语》等四种教材对"是……的"句式的编排情况来看,"是……的"句式在上述四种教材中基本在初级阶段的对外汉语教材中出现,多是作为主要语法点出现在课文中,少数出现在复习课中。《汉语教程》中明确了"是"在肯定句中可以省略,在否定句中不能省略的情况,不足的是书中并没有对"是……的"句的否定情况进行说明。《汉语会话 301 句》中阐明了"是"位于被强调说明的成分之前,"的"位于句尾,但缺乏对其否定形式的介绍,课后习题为语言交际练习。《新实用汉语课文》中的内容与《汉语会话 301 句》基本一致,但书中并未出现有关"是……的"句(B)的省略情况,其否定形式也只出现在例句中,并未进行深入讲解。《发展汉语》中关于"是……的"句(B)的用法所用篇幅较少,讲解不具体。另外"是……的"句(B)的内容分布较少,书中关于两种"是……的"句式的用法衔接性不强,同时"是……的"句式中"是"和"的"的略情况及否定情况介绍较少,这也是造成留学生偏误的中要原因。

(六) 部分教师教学水平有待提高

教师是连接学生与教材的重要一环。学生的学习需要教师的引导,学生汉语水平的高低与教师的教法是否得当密切相关。语言知识点讲解不透彻,容易使学生在学习汉语时对基本知识把握不清楚,掌握不牢固,甚至对学习汉语产生畏难心理。"是……的"句式涉及的知识点复杂繁多,"是"和"的"的位置及省略情况,"是……的"句(A)和"是……的"句(B)中不同的否定形式等等,都是对外汉语教师讲解"是……的"句式时应关注的重点。对外汉语教师如果不能明确"是……的"句式的重点内容,就容易使语言点知识讲解不透彻,进而影响留学生的学习效率。教师缺少教学技巧容易使学生的学习兴趣降低。"是……的"句式属于初、中级语法点,对学习该语言点的初、中级阶段的留学生来说,他们对汉语规则基本不了解或是了解较少,相对于教学内容,教师更应该注重授课环节中的教学技巧,在课堂中逐步培养学生对汉语的学习兴趣。课后作业讲解不及时也是造成学生汉语水平低的因素之一。设置课后习题是为了更好地检测出学生在课堂中知识点掌握的熟练程度,教师通过批改学生的作业来了解他们学习"是……的"句式时常见的语法错误。教师如果不能及时发现并纠正学生在学习汉语时易出现的语法错误,学生就会在生活中使用错误的语法规则进行交际,久而久之,不利于汉语水平的提高。

三、教学建议

针对留学生产生偏误现象的原因,我们从学生学习、教材编排和教师教学三个方面着手,降低学生习得"是……的"的偏误率,提高教学效果。

（一）加强练习，培养汉语语感

留学生应该有意识地及时进行练习。留学生在刚学完“是……的”句式的用法之后，应该及时练习，可以通过听录音、做课后习题、与同学进行交际练习等方式达到巩固知识点的目的，有意识地交际练习可以帮助留学生发现对“是……的”句式中理解不深入、掌握不牢固的地方，并进行及时地纠正和完善，以此提高自身的汉语水平。

培养语感也非常重要。留学生在学习汉语的过程中可以主动地将自己置身于汉语学习的环境之中，通过欣赏中文歌曲，观看中文影视，阅读中国美文等方式提高汉语学习的兴趣，听多了汉语，看多了汉字，留学生就会在无形中增强对汉语的敏感度，在潜移默化中熟悉汉语的使用规则。

（二）完善教材的编排

第一，编写教材时应加强知识点的内在联系与衔接。学习知识的过程应该是一个由浅入深、循序渐进的过程，语言点的学习更是如此，因此在编写教材的过程中应遵循由浅入深、由易到难的习得顺序，充分考虑教师的语言教学规律和留学生的认知习得规律。现在有些对外汉语教材淡化了语言点之间的联系，无形中增加了留学生的学习阻力。

具体而言就是将“是……的”句式中常用的几种基本结构及其用法编排在初级教材中，同时增加语言点的重现性，帮助留学生巩固复习前面学过的语言点，教材还应该在编排后面章节时适当地增加以前学习过的“是……的”句式，使留学生在学习汉语的过程中达到及时强化的效果。

第二，编写教材时应着重对知识点进行细化分析。好的教材不应该只是对知识点的内容进行客观陈述、简单罗列。一本好的教材不仅仅要关注语言点的编排位置，更重要的是把握语言点的呈现内容和呈现方式。现有的某些对外汉语教材中，“是……的”句式的省略情况所用篇幅较多，而书中并未对其否定形式与否定条件进行解释与说明，缺少对知识点的细化分析。因此在教材的编写过程中应将语言点的用法进行详细分析与说明，在语法点的讲解版块中将“是……的”句的基本用法与使用条件标示清楚，书中还应配有相应的例句，帮助留学生明白并掌握该句式的基本用法与使用条件。同时教材还应从基本用法出发对相关易混易错的知识点进行细化分析，总结出相似语言点的不同之处，并以简单的语言呈现出来，使留学生在学习“是……的”句式时对其用法有一个直观而全面的认识，以此减少他们因对知识点的用法不明确而造成的偏误。

第三，编写教材时应突出课后习题的巩固效果。针对刚学习过的知识，留学生可以通过课后习题进行练习，在做习题的过程中发现课堂中没有把握清楚、掌握牢固的地方，及时地纠正自己的错误，达到巩固强化的效果，以此来提高本节课的学习效率，因此教材的编写者应重点把握课后习题的巩固效果。首先，课后习题的设置应该与当时的教学内容相一致。设置习题的目的是为了帮助学生消化吸收当堂课中的重点内容，只有习题与课堂内容相呼应才能起到良好的练习效果。其次,课后习题设置的难易程度与学生习得水平的高低要一致。课后习题太难容易引起留学生的畏难心理,课后习题太容易,则不能起到练习的效果,因此课后习题设置的难易程度要符合当前阶段留学生的习得水平。最后,课后习题的内容要以多样的方式呈现出来,同时要关注其实用性。对外汉语教材中课后习题多为替换练习,填写句子,完成对话等,练习题的实用性效果并不强,不利于留学生交际能力的提升。

(三) 提高汉语教学水平

对外汉语教师应充分把握教学重难点,巧妙运用教学方法,有效提高教学水平。

1. 教师要充分把握教学重点

对外汉语教师在教授留学生汉语语法点时,要将语法点的用法及特点讲解细致透彻,避免使所教内容浮于表面,这就需要对外汉语教师对所教授的内容了然于胸,并且对课堂上的教学顺序与教学方法有一个全面而细致的把握,从而保证课堂教学活动的顺利进行。一方面,教师要有精深充足的知识储备量。教师作为学生学习知识的导航者与领路人,在教授"是……的"句式的用法时不能只局限于该节课中出现的知识。换句话说,对外汉语教师不仅要对该节课中出现的"是……的"句式进行细致而深入地讲解,同时还应该将该语言点与其他相关相似的语言点进行对比,从中找出它们在用法上存在的差异。针对"是……的"句式中易混易错的地方,教师要向留学生做出特别的说明,从而避免留学生在使用"是……的"句式时因用法相似而出现误用偏误。如果教师没有相对充足的知识储备量,那么在教学中就很难做到知识点的有效衔接,进而影响教学质量。另一方面,教师要重点关注教学情景中的教学对象。对外汉语教师不仅要重点关注留学生的国籍,还要重点关注他们汉语水平所处的阶段,帮助他们制定相应的教学策略。针对留学生目的语知识负迁移而造成的偏误,教师应使留学生明白"是……的"句式主要用来表示强调,向他们讲解"是……的"句的省略情况以及否定情况。同时留学生的汉语水平也是教师应关注的内容,如果留学生的汉语水平处于初级,教师要结合具体例句耐心地引导学生理解"是……的"句式的特点。如果留学生的汉语水平处于中高级,教师可以先带着留学生复习以前学过的"是……的"句式的用法,再引导学生学习新的知识,最后再分析并对比两种表不同功能的"是……的"句的用法,使语法的学习遵循由浅入深、循序渐进的规律,以此帮助留学生更好更快地习得该句式。

2. 教师要巧妙运用教学技巧

留学生来到中国学习,他们面临的不仅仅是语言上的障碍,还有思维模式上的差异带来的理解障碍。如果对外汉语教师在授课环节毫无新意,留学生可能会在教师长时间的讲课中,因为不懂得讲解的内容而晕头转向,不知所措。相反,教师如果在授课环节中增加一些教学技巧,那么在活跃的课堂氛围中,学生也会更快地理解知识,掌握知识。

首先,教师要善于利用提问技巧。在语言点的讲解过程中,教师可以结合 PPT 上展示的图片对留学生进行课堂提问。提问方式可以是师生共同参与其中,教师问学生答;可以是学生之间的互动,两人一组一问一答,保证每个学生都能充分参与到课堂教学中。例如PPT上可以出现带有飞机、火车和高铁等运输设施的图片,教师可以就“你是从哪里来的?”和“你是怎么来的中国?”这两个句子对留学生进行提问,要注意提问方式的多样性,以此加强学生口语和语法的练习。

其次,教师要合理利用游戏环节。教师在讲解完“是……的”句式后,可以通过增加游戏环节,调动学生练习语言点的积极性。比如,让学生分小组开展句子接力竞赛活动。具体做法为:教师上课前在多个纸团上写上带有“是……的”句式的句子,纸团上的内容一样,让每组中的第一个学生用筷子夹起纸团,随后读取纸团上的内容并将看到的纸团上的内容传递给下一名同学,直到小组成员中的最后一名同学将听到的内容写在黑板上,随即宣告游戏结束。留学生在这样轻松娱乐的教学环境中能够放松心态、放飞自我,有利于提高他们的汉语水平。

最后,教师要考虑学生的实际情况。同一班级中留学生的汉语水平也会有高低之分,这就要求教师在运用教学技巧时不仅要考虑班级中的整体情况,还要关注班级中的个别情况,从而制定相应的教学策略。同时对外汉语教师要适当地转换角色,即站在留学生的立场上思考他们在学习“是……的”句式时可能会出现的问题,及时与留学生沟通,帮助他们处理“是……的”句式习得过程中面临的难题。

四、思考与练习

(一) 正确排列词语组成句子

1. 来 是 火车 我们 苏州 坐 的
2. 画 是 这 幅画 我 的
3. 的 他 喝酒 是 脸红 喝
4. 跑步 减肥 有助于 的 是
5. 伤人些话 是 这 会 的
6. 的 实现 你 是 可以 的 愿望

(二) 修改病句

1. 我在学校学习汉语的。
2. 我在老师的帮助下完成调查的。
3. 这些人由于抽烟引起的病去世的。
4. 我是跟朋友一起去北京。
5. 在加州我们的法律是比较严格。
6. 我是在苏州的大学学汉语。

第二十一章
“连”字句偏误分析

汉语的“连”字句是指包含“连……也/都……”结构的句子。既可以是单句，如：“他连‘你好’也不会说”；也可以是复句，如：“连老师都不会，更别说我们学生了”。“连”字句是汉语中的常用句式，也是留学生偏误率较高的句式之一。对留学生习得连字句的偏误进行系统分析，有助于了解学生习得该句式时的难点并进行有针对性的教学，提高教学效率，增强教学效果。

从结构上说，“连”的后面可以是名词性短语、动词性短语、主谓短语、量词短语等。如：

(1) 这个字连老师都不知道，留学生更不知道了。(名词)

(2) 他连看电视都没兴趣。(动词性短语)

(3) 妈妈做好的饭，他连尝也没尝就走了。(动词)

(4) 连他姓什么我都忘了。(主谓短语)

(5) 那里我连一次也没去过。(数量短语)

从施受关系来看，“连”后的名词可以是动作的受事，如“他连一封信也没写”，也可以使动作的施事，如“连老师也不知道这个字”。如果强调的是受事，整个受事(尤其是带有数量定语时)都应该放在“连”的后面，而不应该分开一部分放在“连”后，一部分放在动词V的后面。如：

(1) *他连一口都没吃饭。

(2) *我连一件也不买服。

(3) *刚来中国的时候，我连一个也没有朋友。

上述偏误句中动词谓语后都带了受事宾语，是错误的。另外，一些结合得比较紧密的动宾短语(包括离合词)，如“洗脸”“吃饭”“睡觉”“洗澡”等，用“连”字句时应将动宾分开，将宾语提前放在“连”的后面，将否定词置于动词之前，否则就会出现错误。如：

(1) *他连洗澡也没洗就睡了。

(2) *他连洗脸都没洗就出去了。

另外，如果强调的是动作的施事，动词的宾语应该位于动词之后。如：

(1) 他这个人，连父母都讨厌他。

(2) 他太聪明了，连对手都佩服他。

(3) 也许我的决定是错误的，连我老婆都反对这一决定。

在“连……也/都……”中，“也/都”是必不可少的，遗漏就会造成偏误。如：

(1) *他女朋友连啤酒不喝。

(2) *古时候的汉语太难了，连中国人不会。

“连”字句中用“也”还是“都”，差别不大，主要表现在“也”多用于否定句中，“都”则多用于肯定句中。

一、偏误类型

连字句既可以是单句也可以是复句，其结构和用法也比较复杂，相应的留学生出现的偏误类型也分布较广，既有句法结构方面的，也涉及语义方面，我们分别进行讨论。

(一) 句法结构方面的偏误

根据对HSK动态作文语料库的调查，留学生使用连字句句法结构方面的偏误主要有四类：

1. 遗漏

汉语“连”字句的遗漏主要分为“连”的遗漏和“都/也”的遗漏。

“连”的遗漏

“连……都/也……”是“连”字句的固定格式，由于“都/也”本身具有强调作用，所以“连”字在某些情况下可以省略。然而，“连”字的省略也会受到种种限制，因此有些句子省略了“连”字之后，整句的表达功能就会减弱，甚至会使整个句子不成立。例如：

(1) 我们追求比以前更好的食品的同时，世界上某个地方，某个人甚至(连)一碗米饭都吃不起。

(2) 要不然(连)互相交流的机会也会没有。

(3) *就(连)孔夫子都了解“有教无类”，我们现代人总不能比古人还守旧吧！

(4) *他们没东西吃的时候，(连)草也吃。

例(1)和例(2)在“连”之前有“甚至”“要不然”等修饰成分，这时省略“连”句子依旧成立。例(3)和例(4)中省去“连”，句子明显就不完整了。所以，学习者在使用“连”字句时就容易出现以上遗漏误，不过通过语料的对比可知，留学生遗漏“连”字的概率总体较低。

“都/也”的遗漏

在连字句中，“都/也”通常是不可以省略的，一旦省略，就会影响句子整体意思的表达，甚至还会使句子不成立，例如：

(1) *一年当中，他们连一次饭(都)不出去吃。

(2) *现在我的想法呢，我们应该先想连吃的东西(都)不够的人。第一章留学生使用

"连"字句的偏误分析

(3) *现在却连女子(也)出外工作。

以上几个例子中,均属遗漏了"都/也"造成句子偏误。例(1)中,在"一次饭"后面遗漏了"都",所以句子读起来不那么连贯,例(2)(3)中,由于学生对"连"字句运用的不太熟练,所以"吃的东西"后面和"女子"后面分别遗漏了"都"和"也"。如果以上句子都加上了"都/也",句子的结构就变得更加完整了,句子也会随之成立。

2. 错序

语序是汉语重要的语法手段,也是留学生学习汉语的重点和难点之一。由于不同语言的语序往往存在着一定的差别,留学生受母语负迁移的影响,在使用"连"字句时会产生错序的偏误,最常见的是固定格式"一+数量+名"语序出现错误,例如:

(1) *吴同学连一次也没说过太累的话。

(2) *连四五岁的一个孩子都知道吸烟有害健康。

(3) *这时,我们三个孩子都还没睡觉,但连一个都没有主动开门的人,只叫别人去开。

在上面几个句子中,偏误的共同点是"一+数量+名"的错序,例(1)和例(3)是属于修饰语和中心语分离的偏误,例(1)中"一次"想要强调的是"太累的话",语义上是"一次太累的话",所以应该是"吴同学连一次太累的话也没说过。"例(3)中"一个"想要强调的是"主动开门的人",而不是"一个",所以应该是"但连一个主动开门的人都没有。"例(2)是属于修饰语语序错误,正确的应该是"连一个四五岁的孩子都知道吸烟有害健康。"

除了固定格式"一+数量+名"的错序外,也有其他的错序偏误,例如:

(1) *他在教室连周末都学习。

(2) *连在村子里水我们都喝不了。

上例中,例(1)正确表达是"他连周末都在教室里学习。"例(2)正确的表达为"在村子里我们连水都喝不了。"

3. 误加

连字句的误加偏误指的是某些句子本不需要使用"连"字句,而学习者却错误地加以运用,例如:

(1) *昨天的天气(连)一点也不像春天的天气,冻得够呛,但是今天突然变成夏天的天气了,怎么搞的?

(2) *不说我们普通老百姓,有时(连)比商人,有名的政治家还高。

(3) *即使(连)同一件事儿也会有不同的看法。

上述例子中都是误加"连"字造成偏误,删掉"连"字即可。

4. 误代

"连"字的误代偏误,主要指学习者用"连……还……"错误地代替"连……都/也……"造成偏误,例如:

(1) *幼年时常不明白，邻居同龄的孩子为什么玩乐的时间那么多，而我连日常需花费的时间(还)不够。

(2) *你们也知道用汉语来写信不是很容易，连泰语我(还)写不好呢。

以上两例都是属于“连……还……”代替了“连……都/也……”。“还、都、也”虽然都可以和“连”字搭配使用，但具体用法还是有区别的，“还”表示程度非常高以至于超出了心里的预设标准；“都”的作用主要是概括范畴和数目；而“也”则表示列举的几项之间有类同关系。

(二) 语义方面的偏误

语义偏误是由于对句子中各个句法成分间的语义关系及语义限制不清楚所引起的偏误。“连”字句所包含的语义条件是相当丰富的，留学生如果不能正确理解连字句各部分的语义关系，就很有可能在运用中产生语义偏误。

1. “连X都/也Y”中X的语义限制偏误

X不是极端项

“连”字句的主要功能是表示强调，主要是通过否定最小值或者肯定最大值来强调周遍性，所以“连”字后面的被强调X项在语义上就必须是极端项，否则“连”字句就不成立。例如：

(1) *他太饿了，连最喜欢的饼都吃。

(2) *比如说，在城市买东西很方便，(连)吃饭也很容易。

(3) *回国以后我真的决定放弃汉语了，(连)香港电视台的节目也不愿意看。

上例中例(1)不喜欢的才是特例，应该改为“连最不喜欢的饼都吃”；例(2)中的“吃饭”是生活常态，不是极端项，放这里不合适；例(3)中“香港电视台的节目”也不是极端项，语义上不合适。以上几个例句中地X都属于中间项，不是句子要强调的重点，学习者不能很明确地区分极端项和中间项，所以容易产生语义限制偏误。

X的语义不清晰

X的语义特征一定是有特指的，不能是泛指的，也就是“连”字后面强调的句法成分一定是要具体并且明确的，否则就会产生偏误。例如：

(1) *那时候，连一个人也没有帮助我。

(2) *两年以前，我奶奶因生病而住院的时候，他连几天都没睡照顾我奶奶。

(3) *今天学校举行篮球赛，连什么人都去看比赛了。

上面三个例子“连”字后面强调的都不是特定的人或事物，例(1)，只说“一个人”，并没有明确地指出到底是哪一个人，应改成“那时候，连我最好的朋友也没有帮助我”；例(2)没有明确的时间，只说了表泛指的“几天”，应改为“两年以前，我奶奶因生病而住院的时候，他为了照顾我奶奶，连一天都没有睡”；例(3)应改为“今天学校举行篮球赛，连最爱学习的班长都去看比赛了”。修改后的句子中的X部分就明显比原句更清晰、明确，整个“连”字句也随之具有强调作用了。

2. “连X都/也Y”中X和Y的语义限制偏误

X和Y的关系不可接受

X与Y的关系能否成立的问题需要本体理论中预设的概念来阐明。预设是说话的双方认可的相同的知识背景，并在此背景下完成交际，而背景并不需要说明。说话人的语境经常制约着预设，所以说出来的话必须符合语境，也就是和语用相契合。因此“连”字句中所包含的预设有：X和Y两者的关联要合乎预设，有相同的语言背景。留学生因为对汉语语义方面的知识不太了解，也不明白句中所包括的预设，所以会产生语义限制偏误。例如：

(1) *现在却连女子也出外工作。

(2) *父母每逢过年过节都准备好多菜，连过中秋节也不例外。

(3) *我们出生时，连国语也不会说。

这三个句子的预设关系都是不成立的，例(1)所包含的预设信息是：女子不应该出外工作。事实上，女子外出工作在现代社会并不是极端项，所以句子不成立，应改为“现在却连小孩子也出外工作”；例(2)中“中秋节”不是极端项，所以整个句子语义不自然；例(3)中的预设信息是：和其他语言比起来，不会说国语是不应当的，句中说我们出生时，实际上，任何人出生时都不会说国语，更不会说其他语言，所以例句与实际不符合。

X与Y重复使用

X部分已经有了谓语动词，Y部分如果重复使用相同的谓语动词就会形成动词多余的问题，例如：

(1) *他在家里不必说家务，连照料奶奶也不照料。

(2) *现在连找工作都很难找到。

(3) *人在小的时候什么也不知道，连说话也不会说。

(4) *在现代社会中，人们都跟着时间奔跑，连吃饭也在车上匆忙地吃。

在上例中，在X和Y两部分出现了相同的动词，不但没有增加词汇信息量，还使句子看起来重复累赘，背离了语言经济原则。改正时只需要把在X部分出现的动词删掉即可。

二、偏误原因分析及改正策略

(一) 母语负迁移

留学生在习得汉语的过程中，其母语对目的语有无法避免的影响，由于学习者对第二语言不了解，或者在学习中碰到困难，学习者会不自觉地借助母语系统来习得目的语，会把汉语和母语相似的部分相比较借鉴。汉语和其母语相似的方面会对留学生的学习有帮助，这样参照母语的办法有时会对学习产生积极影响，也就是正迁移；但如果利用不好，或两种语言在某些方面有差异时，就会有副作用，留学生学习“连”字句时，就经常因为母语语序的原因而产生偏误，例如：

(1) *我连写作业也忘记了。

(2) *他出国后，连一次也没写给我们信。

例(1)是韩国留学生产生的偏误，其正确的表达为“我连作业也忘记写了”，在韩语类似的强调句中，被强调的“写作业”是放在一起的。受母语的影响，韩国留学生在背诵汉语生词时，习惯于动宾搭配一起背，例如“写作业”“看电视”等，因此在使用“连”字句时，也习惯把动宾搭配放在一起，产生偏误。例(2)是母语为英语的学生产生的偏误，其正确的表达为“连一封信也没写”，英语中相应的句子为“I haven't even written you a litter”，很显然，留学生是受到母语的影响才产生的上述偏误。

(二) 目的语知识过度泛化

“过度泛化”也叫做“类推泛化”或“过度概括”，是指学习者在遇到新的目的语的语言知识点时，把他现今为止所学到有限的、不全面的目的语知识，采用类推的方式不恰当地运用于新的语言点上，从而导致了偏误。留学生在学习的过程中，会自觉产生一种语言系统，它既和学习者的母语有差别，也不同于目的语，这种语言系统就是中介语，中介语虽然和母语及目的语有差别，但同时受到两者的影响。所以除了产生母语负迁移之外，也会产生目的语过度泛化的偏误。习得汉语的学习者大部分都是成年人，学习能力和思维方式比较成熟，会主动地借助已经掌握的知识来推测总结其余的语言知识。像这样的目的语泛化在某些程度上会推动学习者的学习，但过度地依据已学的语法规则来学习新的知识点，就会产生偏误，例如：

(1) *吸烟对个人健康非常不好，因为烟的成分(连)一个也没有好的。

(2) *但是奶奶相反，经常对我好，(连)对我妈妈也很好。

以上两个本来不需要用“连”字的句子由于受目的语知识的过度泛化而误加了“连”字，使整个句子累赘、不通顺。此外，还有把“连”字句与另外的句式相混淆的偏误，比如“都/也”与“还”的混淆等，很多都是受目的语知识过度泛化的影响，教师在教学中应该强调这种区别，尽量避免类似偏误的出现。

(三) 教材及教师的影响

教材是留学生学习汉语的媒介，所以教材的编排会对学生的学习产生直接影响。“连”字句在对外汉语教材中集中出现在初中级阶段，在这个阶段的留学生，对汉语语法规则的了解不是很透彻，也没有培养出充足的语感，所以他们学习的媒介只有教材，也过度地依赖教材。一旦教材对语法点的讲解出现不周详的情况，就会在一定程度上误导留学生。本文通过调查对外汉语教材发现，“连”字句在教材中出现的频率不是很高，而且在简单的句式上出现的较多，关于“连”字句的讲解只是给出了“连”字的英文翻译，简单的翻译成"even",即使有语法的讲解,也只是停留在"连"字句的句法结构层面,而疏忽了语义和语用的限定条件。所以教师在讲解"连"字句的时候也把重点放在了句法和语法的讲练上,这样学习者写出的句子虽然在句法上没有错误,却在语义和语用方面产生了偏误。所以,教师在讲授"连"字句时要遵守均衡、全面原则。同时,教材上关于"连"字句语法点的操练大都是机械性练习,太过单一,以至于教师在讲解练习时就是根据教材上的题型来讲解。所以教师应该采用多种题型相结合的方法,例如排序、判断、对话、看图说话等。这样学生写出来的句子才能合乎情理。

此外,教材上关于"连"字句的复现率也会对留学生的学习产生影响,例如有的对外汉语教材中的某一课出现了"连"字句的语法讲解,但在此课后的其他课文并没有再出现"连"字句,导致学生在以后的学习中由于没有得到有效的强化而逐渐遗忘了"连"字句的用法。

(四)学习策略的影响

学习策略是指语言学习者为有效地掌握语言规则系统,发展言语规则技能和语言交际能力,解决学习过程中所遇到的问题而采取的各种计划、途径、步骤、方法、技巧和调整措施。很多留学生在学习汉语之前都有过学习第二语言的经历,在语言的学习策略上,一些留学生会有自己独特的学习语言的策略,对学习新的语言有一定的帮助。但是同时,他们之前形成的学习策略大部分以学习英语为主,英语的学习侧重点、语法规则和汉语有一定的差别,所以在学习两种语言的时候的学习策略也有很大的不同。学习者学习策略使用不当,就会引起偏误的产生。

交际策略一般指学习者在学习过程中遇到了困难,采取的语言或者是非语言的弥补手段。当学生在遇到困难的时候,不会大胆地表达自己的想法,而是回避该语法点或者用其他近义词、同义词来转述自己的想法,例如:

*人们都知道吸烟对人的健康不好,小孩子们知道。

该句子的正确表达应该是"连小孩子们都知道",但是由于连字句的复杂性,学生在没有正确掌握这一知识点的情况下选择回避这,将其简化为"小孩子们知道"。还有的学习者会用其他自己熟悉的句式来代替。这也造成了学生对新知识点的操练不够,语法点一直得不到练习,复现率太低,最终遗忘该语法点形成偏误。

三、教学建议

(一)加强对"连"字句句式的本体研究

在实际教学中,"连"字句的偏误率非常高,但是目前学界对"连"字句这一句式进行研究的论文并不多，关于偏误分析的文章更是寥寥无几，说明连字句作为汉语中一种比较特殊的句式，没有引起足够的重视。所以我们要加强对连字句的本体研究，以有利于教师在备课时准确地找出教学重点和教学难点，能够预测到学生可能会出现的偏误并且帮助学生解决。在教师自身专业知识过硬的条件下，把知识更好地传授给第二语言学习者。

(二) 巧妙设置情景教学，增加课堂互动

教师应根据不同年龄学习者的特点，采取不同的教学方法，发挥学习者的优势，克服其弱点，以达到较理想的教学和学习效果。学生一开始接触“连”字句的时候可能会觉得晦涩难懂，因为“连”字句这一句式只存在汉语中，别的语言中是没有的。教师可以结合生活中的某些实例来进行引导，可以用班上的某位同学或者日常习惯来举例子说明，例如：今天下雪了，某位同学每天都是第一个到教室，今天所有人都迟到了。那在讲解“连”字句的时候，可以把这种情况作为极端现象，“今天下雪了，连 N 都/也迟到了。”这样更贴合学生的日常生活会帮助他们理解和掌握。教师可以采用互动式教学，增加课堂互动，可以做一些图片，让学生用“连”字句说出图片上的内容，或者让同学们用“连”字句来说句子，比比谁的更不真实，例如，“我连矿泉水都没喝过”，做一些类似于这样的小游戏，开展一些有趣的课堂活动，寓教于乐，让学生在愉快的学习氛围中学到知识。教师还要预先了解学习者在学习“连”字句的过程中可能产生的偏误以及偏误的来源，其中母语负迁移和目的语知识泛化是比较常见的偏误来源。除此之外，教师可以在自己的“连”字句教学中进行归纳总结，总结自己所教的学生经常出现的偏，比如韩国的学生经常会出现在“连”字句中用了“还”以后，句末用“了”。教师从一开始教学的时候就应当提供正确的示范，如果教师在不经意间做出了错误的示范，比如自己不小心遗漏了“连”或“都”和“还”，对于教师自身而言可能是无心之失，但对于学生而言可能会成为第二语言学习道路上的一个很大的障碍，学生可能经常会遗漏，所以教师要做好充分的课前准备，时刻注意自己的言行，规范教学，让学习者正确地模仿、记忆和运用。

(三) 教材内容设置应更科学合理

教材是教师教学和学生学习的重要依据，但是目前国内常见的几种对外汉语教材仍然存在内容设置极不合理的情况。结合杨继洲《对外汉语教学初级阶段教学大纲》、杨海明《留学生分级汉语教材语法》、卢福波《对外汉语教学实用语法》几种教材对连字句的调查，我们提出以下几点建议：

第一，教材应当对连字句的具体含义给出详细且通俗易懂的解释。由于对于连字的词性以及连字句所表达的含义各家众说纷纭，教材可以只选取其中的一种或者几种观点作为支撑，是不应当过于简短，不仅第二语言学习者看不懂，甚至教师也会在备课的时候产生疑惑，无所适从。

第二，教材的编写应当先易后难，循序渐进。连字句一般是初级阶段的汉语学习者所要学习的内容，中高级阶段的学生较少出现偏误。在编写教材的时候，应当适当地把这一内容单独列为一个重点来攻克，以上所提到的两本教材都是把连字句放在句式和句类当中，同"把"字句之类的句式放在同一章节，这样处理有失偏颇。

第三，课后习题安排应当合理规范，有针对性和层次性。编写课后习题时，最好分成中低水平的学习者和高水平学习者两个维度，按照不同的标准来编写。低水平的学习者可以以连字句的句法结构练习为主，多一些机械性地练习，以准确掌握连字句句式结构为主要学习目标。而对于高水平的学者而言，有意义地练习要占多数，在巩固了基本句型以后，多做一些相对来说开放性比较大地题目，可以让学习者在一定程度上自由发挥，比如完成句子、根据句意用连字句表述之类的改写句子的题目。这样一来不同水平的学习者都能最大化得到练习，增强第二语言学习的效果。

四、思考与练习

(一) 选位填空

1. A这个字　B老师都不知道，　C留学生更不知道了　D。(连)
2. A他　B看电视的兴趣　C都没有　D。(连)
3. A妈妈　B做好的饭，他　C尝也没尝就走了。(连)
4. A哪里　B我连一次　C没去过　D。(都)
5. A他太聪明了　B，连对手　C佩服他　D。(都)

(二) 修改病句

1. 吴同学连一次也没说过太累的话。
2. 连四五岁的一个孩子都知道吸烟有害健康。
3. 连在村子里水我们都喝不上。
4. 即使连同一件事情也会有不同的看法。
5. 他太饿了，连最不喜欢的饼都吃。

第二十二章 “有”字句偏误分析

“有”字句作为一个特殊的句式，受到了汉语本体研究学者的青睐，但在国内中小学语文教学中并不作为语法点进行学习，这是因为国内的学生对于母语有着天生的语感。对于外国学习者而言，汉语言与其母语的差异等多方面的影响，致使他们在学习“有”字句的时候会出现语言偏误，像施家炜(1998)、刘苏乔(2002)、董小琴(2008)、安俊丽(2008)、郁梅(2009)、谢晓慧(2009)等对“有”字句都做了偏误分析研究。在《汉语水平等级标准与语法等级大纲》(1996)中“有”字句被当作独立的语法项目，分布在甲级和丙级两个等级进行教学，在《国际汉语教学通用课程大纲》(2008)共分为五级语法项目，“有”字句分布于一级、二级和三级语法项目表中，在《高等学校外国留学生汉语言专业教学大纲》(2002)中“有”字句的教学分设于一年级和二年级语法项目表中，综合各大纲中“有”字句的分布，我们发现“有”字句的教学主要集中在初、中级阶段，涉及的“有”字句最基本的结构为：主语＋有(没有)＋宾语，主要语义类型为表示领有、表示包含或列举、表示存在、表示评价或达到、表示发生或出现、表示比较。“有”字句在对外汉语语法教学中有着不容忽视的地位，对此语法点，在教学中要足够重视，通过教材和教学等方法的不断改进，要正视学生的习得偏误，进行偏误归纳找出其原因，再进行恰当地纠正与正确的引导，使学生学会此句式的使用规则，更好地进行汉语交际，充分发挥语言的交流功能。

一、偏误类型

针对“有”字句的习得偏误，我们基于语料库统计和同级留学生课堂学习情况的调查，发现存在的习得偏误主要有遗漏偏误、误用偏误、误加偏误、错序偏误和其他偏误，下面我们将结合具体的实例进行详细的分析。

(一) 遗漏

1. “有”字的遗漏

(1) *学一门外语，不是一件容易的事情，要很用功的学习态度。

(2) *每个人都有父亲,也尊敬父亲,但我跟别人不一样的记忆。

(3) *还有网吧的地上很多烟头,所以我自然对中国有了不好的看法。

(4) *韩国俗话里有这样的话:"饿的时候看好风景不觉得美",很道理。

(5) *绿色食品已不含大量的化肥和农药,当然对身体好处。

上面的5例均是遗漏了谓语动词"有",例(1)(2)是表示领有的"有"字遗漏,例(3)是表示存在的"有"字遗漏,例(4)是表示评价的"有"字遗漏,例(5)是"对……(很)有+宾语"固定句式中"有"字的遗漏,对于类似固定句式像"有助于"、"有益于"、"有利于"、"有害于"等也出现了"有"字遗漏的偏误,可改为:

(1) 学一门外语,不是一件容易的事情,要有很用功的学习态度。

(2) 每个人都有父亲,也尊敬父亲,但我有跟别人不一样的记忆。

(3) 还有网吧的地上有很多烟头,所以我自然对中国有了不好的看法。

(4) 韩国俗话里有这样的话:"饿的时候看好风景不觉得美",很有道理。

(5) 绿色食品已不含大量的化肥和农药,当然对有身体好处。

2. 主语的遗漏

(1) *在乡村的感觉会有很大的鼓励,有重感情而且真心诚意不会骗人。

(2) *要有强烈责任感,因为会有很大的压力,所以很少人愿意做。

(3) *古时候俗语中有句"有志者事竟成"的话,可以的,不用担心。

上面的例子句法成分都不完整,主要是主语的遗漏,造成句子的残缺。例(1)中的"有"字表"领有"义,但"领有"的施事和受事都被遗漏了应在"有"字前加上指示代词"那里"做主语,另外在句子末尾加上结构助词"的"和宾语"人";例(2)中缺乏"领有"的施事,使得句子不清晰,应该添加主语"那种职业";例(3)前面分句"有"字句是语义完整,结构正确,偏误出现在后面两个分句没有主语,也很明显后两个分句的主语也不一致,但根据语言环境,听话人可以推测出来,所以只用在"可以的"前面补全主语"我"就可以了。可改为:

(1) 在乡村的感觉会有很大的鼓励,那里有重感情而且真心诚意不会骗人的人。

(2) 那种职业要有强烈责任感,因为会有很大的压力,所以很少人愿意做。

(3) 古时候俗语中有句"有志者事竟成"的话,我可以的,不用担心。

3. 宾语中心词的遗漏

(1) *每个人都有追求做自己所喜欢的事情。

(2) *我们都在这里工作,都有很好的。

(3) *这些饿死的人都没有养活能力,而且吃的食品有卫生。

上面三例是宾语中心词遗漏造成的句子结构残缺,语义不完整。例(1)需要在"事情"后面添加"的权利",使句子的结构变得完整;例(2)应该在"很好的"后面补全宾语"待遇"、"薪酬"等;例(3)应该在"有"后面添加宾语"问题",使表达更加流畅;可改为:

(1) 每个人都有追求做自己所喜欢的事情的权利。

(2) 我们都在这里工作,都有很好的待遇/薪酬。

(3) 这些饿死的人都没有养活能力,而且吃的食品有卫生问题。

4. 助词等的遗漏

(1) *现在大部分人民对吸烟的危害性有充分的认识,几乎所有人都知道吸烟对健康会产生不好的影响。

(2) *他们也有我们同样的生命,应该都被珍惜。

(3) *有一家的父母在家里被什么人死了。

(4) *在上海到处有很多外国人。

助词等的遗漏在留学生在“有”字句习得过程中所占的偏误比例不是很大,但这些偏误的存在也给他们日常交流带来一定的困扰。例(1)应该是大部分的人民对吸烟的危害已经有了充分地认识之后所有人才会知道吸烟对健康产生不好的影响,前后分句之间是有逻辑上先后顺序的,所以应该在前面分句“有”后面加上表示过去时的助词“了”;例(2)遗漏了介词“跟”,构成固定搭配“跟……一样/同样”;例(3)遗漏了动词“杀”,此句中已经出现了一个谓词成分“有”,有的国家的留学生受其母语的影响,认为一个句子中只能有一个谓语成分,故出现了遗漏动词的偏误;例(4)遗漏了副词“都”修饰“有”,此句中已有双重状语“在上海”、“到处”,其中“到处”是强调一个整体概念,后面时常跟副词“都”表示总括一起修饰谓语,故应该在“到处”后面添加副词“都”。可改为:

(1) 现在大部分人民对吸烟的危害性有了充分的认识,几乎所有人都知道吸烟对健康会产生不好的影响。

(2) 他们也有跟我们同样的生命,应该都被珍惜。

(3) 有一家的父母在家里被什么人杀死了。

(4) 在上海到处都有很多外国人。

(二) 误用

1. “有”与其他词语的误用

(1) *每个阶段都是一些痛苦,但任何人都无法摆脱这一苦难。

(2) *在那样的家庭里长大的孩子,他成年以后有家庭的时候,他们自己用暴力的倾向。

(3) *我以为他们的生活肯定很无聊闷闷不乐,而且因为生活不方便可能受到很多苦恼。

(4) *以下有我的看法:第一,社会上我们应该互相帮助。

(5) *但是,对我来说,好处有多一些。

上面的例子均是“有”与其他词语之间的误用,其中前三例是该用“有”的地方误用了其他词语,后两例是该用其他词语的地方却用了“有”,下面来具体分析。例(1)前分句该用“有”的地方误用成“是”,此句表示对名词性宾语“痛苦”的领有义,是一种客观的陈述,而并没有要强调或是判断的含义，所以句中的“是”要改成“有”；例(2)是该用“有”的地方误用成“用”，“用”作为动词表示“使用”，不能和“倾向”搭配，应改为“有”表领属；例(3)该用“有”的地方误用成“受到”，“受到”在语义上是被动遭受到的，而苦恼不能是被动的，“受到苦恼”都不能搭配，应改为表示语义上含主动的“有”与“苦恼”搭配。例(4)是该用“是”的地方误用成“有”，此句中并不是要表达“我的看法”的客观存在，而是要强调是“我的看法”，而不是别人的，所以应该用“是”；例(5)是该用“要”的地方误用成“有”，此句表示比较，如果用“有”字表示比较应该用句式“N1＋有＋N2＋这么/那么＋形容词”，且语义上是平比，即达到了某个程度。而根据此句中“但是”推测，应该是想表达对我的好处要多一些，表示估计，所以应将“有”改为“要”。可改为：

(1) 每个阶段都有一些痛苦，但任何人都无法摆脱这一苦难。

(2) 在那样的家庭里长大的孩子，他成年以后有家庭的时候，他们自己有暴力的倾向。

(3) 我以为他们的生活肯定很无聊闷闷不乐，而且因为生活不方便可能有很多苦恼。

(4) 以下是我的看法：第一，社会上我们应该互相帮助。

(5) 但是，对我来说，好处要多一些。

2. “有”字句与其他句式的误用

“有”字句与其他句式的误用偏误主要表现在留学生初级阶段，对于“是”字句、“有”字句、“在”字句这三个句式的混用，这三个词语所在的句子不仅可以从语序上进行区别，并且可以从语义上区别开来，例如：“球场的后面是花园”是说话人向听话人强调球场的后面是什么，语义的重心是“花园”，语序是“处所名词＋方位名词＋是＋表示处所的名词”；“球场的后面有花园”是说话人向听话人陈述客观事实，没有强调的重心，语序是“处所词方位词＋有＋存在的人或事物”；“花园在球场后面”是说话人向听话人陈述花园的位置，语义重心是“后面”，语序是“人或事物＋在＋处所方位词”。但由于留学生在初级阶段对这三种句式了解不是很透彻，就会出现偏误。

(1) *在马路上各种各样的汽车在飞驰着。

(2) *在这封信内我的成绩表，请您参考吧。

(3) *广告设计部门是应该三年以上实务经验。

例(1)和例(2)都是由于留学生误用了“在”字句造成了主语成分的残缺，“在马路上”和“在这封信内”不是主语，而是表示主语所在的处所，而在“有”字句中“有”与方位词、处所词、时间词所组成的词组可以充当主语，所以应该在“我的成绩表”和“各种各样的汽车”前面应该加上“有”字；例(3)是该用“有”字句误用成了“是”字句，句中广告设计部门应该拥有三年以上的经验，而不是表示强调或者是判断，因此应该将“是”换成“有”。可改为：

(1) 在马路上，有各种各样的汽车在飞驰着。

(2) 在这封信内，有我的成绩表，请您参考吧。

(3) 广告设计部门有应该三年以上实务经验。

(三) 误加

1. “有”字的误加

(1) *看到公司的招聘启事,我对贵公司的这一次招聘特有感兴趣,所以给贵公司写信申请。

(2) *他们很有关心我学习的方面事情。

(3) *随着社会的发展,在我们的生活空间里也有发生了意外的事情。

上面的三例均是不该用“有”的地方误加了,例(1)中“对……感兴趣”是一个固定的搭配,在这里留学生很容易将其与“对……(很)有+宾语”句式弄混淆从而误加“有”,应该将“有”删去;例(2)“关心”可以直接作为谓语,也可以直接受副词“很”修饰,“有”的误加使句法成分冗余,应将其去掉;例(3)句中“有”和“发生”具有同样的意义,重复表明了出现或发生了某种新的问题,在这里可以选择“有”或“发生”其中哪一个应该都是正确的。可改为:

(1) 看到公司的招聘启事,我对贵公司的这一次招聘特感兴趣,所以给贵公司写信申请。

(2) 他们很关心我学习的方面事情。

(3) 随着社会的发展,在我们的生活空间里也发生了意外的事情。

2. 助词的误加

(1) *大家和你们一样,有着自己的家庭。

(2) *如果是下雨,对行人出行必定有影响的。

(3) *这个文章仅仅有3页,可是含有着很多的内容。

助词的误加主要是体现在“着”“了”“过”时态助词的误加,例(27)和例(29)就是助词“着”的误加,“着”用在动词、形容词后面,表示动作正在进行或状态正在持续,即有时表示动作正在进行,有时表示动作结束后的状态在持续,这两例中是客观的存在,并没有表示动作开始、终结前的持续情况,也不表示动作完成后所处状态,因此“着”是多余的,应该删掉;例(28)是助词“的”的误加,句式“对……有+形容词”其后不需要接任何成分,故应该去掉。可改为:

(1) 大家和你们一样,有自己的家庭。

(2) 如果是下雨,对行人出行必定有影响。

(3) 这个文章仅仅有3页,可是含有很多的内容。

(四) 错序

1. 主语错序

主语错序是指在句中,主语部分的中心语和修饰语出现了语序上的错误。例如,

(1) *每个人我们都有自己喜欢的娱乐方式。

(2) *文化民族有它鲜明的个性和特点。

(3) *上桌子有很多书。

例(1)中"我们"和"每个人"是同位语,都是主语,但"每个人"是有范围的,是指"我们"这一群体中的"每个人",故"每个人我们"出现了语序错误;例(2)中主语中心语是"文化",但"文化"的内容很广,这里要限定说明的主体对象是"民族文化",故"民族"应该置于"文化"前面,即"民族文化"而非"文化民族";例(3)是方位短语充当句子的主语,是个典型的存在句,方位词一般位于处所名词之后,因此应该改为"桌子上"。可改为:

(1) 我们每个人都有自己喜欢的娱乐方式。

(2) 民族文化有它鲜明的个性和特点。

(3) 桌子上有很多书。

2. 定语错序

(1) *他有弟弟一个曾在美国留学,后来也来了中国。

(2) *图书馆有新一本介绍中国文化的书。

(3) *我很多有在中国留学时认识的朋友。

汉语中,数量结构的短语在句中一般置于名词前面,用于描写修饰名词,例(1)中"一个"表示"弟弟"的数量,应该放在"弟弟"的前面;例(2)是有多重定语来修饰中心语,按照汉语的多项定语的排序规则,我们通常遵循"所属+数量+动词短语+形容词+名词"的格式来安排定语的语序,故此句正确的语序是数量短语"一本"应该放在最前面,其次是动词短语"介绍中国文化",最后是形容词"新";例(3)主语"我",谓语"有",宾语是"朋友","在中国留学时认识的"和"很多"都是修饰宾语中心语"朋友"的定语,按照汉语的多项定语语序排列规则,"很多"是表数量的短语,应该置于定语"在中国留学认识的"之前。可改为:

(1) 他有一个弟弟曾在美国留学,后来也来了中国。

(2) 图书馆有一本介绍中国文化新的书。

(3) 我有很多在中国留学时认识的朋友。

3. 状语错序

(1) *有好多好吃的在中国。

(2) *我们班有25个留学生一共。

(3) *班上有两个朋友离开中国了就要。

上面的例子都出现了状语后置的现象,在现代汉语书面语中就认为这种现象是错序偏误。例(1)"在中国"是一个地点状语,应该放在谓语动词"有"前面;例(2)中"一共"是"总共,合在一起"的意思,担任句子的状语,应该置于句中动词"有"之前;例(3)中"就要"的意思是"将要干什么,即将开始",是一个时间副词,一般置于动词的前面。可改为:

(1) 在中国,有好多好吃的。

(2) 我们班一共有25个留学生。

(3) 班上有两个朋友就要离开中国了。

4. 宾语错序

(1) * 她男朋友应该很开心，因为有一个爱他珍惜他的女生这么。

(2) * 在大学选专业问题上，我和父母之间有分歧很大。

(3) * 至少也得保证他们的生命，也不让有饿死的人。

前两句都是宾语前置偏误，其中例(1)中“女生”是句子的宾语中心语，“有”后面的其他内容都是修饰限定“女生”一词的，“这么”是一个程度副词，用来说明“女生”爱和珍惜的程度，不能放在宾语中心语“女生”的后面，应该放在“爱”的前面；例(2)，“很大”用来修饰宾语中心语“分歧”，所以应该放到“分歧”前面；例(3)中的“让”后面应该跟某人某事，因此宾语“人”应该放到“有”的后面，构成“有＋名词”结构。可改为：

(1) 她男朋友应该很开心，因为有一个这么爱他珍惜他的女生。

(2) 在大学选专业问题上，我和父母之间有很大分歧。

(3) 至少也得保证他们的生命，也不让有人饿死。

(五) 其他

留学生在学习“有”字句的过程中，不仅会出现上述四种偏误，还会出现一些其他偏误，主要表现为句式杂糅。例如：

(1) * 现在世界上有饥饿的原因不是缺少粮食而发生的。

(2) * 因宿舍每天都有提供三餐，而且宿舍是新建的。

(3) * 我对贵公司的这一次招聘特有感兴趣。

例(1)中是句式“原因是……”和句式“是……而发生的”的杂糅，造成语义的累赘，不清晰；例(2)前面分句是“有……”和“提供……”的杂糅，并且整体句子是表因果关系的“因为 p 所以 q”句式和表递进关系“不但 p 而且 q”句式的杂糅，根据前后分句的语义，应该选用表示递进关系的句式；例(3)将“对……有兴趣”和“对……感兴趣”两种结构杂糅在一起。“有”和“感”都是动词，在句中用一个即可，“特有兴趣”或“特感兴趣”。可改为：

(1) 现在世界上有饥饿的原因不是缺少粮食。/现在世界上有饥饿不是缺少粮食而发生的。

(2) 不但宿舍每天都有/提供三餐，而且宿舍是新建的。

(3) 我对贵公司的这一次招聘特感兴趣。/我对贵公司的这一次招聘特有兴趣。

二、偏误原因分析及改正策略

(一) 母语的负迁移

在留学生习得“有”字句的初级阶段，对“有”字句的语法、语用等方面的知识了解甚少，往往会依赖母语中相似的语法规则代入到汉语当中，会出现一系列偏误。在对外汉语教学中，母语与汉语的相似之处对学生习得目的语的干扰最大，反之，相差特别大的地方，虽然学生掌握起来要慢一些，但对目的语的干扰反而很小，下面我们以母语为英语的学习者为例，对由于母语负迁移产生的偏误进行分析。

汉语和英语的领属"有"字句有很多相同之处，汉语的很多领属"有"字句都可以用"have"表达，例如："我有一个姐姐"在英语中就是"I have a sister"。但，英语中的"have"是一个泛义动词，很多意义都可以用"have"表达，比如：have a quarrel(吵架)；have a fight(打架)；have a talk(谈话)；have a confidence in sb(信任某人)等等，除此之外，英语中的"have"还可以加上过去分词构成完成时态，在汉语中"有"却无此用法。所以当出现上述的情况的时候，留学生会受到其母语语法规则的干扰，直接代入汉语的话可能会造成成分的冗余偏误，例(26)中"我们的生活也有发生了意外的事情"的"有"是多余的，它和"发生"是重复的，但英语的翻译是："A lot of unexpected things has happened in our lives."是符合英语的语法规则的，这里的"has happened"表示现在完成时态，"has"没有实际意义。在语序方面，汉语中状语的位置一般放在谓语的前面，而英语中，状语一般放在句末，也有的时候放在句首，留学生在学习汉语的时候很容易受到英语语序的影响造成错序偏误。总而言之，母语的负迁移是影响留学生出现偏误的一个主要原因，我们应该重视其母语带来的消极影响，从而在教学策略上侧重去解决其产生的困扰。

(二) 目的语掌握不足

留学生学习"有"字句是一个循序渐进的过程，在初级阶段他们会受到母语的干扰造成偏误，通过新知识不断地积累，更复杂的句型的学习，由于对目的语掌握的不足，就会结合自己的认知，从而造成偏误，这主要是中高级阶段的留学生产生偏误的原因，主要表现在三个方面：

一是对"有"字句语法规则的过度泛化。中级阶段的留学生已经掌握了"有"字句的基本句型，对于新学的知识掌握不足，在实际运用中时常就会出现不该用"有"字句的时候却用了的情况。例如："但是妈妈有故意没告诉我。"一句中就是不该用"有"地方却用了，这是由于他们学习了"有+形容词+名词"这样的结构，对其掌握得不够牢固，认为所有的形容词前面都可以加"有"而忽略了后面的句子成分。另外，还有像"有计划"，"有影响"，"有兴趣"等这样的句式，留学生就会类推使用成"有关心"、"有怀疑"等错误句式，在汉语中，"关心"、"怀疑"可以直接做谓语，前面不需要加"有"。

二是对"有"字句中的虚词掌握不够，上一节我们分析了留学生的偏误类型，其中就有一部分是由于虚词遗漏或误加而造成的偏误。例如，动态助词"了、着、过"，留学生对于它们之间细微的差别掌握的不足，时常会错误地使用，出现一定的偏误。"了"主要是表示动作的实现或完成，"着"表示正在进行或持续的状态，"过"表示曾经经历过某事或发生某事，对这些细微的差别，学习者常常掌握得不够。如"本人对旅游业有着极大的兴趣。"中

“有兴趣”并不表示动作进行或状态持续，所以“着”字应该去掉。

三是对特殊句式或固定搭配掌握不足。留学生在学习了新知识后，会复习旧的知识，由于对新知识掌握不足，很容易造成新旧知识混用，在使用“有”字句时，就会出现句式误用的现象，常出现的是“是”字句与“有”字句的误用，例“所以我对这故事的看法是两个”，“是”和“有”都可以表示包含列举，但“是”常常带有强调意味，而“有”只是客观性的陈述，不带任何语用倾向。所以在只是客观说明某个事实时要用“有”。留学生由于对句式用法和语义指向不太了解，经常产生混用偏误。另外，还有一类特殊结构“N1＋对/跟/与＋N2＋有＋N3”，由于留学生对这类结构掌握的不足，因此此结构在偏误当中所占比例比较大，包括“有”字遗漏、介词遗漏、错序和杂糅等。

(三) 使用回避学习策略

留学生“有”字句的习得偏误少不了其自身的学习策略的影响，在中高级阶段，“有”字句句式更加复杂，语义更加灵活，对于他们的学习掌握有一定的难度，所以他们会在认知上采取一种回避的策略，甚至用简单、易掌握的句式来代替“有”字句，这在很大程度上不利于“有”字句的学习并加大了其使用偏误。例如，当“有”表示“发生出现”时，后面的宾语一般为动词，如“小村庄有了发展”“这儿有了改变”等。当学生不熟悉“有”的这种用法，也不了解“了”的相关语法，就会采取回避的策略，简化成“小村庄发展了”“这儿改变了”。

(四) 学习环境的影响

学习环境是外在的影响因素，其中包含的因素有很多，像教材、课堂、课下、家庭等等都是属于广义的学习环境，这里主要讨论狭义的教材和课堂环境因素。

1. 教材的编写

教材是留学生了解“有”字句的主要工具，也是教师进行教学的重要依据，在学习过程中扮演着重要的角色，故教材的好坏直接关系到教学的成败。在实际课堂教学效果中，教材编写不当是导致学生偏误的重要原因。“有”字句教学过程中应把握好教材与教学的关系，使教学难度适应学生实际学习状况，但现有对外汉语教学大纲和教材对此句型的编排不是很合理，需要进一步改进完善，如在对国家汉办大纲考察中发现，仅在学习者学习的起步阶段和高级阶段中编写了“有”字句，将其列为特殊句式，但对其使用条件解释不全面，不利于教材和教学参考。通用课程大纲中，汉语常用语法项目分为五级，“有”字句在一级语法项目中表领有，在二级语法项目中表存在，但其他几种语义关系在此大纲中并未涉及。并且现有的一些经典对外汉语教材中“有”字句主要分布在初级和高级教程中，中级教程很少有涉及相关语法点，这就使学生的学习出现了断层的情况，很容易导致学习相关新知识的时候，旧知识忘记了，对学生建立自己的学习体系增加了难度，从而导致偏误的出现。

2. 课堂环境

课堂是留学生掌握“有”字句语法和语用的主要场所，所以教师的课堂讲解、课堂气氛、教学内容是否安排妥当直接关系到学生对“有”字句的态度和热情，决定其是否能够更好地运用“有”字句。教师在课堂上扮演着引导者的角色，如果授课方式不恰当，过分依赖教材或者全程讲授不注重练习与运用，学生就会出现一系列的偏误。教师应该及时发现学生的偏误现象，进行偏误类型归纳，并及时采取行动帮助学生纠正偏误。在“有”字句偏误分类中，学生易将“有”与“是”误用，话语中“有”与“是”都可表存在关系，这就需要教师在课堂教学中注意区分这两种句型，对比举例讲解，预防误用偏误。另外，教师自身对教学内容的熟悉程度也影响着学生的掌握情况，故教师应该在课前做充足的准备，遇到不能解释的情况下也不要错误地引导学生，可以锻炼学生自己的动手能力，同时也能促进他们对教学内容的掌握。

三、教 学 建 议

（一）实施对比教学

1. 加强汉外“有”字句对比

在留学生学习的初级阶段，母语的负迁移是其出现偏误的主要因素，在此阶段教师应该加强汉语与其母语的对比教学，让学生区分开汉语与其母语的差异，从而避免受母语的干扰而出现的偏误。例如，汉语和韩语有着不同的语法结构，汉语是主谓宾结构，韩语则是主宾谓结构。韩国留学生在运用“有”字句的时候就会受其母语影响出现不符合汉语语序的错误。为了避免这样偏误的发生，教师在课堂上应该运用两种语言对比教学，可以举同一个例子，用两种语言写出来，放在一起，让学生发现它们不同的地方，针对不同的地方教师要加强讲解，并且还要多举这样的例子，让学生自己练习，明白两种语言的差异，从而避免受母语的干扰。

2. 加强“有”字句相似语法点的对比

上文我们分析过表存在“有”字句和“是”字句的误用和固定搭配“对……有兴趣”与“对……感兴趣”的误用，它们之所以会出现混淆的现象，是因为它们要么在形式上相似，要么在语义上相似。教师在讲解“有”字句的时候可以通过言语交际的课堂练习方式，让学生结合具体的语境，找出它们之间的区别，并加强练习，培养学生的语感。

（二）加强循序渐进教学

当教师的教学安排与学生的习得规律不一致时，就会影响到第二语言的习得。因此，教师应该遵照循序渐进的原则进行教学，把教学内容分成几个阶段，每个阶段都要不同的侧重点。初级阶段以“有”字句的基本句式为主，可以单一句式单一语义的来讲解，不需做过多语法知识解释，在含有句式情景的语境中以点练形式为主，语言尽量浅显直白。到了中级阶段水平都有了一定的提高,可以从基础出发,对所学知识进行整合,将“有”字句的各类下位句式进行系统分析,重点强调一些容易混用的句式的对比和某些常见的固定格式的训练,如特殊结构“对有影响、有好处、有感觉、有道理”等等,深化巩固学习者的知识系统。高级阶段进一步挖掘句式内部语义组合和句式外部的语用环境,以整体表达语法教学为主,学习一些相关词语的搭配和运用以及虚词的选择等等,特别是表比较的“有”字句的句法结构以及和“比”字句的语义对比,使留学生能在更大的语言环境中学会正确使用一个句式。

(三) 加强板块式教学

针对“有”字句中容易出现偏误的句式或固定搭配等,教师可以从认知心理学的角度出发,将这些句式或国定搭配进行“板块化”的处理,这样不仅方便了教学,也提高了学生的学习效率。例如,句式“N1+对/与/跟+N2+有+N3”的结构并不复杂,但对于留学生来说,不是遗漏“有”字,就是和别的结构混用造成句式杂糅,教师可以将这类结构进行“板块化”处理,在学习者的认知系统中产生稳定“模块”,优化记忆并提高输出时的准确率。因此,在平时的教学当中应该强调此类固定词汇的正确用法,这些也是中国人日常生活中利用率非常高的词汇,比如有影响、有好处、有关系,有作用、有麻烦、有感觉、有同感、有责任,有兴趣、有问题、有道理等。

(四) 提高教材的科学性

我们在上文中讨论过教材编写对留学生第二语言习得的重要性,以及教材编写也是影响其出现偏误的原因之一,为了减少这些偏误,教材编写的科学性必须提高。

对于“有”字句,我们发现留学生在很多句式上都不熟悉,该用“有”字句的地方大都以其他句式代替,这与现行教学大纲和教材对“有”字句的语法点处理不当有一定的关系。首先,教学大纲中应该将“有”字句的语法项目出现在留学生学习的各个阶段当中,避免出现断层的情况;其次,教材编写应该抓住“有”字句主重点,要把经常使用的“有”字句当作侧重点,不要把所有的相关语法点面面俱到,这样教师与学生就能分清内容的主次;再次,教材编写应该重视“有”字句的复现,这样就能符合学生的记忆规律,从而使其更快地掌握“有”字句;最后,增加“有”字句课后练习,并多以交流会话的形式出现,这样在掌握其语法规则的同时也学会了“有”字句的运用。

四、思考与练习

(一) 把括号中的词放到句中合适的位置

1. 她买了很多水果,苹果、香蕉、葡萄。(有)

2. 我们的教室很大,教室里桌子、椅子、和电视机等。(有)

3. 我们一边吃点心，一边聊天，度过了很意思的几个小时。(有)
4. 我们学校十五个国家的学生。(有)
5. 我这个周末 HSK 考试，这次的考试是高级的。(有)
6. 今晚一楼大厅舞会，你会去吗？(有)
7. 今年春节前夕，我对红色的物品特别兴趣。(有)
8. 情人节的时候，个男生送玫瑰花给她。(有)

(二) 选词填空

1. 我没(　　)机会去中国了。(“有”、“在”)
2. 屋里(　　)两个人。(“有”、“是”)
3. 小心点儿，山上(　　)蛇。(“有”、“是”)
4. 小丽坐(　　)沙发上看电视。(“有”、“在”)
5. 书桌上(　　)几本词典。(“有、“在”)
6. 词典(　　)书桌上。(“有”、“在”)
7. 电话：请问(　　)王亮吗？(“有”、“是”)
8. 快乐的日子总(　　)短暂的。(“有”、“是“)

(三) 判断正误，并改错

1. 星期六和星期天，在北京路，上下九路等都很多人。
2. 上海也很多玩的地方。
3. 我常常病了。有拉肚子，头疼，也感冒。
4. 一个人不爱读书，他就不会有进步。
5. 她对中国文化有感兴趣。
6. 食堂的菜不但印尼餐，而且有中餐，日餐什么的都有。
7. 因为在广州有工作，我喜欢住在广州。
8. 我们那时共有四辆车去北京。

(四) 阅读下列语段，找出“有”字句和“是”字句并思考句中的“有”和“是”是否能够替换。

记住愉快的经历，可以让愉快重现，但是，记住不愉快的事件，则会给我们带来双重的痛苦。我们的记忆应该是一个筛子，用岁月筛掉那些烦恼和不悦，留住那些美好的记忆和感觉。然而，往往事与愿违，我们常常会在疏漏间，筛掉生活中那些令人感动的美妙片段，留下的可能是令人沮丧的痛苦细节。要知道，真正的光明并非没有黑暗的时刻，只是永远不为黑暗淹没罢了。我们的生活也是一样，忍着疼痛奔跑，带着泪光微笑，这才是真正的生命。人生如戏，每个人都是自己生命中的唯一导演，只有懂得忘却烦恼的人才能彻悟人生，笑看人生。不要刻意地去追求什么，用自己的善良品质和快乐的心情，去做真实而平凡的自己。这样的日子有思念相随，有开心相伴，才会为此而感到自豪，感到惬意，也活得真实轻松而又潇洒。

后　记

2020 年 7 月 29 日，全国研究生教育会议在北京召开。这是新中国成立以来首次召开的全国研究生教育会议，是一场带有顶层设计性质的会议。中共中央政治局委员、国务院副总理孙春兰在会上表示，要把研究作为衡量研究生素质的基本指标，优化学科专业布局，注重分类培养、开放合作，培养具有研究和创新能力的高层次人才。

研究生教育突出"研"字，就像本科教育突出"本"字，都是富有思想性、启发性的点睛之笔。"研"，首先是钻研探究，精通突破。"研"需要精细培养，也要导学相长。导师对学生的指导时间长、投入大，与学生的互动更活跃更双向，不管是围绕学术前沿砥砺切磋，还是解决实践中带来的问题，导师对研究生的影响都是全方位全过程的。"弟子不必不如师"的青出于蓝而胜于蓝，在研究生层次具有更确实的含义。

研究生阶段的立德树人工作，特别地体现在对专业能力和品格品性双重熔炼的导学互动中，导师通过共研共创中的言传身教、潜移默化，深刻地引导和影响研究生的学风作风、学术规范、视野境界、职业和人生发展。

本书是集体成果，有十位志同道合者通力合作而成。特别需要指出的是，其中四位是我们的研究生或是郑州师范学院 2016 级汉语国际教育专业的本科生业已考取更高层次的高校之研究生，将接受正规的研究生教育和训练。我们相互学习切磋，共同研讨进步，情浓浓，意切切，真切体会和践行"研"之内涵与意义。

本书主编负责设计体例、确定章节、组织协调、修改定稿。宋顺有负责收集资料，查阅文献。各章节具体分工如下：

刘钦荣、杜鹃、宋顺有：绪论

牛巧红：第十七章、第十八章、第十九章、第二十章、第二十一章

武歌：第四章、第五章、第六章、第七章、第八章

石艳娜：第一章、第二章、第三章

陈茜（郑州大学语言学研究生）、罗茜（四川外国语大学硕士研究生）：第九章、第十章、第二十二章

方春雷（郑州师范学院文学院本科生，吉林大学汉语国际教育专业研究生）：第十一章、第十二章

袁怡聪（郑州师范学院文学院本科生，南京师范大学汉语国际教育专业研究生）：第十

三章、第十四章

汤冬晴（郑州师范学院文学院本科生，兰州大学汉语国际教育专业研究生）：第十五章、第十六章

尽管主观上我们已经尽力，但囿于能力和精力，书中不足在所难免，恳请专家读者批评指正，以便将来修订完善。

刘钦荣、杜鹏

2020 年 8 月 30 日